JN087168

ハラスメント防止

の基本と実務

石嵜信憲［編著］豊岡啓人［著］

松井健祐・藤森貴大・山崎佑輔［著］

中央経済社

はしがき

　令和元年6月5日，パワーハラスメント防止を法制化する旨が盛り込まれた改正労働施策総合推進法が公布されました（施行は令和2年6月1日，ただし中小企業はパワハラの防止措置義務については令和4年3月31日まで努力義務）。この法制化に至ったのは，何か1つの原因によるものではなく，以下の4つの要因が複雑に絡み合った結果であると当職は考えています。

(1)　平成13年10月1日施行の個別労働紛争解決促進法による都道府県労働局での相談件数で「いじめ・嫌がらせ」がトップになるなど，昨今急速に重要問題化。

(2)　平成27年12月25日に入社8か月の女性社員が自殺した電通事案のように，長時間労働とハラスメントのストレスによる睡眠不足が過労自殺を引き起こしたケースが社会問題化。平成29年3月13日政労使合意でも，改正労基法における上限規制の他に，メンタルヘルス対策や職場のパワーハラスメント防止に向けた対策の検討が盛り込まれている。

(3)　今回の働き方改革関連法は憲法13条的発想を持ち，従前のムラ社会的企業秩序で「駒」と位置づけられた社員についても，個人の幸福追求・人格尊重を目指している。

(4)　平成11年にセクハラ防止，平成29年にマタハラ等防止と進んできた経緯からして，今回のようにパワハラも法制化されるというのはある意味当然の流れ。

　その中でも，(2)の政労使合意の影響は大きいと当職は考えています。その意味で，当職は改正労基法，同一労働同一賃金，そしてハラスメント防止を働き方改革の3本柱と位置づけており，本書はその3本柱について解

2

説してきたシリーズ（『改正労働基準法の基本と実務』(2019)『同一労働同一賃金の基本と実務』(2020) いずれも中央経済社）の最後の一冊となります。

　本書は，当職の実務経験に即したハラスメント防止・対応論を具体的かつ詳細に展開したものです。

　このうち，第2章の各ハラスメント規程・ガイドライン案は，各ハラスメント規程を会社で整備するにあたって参考にして頂く趣旨で作成したものです。この趣旨の関係で，いずれの規程も単体で成立するよう作成しており，全規程・ガイドラインを通してみると重複がある部分もありますが，その点は実際の整備にあたり調整して頂ければと思います。

　また，本文中でも触れているとおり，各企業で今現在求められるのはハラスメントに関する各社員への教育です。この教育（企業内研修）は，本来は，各企業において，第1章の本質論を踏まえ，自社規程を念頭に構成するものですが，その構成の参考として，当職がセミナーを行う際の研修の進行表や資料及びセミナー時のポイントを第4部にまとめております。したがって，内容的には当然に重複もありますが，その点はご容赦頂ければと思います。

　本書の原稿化にあたっては，当職の基本的考え方をベースとしたうえで，第1章・第3章につき豊岡啓人弁護士，第4章につき山崎佑輔弁護士，そして第2章につき前2名と松井健祐弁護士，藤森貴大弁護士の計4名が作業を担当し，さらに市川一樹弁護士や高安美保司法書士，石嵜大介行政書士が調査・校正等に協力しました。

　この著作発行について各関係者に深く感謝申し上げます。

令和2年5月

弁護士　石嵜　信憲

目　次 ————————————————————————

はしがき

第3章　ハラスメントと業務災害 ———————— 113

第4章　当職のハラスメント研修の内容 ——————— 140

巻末資料

第1章
ハラスメント総論

第1節　ハラスメントとは何か

　ハラスメント（harassment）とは「悩ます（悩まされる）こと」「いやがらせ」という意味の英単語です。日本では特に，職場におけるハラスメントとしては，セクシュアルハラスメント（セクハラ），妊娠・出産・育児休業・介護休業等に関するハラスメント（マタハラ等），パワーハラスメント（パワハラ）が代表的です。

　一般には，これらの代表的な3つのハラスメントは刑法レベルから企業秩序レベルまで様々なものを総称する言葉として用いられていますが，「企業が防止措置義務を負う対象となる行為」という行政指導レベルの議論については，この防止措置義務について定めた雇用の分野における男女の均等な機会及び待遇の確保等に関する法律（以下「均等法」といいます），育児休業，介護休業等育児又は家族介護を行う労働者の福祉に関する法律（以下「育児介護休業法」といいます），労働施策の総合的な推進並びに労働者の雇用の安定及び職業生活の充実等に関する法律（以下「労働施策総合推進法」といいます）の規定にて，どのような行為がそれぞれのハラスメントに該当するかが定められています。

　以上のとおり，日本においてハラスメントについて定めている法律はいずれも行政指導対象の線引きのための規定であり，刑法・民法・企業秩序レベルとは議論が異なることに注意が必要です[1]。

【ハラスメント行為区分】

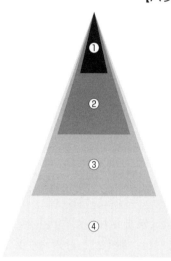

① 明白な刑法上の違法行為
→犯罪行為であり，ハラスメント定義の代表
と考えるべきではない

② 民法上の不法行為
→権利侵害行為であり，ハラスメント定義の
代表と考えるべきではない（①を含む）

③ 行政法上定義されるハラスメント該当行為
→この総論で議論するもの（①，②を含む）

④ 企業秩序違反行為
→企業として秩序違反行為と判断するレベル
（①，②，③を含む）

1　セクハラの定義

　セクハラに関しては，均等法11条1項（職場における性的な言動に起因する問題に関する雇用管理上の措置）に防止措置義務の定めがあります。それによると，防止措置義務の対象となる行為は以下のとおりです。

> 　職場において行われる性的な言動に対するその雇用する労働者の対応により当該労働者がその労働条件につき不利益を受け，又は当該性的な言動により当該労働者の就業環境が害されること

　この定義の解釈，具体例等については，同条4項に基づく指針である

1　なお，その延長線上に暴行罪等があり得るパワハラ，強制わいせつ罪等があり得るセクハラとは異なり，マタハラ等ではその延長線として刑法犯になる例はほぼなく，民法上の不法行為になる例も他2つと比べて少ないと思われます。

「事業主が職場における性的な言動に起因する問題に関して雇用管理上講ずべき措置についての指針」（平成18年厚生労働省告示第615号，最終改正：令和2年厚生労働省告示第6号）に示されています。

2　マタハラ等の定義

(1)　マタハラ「等」という名称の理由について

　妊娠・出産・育児休業・介護休業等に関するハラスメントにつき，一般社会では「マタハラ」と簡易に呼ぶことが多いため，ここでも「マタハラ等」という名称を用いています。

　また，マタハラだけ「等」とつけるのは，単に「マタハラ」というと「マタニティ（母性）ハラスメント」のみを指すように思えますが，実際には「パタニティ（父性）ハラスメント」も含まれるからです[2]。

　加えて(2)の定義で述べるとおり，産前産後の場面では，出産をするのは女性であるため，保護対象も女性に限定されていますが，育児・介護の場面では，女性だけでなく男性も該当しうることから，男女ともに保護対象となっています。このため，特に男性が被害者となる場面についての用語として，「パタハラ」という用語が生み出されました。

　このように，「マタハラ」に限らず「パタハラ」についても育児介護休業法でカバーされているわけですが，使い分けを細かくし過ぎると名称が複雑化するため，本書では「マタハラ等」と一括した名称を付してこれを論じています。

2　このように，単に「マタハラ」「マタニティハラスメント」という単語を用いると，保護対象が女性に限定されるように思われミスリーディングで不適切といえますが，この点は厚生労働省も意識しているようで，実際厚生労働省のパンフレット「職場における妊娠・出産・育児休業・介護休業等に関するハラスメント対策やセクシュアルハラスメント対策は事業主の義務です！！」においても，「マタハラ」や「マタニティハラスメント」といった単語は一切用いられていません。

(2) 法律上の定義

　マタハラ等に関しては，いわゆる産前産後場面のマタハラと，育児・介護に関するマタハラ等とがありますが，前者に関しては均等法11条の3第1項（職場における妊娠，出産等に関する言動に起因する問題に関する雇用管理上の措置），後者に関しては育児介護休業法25条1項（職場における育児休業等に関する言動に起因する問題に関する雇用管理上の措置）に防止措置義務の定めがあります。

　なお，セクハラとは異なり，育児や介護等を理由とする不利益取扱い（その労働条件につき不利益を受けること）については，均等法9条3項や育児介護休業法10条等[3]において「事業主は不利益取扱いをしてはいけない」という形で禁止されており，「事業主が防止措置を講じるべき」対象には含まれていません。

　まず，均等法において防止措置義務対象となる行為は，一部厚生労働省令に委任している部分を簡略化すれば，概要以下の定義となります。

　職場において行われる，その雇用する女性労働者に対する，妊娠・出産等をしたこと，もしくは妊娠・出産に関する制度・措置の利用を理由とした不利益な取扱いを示唆すること，又はこれらに関する言動により，当該女性労働者の就業環境が害されること

　なお，法律上の定義文言では「厚生労働省令で定める」事由・制度・措置に関する言動という形で限定が付されているため，この「厚生労働省令」の内容も問題となります。具体的には，均等法施行規則2条の3が該当しますが，その内容を簡単に説明すると，以下のとおりです。

3　具体的には，育児介護休業法10条（育児休業の不利益取扱禁止）と同様の不利益取扱禁止規定として，10条を準用する16条（介護休業），16条の4（子の看護休暇），16条の7（介護休暇）のほか，16条の10（所定外労働制限），18条の2（時間外労働制限），20条の2（深夜業の制限），23条の2（所定労働時間の短縮措置）が定められています。

＜均等法施行規則2条の3の概要＞

　厚生労働省令で定める妊娠又は出産に関する事由は，以下のとおり。

① 妊娠したこと

② 出産したこと

③ 妊娠中及び出産後の健康管理措置，危険有害業務・坑内業務の就業
　制限，産前産後の休業・軽易業務転換・時間外労働制限・深夜労働制
　限，生後満1年までの生育時間請求といった措置・制度を利用した・
　利用しようとしたこと

④ 妊娠や出産に起因する症状による労務提供不能・労働能率の低下

　次に，育児介護休業法において防止措置義務対象となる行為は，一部厚
生労働省令に委任している部分を簡略化すれば，概要以下の定義となりま
す。

> 　職場において行われる，その雇用する労働者に対する，育児休業，介護
> 休業等の制度・措置の利用を理由とした不利益な取扱いを示唆すること，
> 又はこれらに関する言動により，当該労働者の就業環境が害されること

　なお，これも法律上の定義文言では「厚生労働省令で定める」事由・制
度・措置に関する言動という形で限定が付されています。この「厚生労働
省令」は具体的には育児介護休業法施行規則76条ですが，その内容を簡単
に説明すると以下のとおりです。

＜育児介護休業法施行規則76条の概要＞

　厚生労働省令で定める育児休業，介護休業等に関する制度又は措置は，
次のとおり。

① 育児休業

② 介護休業

③ 子の看護休暇

④　介護休暇
⑤　育児・介護のための所定外労働・時間外労働・深夜労働の制限，所
　　定労働時間の短縮措置等

　また，マタハラ等についても，均等法11条の 3 第 3 項や育児介護休業法
28条に基づく指針にて定義の解釈・具体例等が示されています（産前産後
場面のマタハラ等につき「事業主が職場における妊娠，出産等に関する言
動に起因する問題に関して雇用管理上講ずべき措置についての指針」（平
成28年厚生労働省告示第312号，最終改正：令和 2 年厚生労働省告示第 6
号）。育児・介護場面のマタハラ等につき「子の養育又は家族介護を行い，
又は行うこととなる労働者の職業生活と家庭生活との両立が図られるよう
にするために事業主が講ずべき措置に関する指針」（平成21年厚生労働省
告示第509号，最終改正：令和 2 年厚生労働省告示第 6 号））。

3　パワハラの定義

　パワハラについては，令和元年改正により，労働施策総合推進法30条の
2 第 1 項（雇用管理上の措置等）にその防止措置義務の定めが新設されま
した。それによれば，対象となる行為は以下のとおり定義されます。

> 　職場において行われる優越的な関係を背景とした言動であって，業務上
> 必要かつ相当な範囲を超えたものにより，その雇用する労働者の就業環境
> が害されること

　そして上記改正に合わせて，同法30条の 2 第 3 項に基づき令和 2 年 1 月
15日に具体的解釈等に関する指針が定められました（事業主が職場におけ
る優越的な関係を背景とした言動に起因する問題に関して雇用管理上講ず
べき措置等についての指針（令和 2 年厚生労働省告示第 5 号，以下「パワ
ハラ指針[4]」といいます））。

> ## 第2節 各ハラスメントの本質論

　各ハラスメントについては，法改正が重ねられたこともあり，本来の法の目的が見えづらくなっていると思われます。しかし，各ハラスメントを防止・減らすためには，それぞれの本質とその発生原因を把握したうえで対策を考えるべきといえます。

　そこで，まず各ハラスメント共通の議論として企業がどのような意識のもとハラスメント問題に取り組むべきかを論じ，そのうえで各ハラスメントの本質論を以下に述べます。

1　ハラスメント問題の捉え方

(1)　労働生産性の問題として

　上記定義に明らかなように，セクハラの不利益取扱いを除き，各ハラスメントはいずれも「就業環境を悪化させること」をいうと定義されており，いずれの法もその目的は「就業環境悪化防止」すなわち「維持」にあるといえますが，ではなぜ「就業環境の悪化防止・維持」をしなければならないのかが問題になります。

　この核となる問題について，世間ではリスクマネジメント論すなわちハラスメント問題発生による風評問題・レピュテーションリスク[5]といった観点のみから説明されることが多いように思います。しかし，当職としては，風評問題はハラスメント問題発生の「結果」として発生することがあるものに過ぎないともいえ，これだけを「目的」として捉えるべきもので

4　同指針の解釈通達として令和2年2月10日雇均発0210第1号「労働施策の総合的な推進並びに労働者の雇用の安定及び職業生活の充実等に関する法律第8章の規定等の運用について」（以下「パワハラ通達」といいます）があります。

はないと考えます。もし「目的」と考えると，ハラスメント発生を防止せずとも風評問題が発生しないようにすればよい（たとえば問題が外部に漏れないようにすればよい）という考えにつながるという問題もあります。

　経営者側弁護士である当職としては，「労働生産性の問題の1つ」として「就業環境の悪化防止・維持」をしなければならない，そのためのハラスメント問題対応であると意識すべきと考えます。ハラスメントのない環境で働けるようにすることで，ハラスメントによって各社員が成果を思うように上げられず全体として会社の労働生産性が低下する事態を避ける。このような「ハラスメントのない環境づくりによって労働生産性を維持するというリターンを得る」という目的で，いわば企業に必要な経営施策の1つとして，ハラスメント問題に取り組む。このように考えてこそ，「ハラスメントのない就業環境の形成・維持」が必須であるという考え方が会社内で浸透するように思います。

　なお，これを超えてさらに「よりよい就業環境の形成」により労働生産性を向上させるためには，単にハラスメントをなくすだけではなく，上司・部下の間で日常のコミュニケーションを十分に取り，これによって部下が個々の人格・能力を最大限発揮できるようにすることが必要となります。言い換えれば，「積極的」経営施策として，十分なコミュニケーションを通じた良好な人間関係，さらには互いの信頼関係の確立が挙げられる

5　ハラスメント問題をはじめとして，近年ではコンプライアンスの観点からその防止が議論されることが多くあります。

　ここで，コンプライアンスを「法令遵守」と訳してしまうと，そこで求められるのは「法令で禁じられた行為をしないこと」に留まってしまいます。しかし，現代においては，単に法令違反をしないことだけでは十分でなく，法令を超えて一定の「倫理」を守ることが社会的に強く求められていると思われます。

　そこで重要となるのが企業秩序論です。法令上は倫理や道徳の遵守が明示に求められるわけではないですが，一定の倫理と道徳観をもって行動することを会社が企業秩序として義務づけることはできるはずで，それこそが現在求められている企業としての「コンプライアンス」であると考えます。

　このような考えをもって，会社は，企業秩序レベルのハラスメントを定義，防止していくべきです。

といえます[6]。

⑵ 個人の人格尊重として

⑴とは別に，労働者個人の人格尊重という目的も，また存在します。

下記4でも繰り返しますが，現代の働き方は，昭和のように仕事中心，すべてオン（仕事）という働き方ではなく，オンとオフ（私生活）との均衡によって成り立っています。したがって，仕事の関係でオフを害することも，逆に私生活の関係でオンに悪影響を及ぼすことも，どちらも許されません。

したがって，従業員の教育指導についても，オンとオフをきちんと分離して互いの領域を守った[7]うえで，契約で約束した本旨弁済を求める形で行う必要があります。昭和のように，オン・オフの区別なく，同人の人格すべてを支配して命令に従わせるという形での教育指導は通用しません。

---

6 遠山信一郎教授による「企業価値向上型コンプライアンスのアルゴリズムを求めて」（2019年3月28日中央オンライン）では，企業不祥事防止というリスク管理のみを主目的とすると，マニュアルの重層化や重層的モニタリングなど手続のための諸手続が増殖してしまい現場は「コンプライアンス疲れ」してしまうと指摘しています。

そのうえで，同論文では，不祥事リスクの解消だけでなく，経営者が企業内外に明確な「経営ヴィジョン」を示して浸透させ，職場の風通しをよくして活き活きとした就業環境（対話環境）を作り出し，もって生産性のある事業活動を生み出すこと（＝企業価値の向上）をも目的とする，「企業価値向上型コンプライアンス」を目指すべきとしています。

上述のとおり，労働生産性の向上を目指す場合には，ハラスメント防止では足りず十分なコミュニケーション等が必要になると当職は考えますが，これも遠山教授のいう「企業価値向上型コンプライアンス」なのかもしれません。

7 インターネット接続のインフラ普及等によりテレワークが浸透する一環として，近年では帰省先や旅行先（リゾート等）で休暇を取りつつ適宜同所で仕事をするという「ワーケーション」（バケーションとワークを組み合わせた造語）が広がりを見せています（例として，日本経済新聞2019年7月25日号）。これは，むしろオンとオフを混在させる方向に進む動きといえます。

ただし，少なくとも現段階における「ワーケーション」は，独創性が重視されるクリエイティブ職や，その人材価値からある程度の裁量が認められている者（当然これに伴い給与も相当程度高いような人）が主に利用対象となっているように思われます。したがって，上記の普及は，いわゆる通常の労働者にまで「オン」と「オフ」の混在があってよいという理由にはなりません。

これはオフに仕事をさせないといった単純な議論に留まりません。たとえば，会社でハラスメントを受けて追い込まれた労働者が，帰宅後に配偶者や子供たちといつもどおりの時間を過ごせたか，いつもどおり接することができたかといえば，甚だ疑問です（つい強く当たってしまうこともあったと想像されます）。今の時代は，ここまで考慮しなければなりません。労働者個人が自ら考える家族とのあり方というオフの世界を，ハラスメントというオンの世界が害することがないように，強く意識する必要があります。

このようにオフまで考えるという点で，ハラスメント問題は，働き方改革（暮らし方改革）の1論点ともいえます。

(3)　「悩ませられる」という性質

さらに，結果論とはいえ，ハラスメント問題が風評問題・レピュテーションリスクにつながることもまた事実です。

初めに触れたとおり，ハラスメントはもともと「悩ますこと」という意義を含む言葉です。そして，人は悩まされれば不安・いらいら・ストレスを覚え，ひいてはそれが睡眠不足につながりますが，この睡眠不足が過労死・過労自殺にとって重大な要素となります[8]。

つまり，ハラスメントは，その多くが長時間労働と結合し，その結合の結果として労働者の過労死・過労自殺等につながるものであって，レピュテーションリスクが非常に高いものといえます。ハラスメント関係の労働行政の動きをみれば，基本的に助言・指導段階で対応すれば勧告や企業名

8　睡眠不足が過労死を発生しやすくすることについては，医学的知見が得られています（半田労基署長事件＝名古屋高判平29.2.23労判1160-45）。過労自殺についても，日本産業精神保健学会が平成16年3月に作成した「平成15年度委託研究報告書・I精神疾患発症と長時間残業との因果関係に関する研究」では「長時間残業による睡眠不足が精神疾患発症に関連があることは疑う余地もな」いとされています。

　このことを示すように，平成30年7月24日付の「過労死等の防止のための対策に関する大綱」では，過労死等への対策として「必要な睡眠時間を確保することの重要性」の周知啓発を挙げています。

公表までは行われませんが，であればレピュテーションリスクが低いと考えてよいかというとそうではないということです。人の生命がかかわる問題となれば，被害者遺族や弁護士による記者会見等も含めて，レピュテーションリスクは基本的に高いといえます。

　したがって，このような面からも対応が必須であると考えるべきです。

2　セクハラの本質論

　昭和の日本の「長期終身雇用・年功序列社会」では，必然的に男性正社員が中心となりました。女性は結婚あるいは妊娠を機に退職をする人がほとんどだったからです。ゆえに，会社にいる女性の多くは年齢の若い人で，「職場の花」という言葉も生まれたわけです。

　そうすると，いずれ退職してしまう女性に教育しても投下資本が回収できないため，企業は女性を教育しようとはせず，簡易な仕事を与えるに留まっていました。それでも，その分，男性社員が頑張ればよいという考え方だったのです。

　退職した女性はというと，家庭で出産・育児に専念し，子が自立し手が空くようになると，パート社員として働きに出ます。そのため，女性の労働力率は「M字カーブ」，つまり結婚・妊娠退職までの期間と，子が自立した後のパート雇用期間とで労働力率が上がるというグラフを描いていました。

　ただ，進む高齢化，特に1990年代をピークに20代の人口減少が始まり[9]，

9　なお，20代の人口推移をみると，1996年：約1,913万人→2006年：約1,533万人→2011年：約1,359万人→2012年：約1,332万人→2015年：約1,266万人→2018年：約1,256万人→2020年：約1,234万人（2017年推計）となっています。なお，2019年12月24日に厚生労働省が公表した「人口動態統計の年間推計」によれば，2019年の出生数は約86万4千人となる見込みです。同省の研究機関である国立社会保障・人口問題研究所が2017年にまとめた推計では，出生数が90万人を割るのは2021年と見込まれていたわけですが，現実にはそれよりも2年前倒しとなりました。

若い労働力である20代，30代が今後減少し，男性だけでは賄えなくなるとの見込みが広がりました。このため，今まで労働力率が低かった20代，30代の女性にも働いてもらい，その職務遂行能力を発揮してもらう必要が生じたわけです。しかし，上記のとおり，これらの女性は「どうせ退職する」として教育されない，言い換えれば性別によって構成された「身分」に基づいて「差別」されてきた女性でした。この「男性中心」の職場環境を，女性が「不快」と感じる[10]ことのない職場環境にし，かつ能力が発揮できるような「男女平等」の職場環境に改めることを目的として，平成9年の均等法改正（施行日は平成11年4月1日）により，セクハラ防止規定が追加されたわけです。いってみれば，憲法14条にいう「差別の禁止」が本質だったのです。

　しかし，このような本来の目的がありながら，厚生労働省は上記改正後の指針において「セクハラには不法行為・刑事上の犯罪行為も含まれる」と示してしまいました。これによって，就業環境改善の観点から防止すべき行為だけでなく，刑事罰になる，あるいは民事上不法行為になるという観点から許されない行為まで「セクハラ」に当たることになり，本来「セクハラ」として防止すべきものが希薄化してしまいました。

　そして，平成18年均等法改正（施行日は平成19年4月1日）により被害者に男性も含まれるとされたことで，「女性差別」から「性差別」法へと転換され，上記の当初の目的の存在感はさらに薄くなってしまいました。

　しかし，本来民事上の不法行為や刑事罰を受ける行為は，民法・刑法でそれぞれ対処すべきものであり，均等法が別途改正で対応しようとしたも

10　女性一般が「不快」と感じる環境をなくすことが重要ということですから，「不快」か否かは個々人の感性を基準とするものではなく，一般的女性の感性を基準とするはずですが，ときに既婚か未婚か，高齢か若齢かといった要素も加味されることがあるように思われます（金沢セクシュアルハラスメント事件＝名古屋高金沢支判平8.10.30労判707-37参照）。これは，たとえば，仮に男性社員の机にヌード雑誌が置いてあったとして，高齢の既婚女性であればむしろ男性社員を一喝するかもしれないが，若年の未婚女性では不快に感じ，就業環境が悪化すると考えられる，ということだと思われます。

【セクハラの本質論】

```
                              ┌─────────────────┐
                              │ ＋α…企業秩序論 │
                              └─────────────────┘
セクハラ                      行為内容
  →女性差別                     ＝本来は均等法上の性的言動
  ＝就業環境論＋「不快」          ╳╳╳╳╳╳╳╳╳╳╳╳╳╳╳╳╳
                                …不法行為や刑事罰（強制わいせつ罪等）

                                    →民法・刑法で処理すればよい

被害者                        行為者
  ＝主に女性                     ＝主に男性（女性も含むが）
      ╳╳╳╳╳╳╳╳
  …（平成18年改正で）＋男性      役割分担意識の問題（男らしく，女らしく）
                              ┌─────────────────────────────┐
  →パワハラ等として処理できる  │→労務管理上は性別による違いに対応す │
                              │ ることも必要！                      │
                              └─────────────────────────────┘
```

のではありません。

　また，そもそも男性については労働力としての差別は受けておらず，就業環境改善による就労率上昇という目的からは外れた存在です。彼らを被害者とする行為については，別途パワハラ等として議論できると考えます。

　また，厚生労働省の指針では，「役割分担意識」に基づく言動を慎むべきとされています。これは，「女性ならお茶を汲め」といった「女性は○○をやる役割」という決めつけは不適切であるという趣旨と思われます。

　ただ，逆に「男女に対しすべて平等に扱う」ということも，労務管理上は問題を発生させてしまいます。男性と女性とでは，身体能力が違うのはもちろんとして，育った環境・経緯，育てられた感性も当然違います。それを無視して平等に扱えというのは暴論であり，たとえば，重い荷物なら当然男性が運ぶべきですし，ハードなクレーマーについて男性が対応するのが適当という場合もあります。このような違いに応じた対応をとることは，問題となる「役割分担意識」とはいえません。差別と区別は違います。

　このような本質論からすると，セクハラの解消は，現在においても上記

に述べた職場における「女性差別」意識の是正としての教育が一番重要と考えられます。

　なお，民法上の不法行為や刑法上の強制わいせつ罪等に該当する行為については，教育というより厳罰をもって対処すべきです。また，これらの行為に発展する前段階で確実に阻止されるよう，夜の会食等に誘われた等という場合，女性は嫌であれば明快に「ＮＯ」と言うべきですし，そのように言っても何ら不利益が発生しないようにする等，「ＮＯ」と言える職場づくりをすることが肝要と考えます。そして，日常の業務遂行中の性的言動についても「ＮＯ」とその場で言える職場づくりを，最終的な目標として進めていくべきです。

3　マタハラ等の本質論

　マタハラ等については，産前産後休業，育児介護休業等といった制度の利用阻止ないし利用への嫌悪感がその本質といえます。たとえば，ある女性が育児のために時短勤務となった場合，その分だけ業務量が増える社員が当然いるわけで，同社員からは「なぜ利用するのか，なぜ自分の業務量が増えるのか」という制度利用への嫌悪感が発生します。この嫌悪感が，上記制度の利用阻害につながるような「マタハラ等」の根源であって，だからこそ，マタハラ等については業務負担増の影響を受けやすい同僚から行われることもあるといえます。

　そうすると，マタハラ等については単に教育をしても解決せず，業務量をいかに配分するかという観点が重要になるといえます。

　また，産前産後休業や育児休業，介護休業等を取得する女性社員の業務については，同社員と資格上同じ分類に属することが多い女性が，その負担増の影響を最も受けやすくなります。このため，マタハラ等では，典型的には「女性→女性」という事例になります。このために，その言動が行われる場所は，女性利用者で占められる更衣室，休憩室や給湯室が多くな

ると思われます。

4 パワハラの本質論

　セクハラが憲法14条論であったのに対し，パワハラは憲法13条というイメージを持つことが肝要です。

　そもそも，昭和の終身雇用社会では，「俺についてくれば悪いようにはしない」という，一種の「ムラ共同社会」としての縦秩序が形成されていました。すなわち，そこでは会社という「ムラ」があり，その「ムラ」の秩序に従って，子供が大人に叱られて躾けられるのと同様，新入社員は先輩・上司に叱られて当然とされていました。個人ではなく「ムラ」が絶対である以上，「ムラ」に反旗を翻すような行為（たとえば内部通報）についても，当時は絶対に許されない論外の行為と考えられていました[11]。

　ただ，平成，令和と時代が進むにつれ，現在では何よりも個人の人格が尊重されることが意識されています。すべては「ムラ」の秩序を背景として夜の飲み会や日曜のゴルフにも従事してきた時代は終わり，あくまでその人個人の人間としての時間が主であって，賃金を得る活動に過ぎない労働は従であるという意識も生まれています。

　当然，夜の飲み会や日曜ゴルフ等についてもその開催の回数自体は減っていますが，たとえば地方支店の支店長が単身赴任者であるような場合，この「夜」や「日曜」といったオフの時間の付き合い方（参加率等）によって，支店内でのポジションが変わってしまうというケースもあるようです。しかし，参加しないといっても，その中には配偶者との家庭生活や

11　昭和において，集団統制に必要なシステムとして職場に導入されたのが役職という「身分」でした。これは，極端にいえば，組織としては最も秩序だっていた「軍隊」が階級という身分に基づく集団統制を採用していたことに由来するといえます。ゆえに，この「身分」によって構成された昭和の職場秩序のもとでは，殴る，名誉毀損相当の暴言といったレベルの厳しい指導ですら，「愛のムチ」「叱咤激励」という名のもとにときに許容され，そこに罪の意識はあまりなかったのではないかと思われます。

子供の世話等との関係で行きたくても行けないという人も含まれています。このような事情がある人ですら，不利益に扱われるという理不尽があってはなりません。特に，上述したような若者たちは，もはや「ムラ」が絶対ではない現代では，簡単に辞めてしまいます。

　このように，パワハラの本質は，部下管理のあり方が現在では個々人の人格を尊重したトータルパワー論に変化したにもかかわらず，従前どおり「俺について来い」という方式をとることにあります。それが全体の就業環境に影響することを理解し，ひいては憲法13条が求める人格尊重が達成されるよう，教育が必要であるといえます。なお，現在でも女性管理職は10％しかいないため，パワハラを行う優越的地位に立つのは典型的には男性といえます。したがって，パワハラの典型的な構図は，「男性→男性・女性」という構図をとるといえます[12]。

5　ハラスメントと「酒」

　特に不法行為や刑法上の犯罪に該当するようなハラスメント行為は，その多くが「酒」によってもたらされています。

　たとえば，セクハラのうち強制わいせつ等といった悪質な行為については，夜の飲食後の送迎車中，2次会のカラオケ，出張先のホテル等といった場面で，特にみられる傾向にあります。というのも，通常であれば理性で抑え込める男性的本能が，飲酒によって理性が弱まり箍が外れることで，表に出てしまうからです[13]。

　また，パワハラに関しては，前述した昭和の「ムラ共同社会」の秩序の

12　優越的関係については，パワハラ指針（2(4)）にもあるとおり，同僚や部下が上に立つという事例も当然ありえます。ただ，典型的には上司部下関係であるため，男性が加害者になりやすいといえます。

13　だからこそ，当職は前述のとおり，夜の食事の誘いには「NO」といえる環境づくりを進めること，管理職は女性を2次会の前に帰らせることが必要と考えています。

１つとして，いわゆる「飲みニケーション」の文化が重視されてきたことが指摘できます。そして，「飲みニケーション」として飲み会への参加や飲酒が強制されることはもちろん，ここでも理性の弱まった上司が，普段ならしないようなレベルの暴言，暴行を部下に加えてしまったというケースが散見されます。

　以上からすれば，ハラスメント防止という観点からは「酒」を控えるべきことは明らかですが，仮に当初は適量を心掛けていても，その適量の飲酒により理性が緩みさらに多量の飲酒に及んでしまうことが，「酒」の恐ろしい点です。したがって，当職は，飲み会など会社と関係のある場での飲酒については，一定の場合につき一切禁止としてよいと考えます[14]。

　なお，よくハラスメント調査において「酒で覚えていない」と弁解する者がいますが，これは言い換えれば酒を飲めば再度問題行為をしかねないということで，そのままでは最大のリスク社員といえますから，一切の飲酒を禁止すべきです。

第3節　ハラスメント防止規程の作成

　本書では，以上のハラスメントの各定義，そしてその本質論を踏まえて，当該企業の企業秩序維持の必要性の観点から，独自の（ハラスメント規程の）就業規則例を作成しました。

　したがって，マタハラ等についても，上述のとおり２つの法律のもと，２つの定義がありますが，規程では１つの定義にまとめて整理しています。

14　伊藤忠商事は平成26年から，飲み会の１次会は午後10時までに終え２次会は控えることとする「110運動」を展開しています。特に「飲み」による人的関係の構築が重要視されそうな商社ですが，同社は「飲まなきゃ出来ないような商売は，たいした商売ではありません。」と断じたうえで本運動を展開し，結果，令和２年現在も業績は好調なようです（以上，朝日新聞デジタル2018年９月23日９時30分，2020年１月25日５時）。

第2章
各ハラスメント防止規程と
ガイドライン

第1節　セクシュアルハラスメント

セクシュアルハラスメント防止規程

【目的】

第1条　本規程は，当社において禁止するセクシュアルハラスメント（以下，
「セクハラ」という）を定義し，セクハラが絶対にあってはならず当社はこれ
を一切容認しないこと，及びセクハラを行った者に対しては監督権，管理権
ないし懲戒権等をもって厳正に対処する方針を明確化し，これを周知・啓発
し，さらに必要な措置・対応を定め，もってセクハラを防止することを目的
とする。

【定義】

第2条　セクハラとは，当社が雇用する労働者等により職場等において性的な
言動等が行われ，当該性的な言動等に対する対象者の対応により当該対象者
がその労働条件につき不利益を受けること，又は当該性的な言動等により対
象者の就業環境が害されること（そのおそれがある場合も含む）をいい，同
性に対するものも含まれる。また，対象者の性的指向又は性自認にかかわら
ず本規程の対象とする。

2　前項にいう「当社が雇用する労働者等」は，以下の(1)ないし(4)を含む。

(1)　当社が雇用する労働者の全て

(2)　当社が使用する派遣労働者

(3)　当社の構内下請労働者

(4)　その他取引先等の他の事業主又はその雇用する労働者，顧客

3　第1項にいう「職場等」とは，当社が雇用する労働者等（前項(4)に該当する者を除く）が業務を遂行する場所又は対象者が業務を遂行する場所を指し，それらの者が通常就業している場所以外の場所であっても，それらの者が業務を遂行する場所であれば「職場等」に含まれる。なお，職場の上司部下・同僚同士の間で発生した場合には，時間，場所に関係なく，「職場等」に含む（ただし，純然たる私人関係であった場合を除く）。

4　第1項にいう「対象者」は，以下の(1)ないし(5)を含む。

(1)　当社が雇用する労働者の全て

(2)　当社が使用する派遣労働者

(3)　当社の構内下請労働者

(4)　当社と取引関係等一定の関係を有する会社等の関係者（(1)ないし(3)の「当社」を「当社と取引関係等一定の関係を有する会社等」に読み替えた場合の労働者を含むが，これに限られない）

(5)　その他(4)に準じる関係にあると会社が認めた者（就活生を含むが，これに限られない）

5(1)　第1項にいう「性的な言動等」とは，性的な内容の発言及び性的な行動，又はこれらに類似した内容の発言及び行動を指す。「これらに類似した内容の発言及び行動」には，性別役割分担意識に基づく言動等が含まれる。

(2)　「性的な言動等」に該当する行為の典型例を，次のとおり示す。

ア　性的及び身体上の事柄に関する不必要な質問・発言

イ　性的及び身体上の事柄に関するうわさの流布

ウ　わいせつ図画の閲覧，配布，掲示

エ　不必要な身体への接触

オ　交際・性的関係の強要

6(1)　第1項にいう「対象者の対応により当該対象者がその労働条件につき不

　　利益を受けること」とは，性的な言動等への抗議又は拒否等を行った者が，解雇，不当な人事考課，配置転換等の不利益を受けることをいう。

(2)　第1項にいう「対象者の就業環境が害されること（そのおそれがある場合も含む）」とは，対象者の就業意欲を低下せしめ，能力の発揮が阻害されること，若しくは阻害されるおそれがあること等をいう。

【禁止行為等】

第3条　当社が雇用する労働者等（第2条第2項(4)に該当する者を除く。以下本条において同じ。）は，職場等においてセクハラに該当する行為をしてはならない。

2　当社が雇用する労働者等は，職場等においてセクハラに該当する行為が行われていることを確認したときは，第4条第2項に定める相談窓口への申出や上司への報告等といった対応をしなければならない。

3　当社の監督若しくは管理の地位にある者は，セクハラに該当する行為が行われていることを確認したときは中止させ，その発生のおそれがあるときは防止しなければならない。

【相談及び苦情への対応】

第4条　セクハラに関する相談及び苦情処理の相談窓口は本社及び各事業場で設けることとし，その責任者は人事部長とする。人事部長は，窓口担当者の名前を人事異動等の変更の都度，周知するとともに，担当者に対し相談対応に必要な研修を行うものとする。

2(1)　第2条第4項(1)ないし(3)に該当する者は，原則として，就業時間外にセクハラに関する相談を相談窓口の担当者に申し出ることができる（以下，相談窓口に申し出た者を「相談者」という）。

(2)　前号の申出は，原則，就業時間外にしなければならないが，緊急を要するやむを得ない場合は，就業時間中においても申し出ることができる。

(3)　第1号の相談の申出は，すでに当社で一定の判断がなされた事案と同内容のものである場合は，受け付けないことがある。

(4)　相談者は，当該相談にあたり当社に対してカウンセリングの利用をあわせて申し出ることができる。

(5)　当社は，前号によるカウンセリングの結果等を把握する等，相談者の心理状況に配慮したうえで，次の第 3 項から第 5 項に定める対応を決定する。

3(1)　相談窓口担当者は相談者からの事実確認の後，人事部長へ報告する。

(2)　前号の報告に基づき，人事部長は調査の要否を判断する。

(3)　前号において調査の必要があると判断した場合，人事部長は相談者のプライバシーに配慮したうえで，必要に応じて行為者，被害者，上司その他の労働者等に事実関係を聴取する。なお，人事部長は，必要に応じ，関連部署に調査を依頼し，又は調査の協力を要請することができるほか，行為者が他の事業主により雇用される労働者又は他の事業主（その者が法人である場合にあっては，その役員）である場合には，必要に応じて，他の事業主に事実関係の確認への協力を求める。

(4)　前号の聴取を求められた労働者等は，正当な理由なくこれを拒むことはできない。

4　調査の結果として第 2 条第 1 項に定める行為が認められた場合は，当社は以下の措置を講じることがある。

(1)　第 2 条第 2 項(1)に該当する者に対し，以下の対応

ア　管理権・監督権に基づく対応

イ　就業規則第〇条（譴責，減給，出勤停止又は降格）又は就業規則第〇条（諭旨解雇又は懲戒解雇）に基づく懲戒処分

(2)　第 2 条第 2 項(2)に該当する者に対し，監督権に基づく対応，派遣元会社に是正を求める等の対応

(3)　第 2 条第 2 項(3)に該当する者に対し，直接指示ないしは発注者として受注者に対して指図を通じて是正を求める等の対応

(4)　第 3 条第 3 項に反して適切に監督権・管理権を行使しなかった者に対し，就業規則第〇条（譴責，減給，出勤停止又は降格）に基づく懲戒処分

5　人事部長は，問題解決のための措置が必要であると判断した場合，被害者の労働条件及び就業環境を改善するために必要な措置を講じることができる。

6(1)　人事部長は，行為者が，他の事業主が雇用する労働者又は他の事業主
　　　（その者が法人である場合にあっては，その役員）であるときは，必要に応
　　　じて，他の事業主に再発防止に向けた措置への協力を求める。

　(2)　人事部長は，行為者が，第2条第2項(4)に該当する者であるとき（前号
　　　に該当する場合を除く）は，セクハラを行わないよう求める等の対応につ
　　　とめる。

7　相談及び苦情への対応にあたっては，関係者のプライバシーを保護するよ
　うつとめるとともに，相談をしたこと又は事実関係の確認に協力したこと等
　を理由として不利益な取扱いは行わない。

【再発防止等】

第5条　人事部長は，セクハラ事案が生じたときは，再発防止策の実施の要否
　を判断する。

2　再発防止策を実施する場合，人事部長は，その必要に応じ，周知の再徹底
　及び研修の実施，事案発生の原因の分析等の措置を講じなければならない。

【調査協力】

第6条　当社は，他の事業主から当該事業主の講ずるセクハラ防止措置の実施
　に関し必要な協力を求められた場合には，これに応ずるようにつとめる。

【附則】

○年○月○日より実施

セクシュアルハラスメント防止規程
ガイドライン

第1条

　本条は，当社においてセクハラは決して許さないこと（禁止）を宣言し，現にセクハラが発生した場合には適切かつ迅速に対処する方針を明確化するとともに，本規程の内容を周知・啓発していくことをもって，セクハラを防止し，従業員の適正な就業環境を確立・維持することが当社の目的であると示すものです。加えて，本規程では，セクハラが発生した場合だけではなく，そのおそれがある場合にも適切かつ迅速な対応を行うことも目的としています。

　なお，セクハラには下図のとおり，①刑法上の構成要件に該当する行為，②民事上不法行為に該当する行為，③行政指導の対象になる行為，④当該企業において企業秩序違反ないしそのおそれのある行為として罰する行為の4つのレベルがあります。このうち，本規程は④のレベルについて定めるものです。

　④に①〜③を含むことは最低限必要です。しかし，逆に①〜③に限られる理由はなく，たとえ①〜③に該当せずとも，会社が秩序違反ないしそのおそれがあると考える行為は④に含めることができます。

　このような観点から，本規程では特に③を規定する法令・行政指針・通達を参考にしつつ，適宜これに該当しない行為についても，当社にて不適切と考える行為を禁止・防止対象としています。なお，第3条第1項で詳述するとおり，本規程では防止だけでなく禁止も定めていることに留意してください。

【セクシュアルハラスメントの種類（4種）】

① 刑法上の違法行為
　＝強制性交等・強制わいせつ罪等に該当するか

② 民法上の不法行為
　＝社会的相当性を著しく逸脱した方法で心理的
　　負担を与えたか
　　（①を含む）

③ 行政指導
　＝均等法第11条第1項の要件に該当するか
　　（①, ②を含む）

④ 企業秩序
　＝企業が決定したルールに該当するか
　　（①ないし③を含む）

第2条

【全体関連】

　セクハラに関しては，均等法第11条第1項（職場における性的な言動に起因する問題に関する雇用管理上の措置）に防止措置義務の定めがあります。それによると，防止措置義務の対象となる行為は以下のとおりです。

> 　職場において行われる性的な言動に対するその雇用する労働者の対応により当該労働者がその労働条件につき不利益を受け，又は当該性的な言動により当該労働者の就業環境が害されること

　この定義の解釈，具体例等については，指針である「事業主が職場における性的な言動に起因する問題に関して雇用管理上講ずべき措置についての指針」（平成18年厚生労働省告示第615号，最終改正：令和2年厚生労働省告示第6号。以下「セクハラ指針」といいます）に示されています。

　しかし，前条の目的から，当社では法令・行政指針・通達を参考にしつつ，適宜これに該当しない行為についても，当社にて不適切と考える行為を防止対

象とするため，行政上の定義より広範な定義を定めています。「等」という文言
が多くなっているのは，このように行政上の定義よりも広い内容にするためです。

【第1項関連】

　第1項の定義は，均等法第11条第1項において定められた内容につき，その
対象行為，当事者，適用場面を広げたものです。

　特に，指針では，就業環境を悪化させた場合に初めてセクハラに該当するこ
ととしていますが，本規程では企業秩序の観点からこれを広げて就業環境を悪
化させる「おそれ」があった場合についても本規程上のセクハラに該当すると
整理しています。

　セクハラ指針においては，以下のように大きく2つの類型があることが説明
されています。

　職場におけるセクシュアルハラスメントには，職場において行われる性的な言
動に対する労働者の対応により当該労働者がその労働条件につき不利益を受ける
もの（以下「対価型セクシュアルハラスメント」という。）と，当該性的な言動
により労働者の就業環境が害されるもの（以下「環境型セクシュアルハラスメン
ト」という。）がある。
　なお，職場におけるセクシュアルハラスメントには，同性に対するものも含ま
れるものである。また，被害を受けた者（以下「被害者」という。）の性的指向
又は性自認にかかわらず，当該者に対する職場におけるセクシュアルハラスメン
トも，本指針の対象となるものである。

　また，「同性に対するものも含まれる」「被害を受けた者の性的指向又は性自
認にかかわらず」とする部分は指針に明記されているため，前述したレベル③
に該当します。これを受けて，当社の規程上も同文言を明記しています。

【第2項関連】

　第2項では，セクハラとして問題となる行為を行った人物，言い換えれば加
害者について定義しています。

　本規程を定めるにあたって，加害者の範囲を明確にする必要があるところ，企業秩序維持の観点から，当社では「当社が雇用する労働者等」（「加害者」）を，以下のとおり定義しています。

　まず，「(1)　当社が雇用する労働者の全て」とは，正規雇用労働者のみならず，パートタイム労働者，契約社員等のいわゆる非正規雇用労働者を含んだ当社が雇用する労働者のすべてをいうものとしています。

　ただ，会社は就業環境を維持する義務を負うため，これらの直雇用の者の行為に限らず，職場内で日常的に業務を行う者によるセクハラ行為については広く防止する必要があります。

　そのため，当社は上記の「(1)　当社が雇用する労働者の全て」に加え，
- 「(2)　当社が使用する派遣労働者」
- 「(3)　当社の構内下請労働者」

も加害者に含めて考えています。

　他方で，当社の労務管理上の防止規程として本規程を定めている以上，本来は顧客や取引先の関係者等によるセクハラに類する行為まではその対象に含まれませんが，指針上はセクハラのみ行為者が顧客や取引先の関係者等であるものもセクハラとして防止措置を講じるべき旨が明記されています。したがって，セクハラにおいては，行為者に
- 「(4)　その他取引先等の他の事業主又はその雇用する労働者，顧客[15]」

を挙げつつ，それに対する対応は上記(1)〜(3)と分けるという方向で整理をしています。言い換えれば，法令・指針違反を避けるために，本規程上(4)を加害者に加えたということです[16]。

　なお，当社の執行役員については，「(1)　当社が雇用する労働者の全て」に含まれますから本規程上の加害者となり得ます。

　一方，取締役については，会社法第423条や第429条等をはじめとして厳しい賠償責任が定められているため，セクハラに類する行為を行うことを本規程は

15　指針では，顧客に加えて「患者又はその家族，学校における生徒」が挙げられています（2(4)）が，本規程はあくまで一般企業における利用を主に念頭に置いているため，これを加えていません。病院や学校等で規程を作成する場合は適宜修正をしてください。

想定していません。もちろん，仮に行った場合には，取締役解任も含め厳しい対応をもって臨みます。

【第 3 項関連】

セクハラ指針では，「職場」について以下のとおり説明されています。

> 「職場」とは，事業主が雇用する労働者が業務を遂行する場所を指し，当該労働者が通常就業している場所以外の場所であっても，当該労働者が業務を遂行する場所については，「職場」に含まれる。取引先の事務所，取引先と打合せをするための飲食店，顧客の自宅等であっても，当該労働者が業務を遂行する場所であればこれに該当する。

これを踏まえつつ，当社では，業務遂行場面だけでなく，上司・部下・同僚が業務終了後，飲食等で利用する場所なども広く含めております。

すなわち，「職場等」は，上記セクハラ指針が示すように，取引先の事務所，取引先と打合せをするための飲食店，顧客の自宅等だけでなく，同僚と出張中の「ホテルの室内」等も含みます。さらに，施設外であっても，上司・同僚といった会社での人間関係を前提に従業員同士で発生するものについては，これも「職場等」において発生したものと考え，物理的場所概念にこだわらないこととしています。なぜなら，本規程は企業秩序の観点から定めるものであるところ，会社での人間関係を前提として性的言動等が行われれば，それによって就業環境も悪化し企業秩序は乱れた，あるいは乱れるおそれがあったといえる

16　マタハラ等では行為者に⑷を加える改正はなされていません。その理由は，厚生労働省によれば，マタハラ等の場合は制度利用阻害がメインの行為態様であってセクハラほど加害者が社外の人間である事例が想定されず，ゆえにこの点の議論が活発化しなかったためと考えられる，とのことです。

なお，社外の人間によるパワハラについては，指針上いわゆる努力義務に留まっていますが，その理由は平成30年12月14日付「女性の職業生活における活躍の推進及び職場のハラスメント防止対策等の在り方について（報告）」によれば，「どこまでが相当な範囲のクレームで，どこからがそれを超えた嫌がらせなのかといった判断が自社の労働者等からのパワーハラスメント以上に難しいこと等の課題がある」ためとされています。

からです。

　ただし，純然たる私人としての交際・交流において性的言動がなされた場合については，私的な場面である以上業務遂行との関連性が全くなく，たとえ従業員同士等であっても「職場等」にて性的言動がなされたとはいえません。

　なお，第2項(4)に該当する者が業務を遂行する場所は，必ずしも当社の職場とは言い難いことから，これを明示的に除いています。

【第4項関連】

　第4項では，セクハラとして問題となる行為を受けたり，その行為の害を受けたりするといった，いわゆる「被害者」を「対象者」という形で定義しています。

　この点，被害者としての「労働者」についてのセクハラ指針における行政上の定義は，以下のとおりです。

> 「労働者」とは，いわゆる正規雇用労働者のみならず，パートタイム労働者，契約社員等いわゆる非正規雇用労働者を含む事業主が雇用する労働者の全てをいう。また，派遣労働者については，派遣元事業主のみならず，労働者派遣の役務の提供を受ける者についても，労働者派遣事業の適正な運営の確保及び派遣労働者の保護等に関する法律（昭和60年法律第88号）第47条の2の規定により，その指揮命令の下に労働させる派遣労働者を雇用する事業主とみなされ，法第11条第1項及び第11条の2第2項の規定が適用されることから，労働者派遣の役務の提供を受ける者は，派遣労働者についてもその雇用する労働者と同様に，3(1)の配慮及び4の措置を講ずることが必要である。

　これを踏まえて，当社では「対象者」（被害者）を，以下のとおり定義しています。

　まず，「対象者」についても，就業環境を維持する観点からすれば，職場にて日常的に職務に従事する者，つまり「(1)　当社が雇用する労働者の全て」に加え，

- 「(2)　当社が使用する派遣労働者」
- 「(3)　当社の構内下請労働者」

に対する行為まで防止すべきといえます。

　また，自社で働く者が取引先の関係者や顧客に対してセクハラ行為を行い，その被害者との信頼関係が失われることは，会社にとって大きな損失となります。そのため，会社は取引先の関係者や顧客等に対するセクハラ行為まで防止する必要があり，

- 「(4)　当社と取引関係等一定の関係を有する会社等の関係者」
- 「(5)　これに準じる程に当社と密接な関係を有すると認められる者」（たとえば，OB訪問に訪れた学生（就活生）などがあり得ると考えられるため，これを規程でも明示）

も「対象者」に含めています。

【第5項関連】

1　セクハラ指針では，「性的な言動」について以下のとおり説明されています。

> 　「性的な言動」とは，性的な内容の発言及び性的な行動を指し，この「性的な内容の発言」には，性的な事実関係を尋ねること，性的な内容の情報を意図的に流布すること等が，「性的な行動」には，性的な関係を強要すること，必要なく身体に触ること，わいせつな図画を配布すること等が，それぞれ含まれる。

　当社では，これらに「類似した内容の発言及び行動」も含めて，あわせて「性的な言動等」として規定対象としています。

　すなわち，「男らしい」「女らしい」など，固定的な性別役割分担意識に基づいた言動は，セクハラの原因や背景になってしまう可能性があるためです。

　（性別役割分担意識：「男性は外で働き，女性は家庭を守るべきである」といった性別に基づく役割意識）

　上記に該当する言動例として，

- 「男のくせにだらしない」「家族を養うのは男の役目」
- 「この仕事は女性には無理」
- 「子供が小さいうちは母親は子育てに専念すべき」

● 結婚，体型，容姿，服装などに関する発言
などがあります。

　このような言動は，無意識のうちに言葉や行動に表れてしまうものです。日頃から自らの言動に注意するとともに，上司・管理職の立場の者は，部下の言動にも気を配り，セクハラの背景となり得る言動についても配慮することが大切です。

　なお，当社では，性的言動について，それが平均的感性からして当該対象者の意に反していたと考えられるか否かにかかわらず，禁止の対象としています。なぜなら，性的言動である時点で，平均的感性からすれば当該対象者の意に反する「おそれ」はあり，ひいてはそれによって就業環境を悪化させる「おそれ」もあったといえるからです。

2　そして，「性的な言動等」に該当する可能性が高い事例，低い事例の具体例としては，各々下記のようなものが考えられます。

　なお，下記では大まかな類型化を試みましたが，どの類型に属するか微妙な事案が存在しますし，また事案として重なる部分があるものも少なくありません。しかし，出来るだけ具体例を挙げ，もって該当行為の禁止・防止の実効性を高めることを優先する目的で，すべて以下に記載しています。

　また，第6項で詳述するとおり，本規程にいうセクハラとは就業環境を悪化させるもの，ないしそのおそれがあるものをいいますが，下記事例はいずれも少なくとも就業環境を悪化させるおそれは認められるものである（したがっていずれも本規程のセクハラに該当する）点に留意してください。

⑴　「性的な内容の発言」
該当する可能性が高い事例
①　他人の性的事情の流布，吹聴
● 男性営業職員が，女性営業職員の方が成績が良かったことに嫉妬して，当該女性営業職員について，「彼女は顧客に色目を使っているから成績がい

いんですよ」と社内で言いふらした。
- 男性社員が「同僚の A 女は不倫している」と言いふらした。
- 飲み会で上司が，女性職員について「この子は彼氏いたことないんですよ」とからかった。
- 男性社員が「同僚の B 女は出会い系サイトやアプリで毎週違う男と遊んでいる」と言いふらした。
- 男性上司が，飲み会で部下の性生活を話のネタにした。
- 男性社員が，女性社員が具合の悪そうにしていた理由について，当該女性が生理中であることを確認した後，的中したと周囲に言いふらす。

② 夜のディナー・飲み会，泊まり，性交の誘い
- 男性社員が，残業中など女性の同僚と 2 人きりの場面で，冗談のような感じで「やらせてくれよ」「俺の愛人になれ」と言った。
- 単身赴任中の上司が，飲み会の終了後，2 人きりで帰宅する際，部下の女性従業員を自宅に誘った or 部下の女性従業員（1 人暮らし）の家に行かせてくれと迫った。
- 営業担当の上司（男）が営業担当の部下（女）と仕事で一緒に車に乗った際，高速道路から見えるラブホテルの前で「俺ここ好きなんだよね」「今日は暑いから本当はここで降りたいんだけどね」と言った。
- 取引先の女性担当者に対し，仕事のためと言って個人の携帯メールアドレスを聞いたうえで，「今度泊まりに行こうよ。」とメールした。
- 部の飲み会に参加しなかった女性社員に対し，「何で昨日来なかったの？一緒に飲みたかったのに」と繰り返し発言した。
- 男性上司が，女性部下に，2 次会のカラオケにて何回も個人の携帯電話番号を聞いた。
- 男性上司が女性部下に対し，出張の宿泊先ホテルで「君のことは女性として意識していないから，2 人で部屋で飲み直さないか」と誘い，女性職員が「忙しいのでちょっと」と断ると，手帳を取り出して「いつなら空いてる？」「○日はどう？」と執拗に尋ねた。

- 男性社員が，女性の同僚に，LINE で一方的に毎日食べたもの（ラーメン等）を報告したり，食事に誘ったりした。
- 以前同じビルに勤めていた女性社員が自分と同じビルに異動となったことを聞きつけ，男性社員が当該女性社員に対し，LINE で「また一緒になったね。もしかして君が僕に会いたくて希望したのかな？」と送った。

③　自身の性経験を語る
- 女性社員が近くにいるにもかかわらず，職場の男性たちが風俗店の話をした。
- 飲み会の場において，上司の既婚男性が，女性を含む部下の前で自らの不倫の体験談を語り，女性の部下に対して「Cさんともそれくらい仲良くなりたいな」と言った。

④　容姿（身体・服装）への言及
- 男性上司が，結婚予定の女性職員に対し，「身体で彼を射止めたのか」と言った。
- 男性社員が，女性の同僚に，「髪切ったんだ，彼氏に振られたの？」「今日は全身勝負服？」「君はお風呂派？それともシャワー派？」「今日の服装は好みだ」と言った。
- 上司が，女性の部下に対してスリーサイズやブラジャーのサイズを，男性の部下に対して男性器のサイズを聞くなどした。
- 上司が，女性従業員に対し，「君も昔は可愛かったのにね」と言った。

⑤　他人の性的事情に対する質問，言及
- 男性社員が，同僚の新婚の女性パート社員に対して，「夜の生活はどうなの」と尋ねた。
- 上司が，「お前は同性愛者だろう」と部下をからかった。
- 上司が，「今まで何人と付き合ったの？何人との経験があるの？」と部下に聞いた。

- 上司が，部下に対して，「結婚はまだですか」と繰り返し聞いた。

⑥　その他
- 男性上司が，女性部下に，「お箸で食べさせて」と言ったほか，逆に自分が一口食べたものを「これも食べてよ」と言った。
- 社内での座席の決定に際し，「Ｄさんの隣は早い者勝ち。」等と部内のメンバーに対し，一斉メールを送信した。
- カラオケで，女性社員がいる前で，歌の歌詞を卑猥な言葉に替えて歌った。

該当する可能性が低い事例

- 上司が，職場内不倫をしているとの部下からの報告に基づき，当該男女社員を個別に別室に呼び出し，他の職員がいない場所で，「職場内で不倫をしようとすることは企業秩序上許されないが，まさかしていないだろうな」と口頭で尋ねた。
- 男性上司が，「あれっ，髪切ったの。雰囲気変わったね。」と部下に言った。
- 同僚が，歓送迎会に行く途中で道に迷った旨報告した女性社員に対し，彼女が今後迷わずに済むように「よければ私用携帯電話の番号を教えてくれないか」と聞いた。
- 男性上司が，取得する休暇の種類を明らかにしないで生理のために就労が困難なことから休暇の申請をした女性社員に，取得する休暇の種類を尋ねた。
- 定期的な催しとして職場の飲み会（1次会）が開催されるため，上司は，任意参加である旨を伝えたうえで，部下全員に参加確認をした。

(2)　「性的な行動」

該当する可能性が高い事例

①　必要のない身体接触・接近
- 社員旅行中，上司が，部下に対し，男女ペアでの風船割りゲーム（両者の胸で風船を押し合って割る遊び）を命じた。

- 男性上司が，女性パート社員の肩を，同人が頼んでもいないのに「仕事大変だね」等と言いながら揉んだ。
- 男性上司が「綺麗な髪だね」と言って女性部下の髪をかき分け，「俺，Eちゃんの髪の匂い大好きなんだよ〜」等と言って，鼻を髪に寄せて匂いを嗅いだ。
- 男性上司が，女性社員の後ろから突然「綺麗になったね」といって同人を軽く抱きしめた。
- 男性社員が，スマートフォンを操作する女性部下に対し「こう操作するんだよ」と言って突然手を重ねた。
- 飲み会で毎回「俺の席はここ」と言って男性社員が女性社員の膝の上に座るくだりがあった。
- 「筋トレしているんです。触ってみてください。」と言って腕を見せた女性社員に対し，腕だけでなく，腹部や下半身も触った。
- 2次会のカラオケで男性上司と女性部下とでデュエットを歌った際，同上司が同部下と肩を組んだ。
- 2次会のカラオケの席で男性社員が，隣の女性部下と必要もないのに密着するように座る，もたれかかる，膝に手を乗せる，手を握る，頭をなでる，「一緒に帰ろう」と連呼する等した。また，これを見た男性社員の上司が，「F（女性部下の名）喜んでるじゃん」と述べて煽った。
- 懇親会の終わり際，男性上司が，女性部下たちに対して，「今日は楽しめたか？」と言って肩や頭をぽんと叩いたり，女性部下のおでこにキスをしたりした。
- 職場での飲み会終わりに，上司が，「大丈夫です」と断る女性部下にタクシーに一緒に乗ることを強要し，その際に手を握られた。
- 男性社員が，女性の同僚と忘年会の景品を買いにでかけた際，手を引いて大人のおもちゃのコーナーに連れて行こうとした。
- 男性社員が，女性部下に，自分の吸っていたたばこを無理矢理吸わせようとした。
- お土産のお菓子を手渡す際に，意図的に手を包むように触った。

- 男性社員が，女性社員の背中をペンでなぞるように触った。
- キスをする真似をしながら顔を近づけた。
- 出張先で男性上司と女性社員が2人で飲食し，その際，帰宅したいと述べているのに，執拗に手で引き止めた。
- 男性上司が，集合写真を撮影する際，隣に立つ女性社員の腰に手をまわして添えた。
- 職場関係者で開催されたバーベキューで集合写真を撮影する際，男性上司が女性社員に自分の膝に座るように指示し，断ると腕を掴んで膝の上に座らせた。
- 男性上司が，女性社員に「飲み物を買ってあげるよ」と言い，自動販売機まで移動する際に同人の手をつないだ。
- 男性社員が，後ろの席に座っている女性社員を振り向かせるため，毎回，声をかけるのではなく，手の甲で女性の上腕部や腿を触る方法で振り向かせた。
- 上司である次長が，部下が他にいるにもかかわらず，特定のG女に対してだけお土産を買ってきたり，有名店のケーキを渡してきたりするといった行為を繰り返した。

② 性的なもの（ポスター等）を見せる
- 男性社員が会社の机で休憩時間中に，他の女性社員の目にも触れるような状態で，スマートフォンでアダルトサイトを見ていた。
- 他の女性社員の目に触れるような状態にある男性社員のパソコンの壁紙が女性のオールヌード写真だった。
- 水着姿のグラビアアイドルの写真が職場に貼ってあった。
- 男性社員が，自分たちが全員裸で踊っている写真を社内で配った。

③ 性的関係の強要
- 男性上司が，「ホテルに行けば悪いようにはしない」と女性部下に言った。

該当する可能性が低い事例

- 男性上司が女性パート社員に危険作業を教えるために必要な範囲で手に接触した。
- 男性上司が,「頑張れよ」と言って男性部下の肩をポンと叩いた。
- 当社製品である日焼け止めの広告を社内に貼っていたが,これは女性モデルが水着で泳いでいるポスターであった。
- 安全バーを下げずに作業を開始しようとしたため,「危ない」と言って腕を掴んだ。

(3)　「これらに類似した内容の発言及び行動」

該当する可能性が高い事例

- 男性上司が,女性部下に対して,「女はお茶汲みだけしていればいいんだ」と言った。
- 男性社員が,女性社員に対して,懇親会について「女性でお客様の横を固めてお酌しろ」「飲み会の取り分け作業は女性の担当ですから必ず女性がやること」と言った。
- 暑気払い,忘年会の2次会のカラオケにつき,派遣スタッフも含め若い女子スタッフだけは必ず出席することが通例になっていた。
- 男性上司が,「稼いでいる旦那と結婚して,専業主婦になるのが一番の幸せなんや」「女性はいつ辞めるかわからないから仕事は任せられない」と,新人の女性に述べた。
- 社員旅行の宴会の席にて,男性上司が,スラックスで出席した女性部下に対して「なぜ浴衣で出ないのか」「早くお酒を注いでくれ」と述べた。

該当する可能性が低い事例

- 非常に重い段ボールで女性には運べそうになかったため,女性上司が,男性社員のみを同作業に充てた。
- 上司が,女性従業員Hに対し,「女性従業員Iが悩んでいるようである。女性同士でしか話しにくいこともあると思うので,今度,女性従業員Iの相

談に乗ってやってくれないか」と発言した。

- 過度に露出度の高い服装を着ている女性社員に対して，「目のやり場に困る」と言って，職場における服装の選択について注意するよう指導した。

※上記のうち，一部事案は，厚生労働省「職場におけるセクシュアルハラスメント対策や妊娠・出産・育児休業・介護休業等に関するハラスメント対策は事業主の義務です！！」労働問題弁護士ナビ「セクシュアルハラスメント（セクハラ）とは｜主な行為事例と対策」等を参照しています。

【第6項関連】

　指針ではセクハラを「対価型」と「環境型」という形で大きく2つの類型に分けていることは前述のとおりですが，この「対価型」と「環境型」の行政上の定義については，同指針が下記のとおり詳述しています。

　「対価型セクシュアルハラスメント」とは，職場において行われる労働者の意に反する性的な言動に対する労働者の対応により，当該労働者が解雇，降格，減給等の不利益を受けることであって，その状況は多様であるが，典型的な例として，次のようなものがある。

イ　事務所内において事業主が労働者に対して性的な関係を要求したが，拒否されたため，当該労働者を解雇すること。

ロ　出張中の車中において上司が労働者の腰，胸等に触ったが，抵抗されたため，当該労働者について不利益な配置転換をすること。

ハ　営業所内において事業主が日頃から労働者に係る性的な事柄について公然と発言していたが，抗議されたため，当該労働者を降格すること。

　「環境型セクシュアルハラスメント」とは，職場において行われる労働者の意に反する性的な言動により労働者の就業環境が不快なものとなったため，能力の発揮に重大な悪影響が生じる等当該労働者が就業する上で看過できない程度の支障が生じることであって，その状況は多様であるが，典型的な例として，次のようなものがある。

イ　事務所内において上司が労働者の腰，胸等に度々触ったため，当該労働者が苦痛に感じてその就業意欲が低下していること。

ロ　同僚が取引先において労働者に係る性的な内容の情報を意図的かつ継続的に流布したため，当該労働者が苦痛に感じて仕事が手につかないこと。

> ハ 労働者が抗議をしているにもかかわらず，事務所内にヌードポスターを掲示
> しているため，当該労働者が苦痛に感じて業務に専念できないこと。

　もっとも，指針の対価型セクハラの例のイ，ロ及び環境型セクハラの例のイ，
ロは民事上の不法行為（程度によっては強要又は強制わいせつとして刑事犯
罪）に該当する行為であって，前述した①②のレベルに属するものですので，
そもそも人として許されない行為といえます。これが③や④の議論と混同され
ることは適切でないため，以下のとおり，③④に該当する内容のものと差し替
えるのが相当です。
「対価型セクシュアルハラスメント」につき
　イ　事業所内において事業主が労働者を食事やデートに誘ったが，拒否され
　　たため，当該労働者を解雇すること。
　ロ　出張中の車中において上司が労働者の肩を揉んだが抗議されたため，当
　　該労働者について不利益な配置転換をすること。
「環境型セクシュアルハラスメント」につき
　イ　事務所内において上司が労働者の個人的な交際経験についてしつこく聴
　　いたため，当該労働者が苦痛に感じてその就業意欲が低下していること。
　ロ　同僚が取引先において労働者に係る性的な内容の情報を流布したため，
　　当該労働者が苦痛に感じて仕事が手につかないこと。

　そのうえで，当社としては，「対価型＝労働条件につき不利益を受けること」
と「環境型＝就業環境が害されること（そのおそれがある場合も含む）」の具体
的意味を第6項のとおり説明しています。
　なお，指針では環境型につき「就業環境が害されること」を独立の要件と位
置づけていると思われ，対象者の意に反する性的言動が行われても，就業環境
が害されなければ，セクハラとは認められないと思われます。
　たとえば，極めてわいせつ性が軽微な性的な言動等が一度だけ行われた場合，
それが対象者の意に反していても，就業環境が害されたとまでは認められない
場合があり得ます。この場合には，指針の定義ではセクハラとは認められませ

ん。もちろん，このような極めて軽微な性的な言動等でも，それが継続的に又は繰り返し行われ，結果として当該対象者の就業環境が害されることもあります。このため，セクハラ事案を取り扱う際には，問題とされる行為を単体で捉えるのではなく，複数の行為を総合して捉えるべき場合があるといえます。

　ただし，当社としては，害されるおそれがあればセクハラに該当すると定義しています。すなわち，仮に極めて軽微な性的言動があり，それ単体では，実際に就業環境を害したとまでは認められなかったとしても，なお就業環境が害される「おそれ」はあった以上，当社規程上のセクハラには該当します。

　なお，「改正雇用の分野における男女の均等な機会及び待遇の確保等に関する法律の施行について」（平成18年10月11日雇児発第1011002号，最終改正：令和2年2月10日雇均発0210第2号）では，「被害を受けた労働者が女性である場合には「平均的な女性労働者の感じ方」を基準とし，被害を受けた労働者が男性である場合には「平均的な男性労働者の感じ方」を基準とすることが適当である」とされています。このように，この要素の判断にあたっては，平均的感性を基準とすべきことがわかります。

　したがって，「当該対象者の就業環境が害されること」とは，「当該対象者の就業場所の就業環境が，平均的女性（男性）労働者の感じ方を基準として，害されたこと」を意味します。「当該対象者の感じ方からして就業環境が害されたこと」をいうものではないことに留意してください。ただし，当該対象者が明確に意に反することを示しているにもかかわらずさらに言動が行われたという場合には，平均的女性（男性）労働者の感じ方を問題とすることなく，就業環境が害されたと認められます。

　「害されるおそれ」に留まる事案か，それとも「害された」と認められる事案かによって，第4条第4項にて詳述するとおり，懲戒処分等の量定において差が生じます。

$$\boxed{\text{第3条}}$$

【第1項関連】

　本規程では，当社が雇用する労働者等がセクハラを行うことを禁止しています。

　均等法上はセクハラの「防止」措置義務しか定めがありませんが，これは同法が労働行政，すなわち国と使用者の関係を律する法令であり，ゆえに義務主体は使用者である以上，同法が求められるのも「防止」に留まる（各労働者に対しセクハラの「禁止」まで求めることはできない）からです。

　これに対して，本規程は当社が労務管理等という観点から定めたものである以上，その労務管理等の対象である労働者等も当然義務主体となります。したがって，本規程はセクハラの「禁止」を定めており，これをもって当社はセクハラの「防止」につとめることとなります。

　セクハラをしないようにするためには，第2条の定義の理解を共有したうえで，これが絶対に許されないことを徹底して確認することが必要です。特に，基本的な心構えとして，次のことを認識する必要があります。

1　性に関する言動に対する受け止め方には個人間で差があり，セクハラに当たるか否かについては相手（女性）の判断が重要であること。
　(1)親しさを表すつもりの言動であっても，本人の意図とは関係なく相手を不快にさせてしまう場合があること。
　(2)不快に感じるかどうかには個人差があること。
　(3)この程度のことは相手も許容するだろうという勝手な憶測をしないこと。
　(4)相手との良好な人間関係ができているという勝手な思い込みをしないこと。
　(5)性的言動は冗談であって職場の潤滑油であるという言い訳は，昭和の男性の言い訳であって，女性からすれば不快な言動に過ぎないことを理解すること。
2　相手が拒否し，または嫌がっていることが分かった場合には，同じ言動を決して繰り返さないこと。
3　セクハラであるかどうかについて，相手からいつも意思表示があるとは限らないこと（セクハラを受けた者が，職場の人間関係等を考え，拒否するこ

とができないこともある）。

4　場所が社外でも，職場の人間関係がそのまま持続する歓迎会の酒席のような場で，セクハラは起こる可能性があること。

5　社内でのセクハラだけに注意するのではなく，取引先など社外の人に対する言動にも注意すること。

　なお，第 2 条第 2 項(4)に該当する者に対しては会社が一定の行為を禁止する権限等がないため，本条ではいずれもこれを除外しています。

【第 2 項・第 3 項関連】

　令和元年改正均等法（令和 2 年 6 月 1 日施行）第11条の 2 第 4 項では，「労働者は，性的言動問題に対する関心と理解を深め，他の労働者に対する言動に必要な注意を払うとともに，事業主の講ずる前条第一項の措置に協力するように努めなければならない。」とする定めが追加されています。かかる規定は，労働者の側に会社が実施する防止措置への協力を努力義務の形で課すものです。

　しかし，当社の監督者ないし管理者（上司など）は，職場秩序を維持する義務を負うため，職場におけるセクハラの発生を防止し，また，その発生を確認したときは中止させるなど，適切な対応を行う義務を負います。前述のとおり，当社ではセクハラの加害者に顧客や取引先の関係者を含めているため，上司は職場内で起きた問題解決のため，顧客や取引先の関係者が職場で不適切な行為を行うおそれがある，又は行った場合には，上司として当然にそれらを防止ないし中止する義務を負います。

　同僚や同じ職場で働く間柄の人も，就業環境を良いものとするため，セクハラを中止させ，あるいはその発生を防止することが重要です。

　しかし，これらの人達は監督権又は管理権を有しないのであって，上司などとは異なり，その意味でとりうる対応には一定の限度があります。そのため，本規程では，セクハラの発生を確認したときに「相談窓口への通報」又は「上司への報告」を行うものとしています。

　なお，第 2 条第 4 項で前述したとおり，派遣労働者や構内下請労働者も，当社の職場で働く以上は就業環境維持の観点から本規程では被害者（対象者）に

含めるとしていますが，それは逆に，彼らも就業環境維持にできるだけ協力すべきことも意味します。したがって，本規程ではこれらの労働者についても通報・報告義務を課すこととしています。

第４条・第５条

【全体関連】

　社内のセクハラに対する取組みとしては，予防のための取組みと解決のための取組みがあります。

⑴　予防のための取組み

　予防のための取組みとして考えられるのは，事業主の方針等を明確化し，周知・啓発を図ることです。

　このうち，まずもって重要と位置づけられるのは，トップのメッセージの発信です。当社では，メールで全社員に通知する，ホームページ上に掲示する等の方法で，職場のセクハラは絶対に許さないこと，したがってこれをなくすための努力をしていくことを，当社のトップが明確に発信します。

　そして，上記トップのメッセージを前提として，当社では

- ルールの決定（就業規則への規定化や過半数労働組合との労働協約の締結，予防・解決についての方針やガイドラインの作成を行う）
- 実態把握（セクハラの有無や従業員の意識をアンケートで把握する，安全管理者や産業医へヒアリングする，個人面談の際の自己申告項目に入れる）
- 教育（コミュニケーション活性化やその円滑化のための研修を実施する，マネジメントや指導についての研修を実施する）
- 周知（組織の方針やルールについて周知する，相談窓口を設置していることを周知する，定期的にセクハラ防止に関するメッセージを発信する）

といった具体的対策を進めていきます。

⑵　解決のための取組み

　解決のための取組みについては，防止規程の第４条・第５条に定めがありま

すので，これらを一つ一つ解説していきます。

第 4 条
【第 1 項関連】

　まず，相談等に適切に対応するために必要な体制の整備として，

　①相談窓口の設置

　②相談窓口の担当者による適切な相談対応の確保

が必要になります。

　①については，単に設置するだけでなく，具体的に利用しやすいようにするべきといえます。したがって，たとえば窓口担当者及び窓口利用手続をあらかじめ定めておき社員にわかるようにしたり，窓口担当者の連絡先（電話やメール）についても周知徹底するといった対応をします。

　②については，セクハラが現実に発生している場合だけでなく，判断が難しい場合も含めて，適切に対応できるようにすべきです。このため，当社では，たとえば，内容や状況に応じて窓口担当者と人事部門が連携するような仕組みづくり，相談時対応のマニュアル作成，窓口担当者への研修といった対応を行います。

　なお，産業医等の面談でセクハラの相談がなされることもありますので，この場合についても適宜人事部門や相談窓口が連携しつつ相談対応を行っていきます。

　そして，総論で述べたとおり，セクハラは，パワハラ，マタハラ等と複合的に生じ得ます。このような場合にも一元的に相談対応できるよう，他のハラスメントの相談窓口と一体的に相談窓口を設置します。

【第 2 項関連】 [17]

　セクハラ被害者は，相談窓口に相談した時点で，すでに多かれ少なかれ精神的苦痛を受けているはずですから，その後の調査手続等において二次被害を受けることがあってはなりません。そのため，当社においては，窓口への相談の際，カウンセリングの利用をあわせて申し出ることができますし，この申出が

なくても，当社はその精神的苦痛等を考慮して被害者にカウンセリングの利用を勧めたり，場合によっては利用を命じることもあります。

　また，ハラスメントの心理的影響に配慮して，相談内容やその意向に関しては真摯かつ丁寧に聞き，把握していきます。

　なお，就業時間中に相談がなされると，業務に支障が発生しますので，原則として相談・通報は就業時間外に行うものとし，例外的に緊急の場合に限って就業時間内でも相談・通報できることとしています。

【第3項関連】

　相談・苦情を受けたにもかかわらず問題を放置すれば，問題が悪化して被害が拡大することもあります。したがって，迅速な対応を行います。

　なお，相談の中には，自らの不平・不満をハラスメントと誤解している，あるいは相談窓口を利用するためにハラスメント問題ということにしているケースもあります。このような場合にまで各関係者へのヒアリング等といったセクハラの実態調査を行うことは，会社にとっても無用の負担となります。このため，当社では，相談者からの事実確認の後，人事部長が調査の要否を判断できることとしています。

　たとえば，相談者からの事実確認の後，会社が調査の末に一旦出した結論について蒸し返すような内容のときは，再度調査をしても同じ結論になるとして，その調査を不要と判断することもあります。

【第4項関連】

　調査の結果，セクハラの事実が認められた場合には，その事案の性質・内容に応じて，行為者に対し何らかの措置を講じる必要があります。

17　本規程では窓口利用者を会社の労働者等に限っています。言い換えれば，対象者のうち第2条第4項(4)(5)に該当する者は，窓口利用者として想定されていません。
　　上記のとおりの理由で第2条第4項(4)(5)にまで対象者概念を拡大したこととの均衡上，窓口利用者も同様に拡大するといったこともあり得ますが，この制度がどのように展開するか予測できないこともありますので，当面は，会社の労働者等に限定した方が望ましいと考えます。

　この事実認定に際しては，徹底的に事実認定をし，加害者と被害者で言い分が食い違うから認定できないと安易に結論づけません。多くの場合は，どちらの言い分がより理路整然としているか，そして，日頃の言動からして当該認定対象行為があったと考えられるかを丁寧に検討することで，可能な限り事実認定を行います。

　そして，認定されたセクハラの程度が悪質な場合，当社が雇用する労働者に対しては懲戒処分を行うことが考えられます。

　特に，就業環境を悪化させたと認められた場合は，基本的に，企業秩序を乱したとして懲戒処分をもって対応します。また，当該行為が不法行為に該当する場合は重い懲戒処分によって，刑事罰に該当する場合は懲戒解雇等極めて重い処分をもって対応します。

　逆に，就業環境を悪化させるおそれのみが認められる場合には，基本的には人事権による注意指導によって対応します。

　一方，派遣労働者については，会社は懲戒権を持ちません。このため，派遣労働者に対しては，監督権に基づく対応，あるいは管理権（人事権）の代替として派遣会社への要請を行います[18]。

　また，会社は，構内下請労働者に対しては，懲戒権のほか，管理権（人事権）や監督権も原則として持ちません。ただ，「労働者派遣事業と請負により行われる事業との区分に関する基準」（37号告示）に関する疑義応答集（第2集）の第3問や第5問[19]にあるとおり，法令違反や生命身体に係る事項については，発注者は構内下請労働者に直接指示を行うことができると考えます。そうすると，このような就業環境に関する場合という点ではセクハラも同じですから，これについても直接指示を行えるといえます。また，発注者として受注者に「指図」するといった形で是正を図るよう要請することもできます。したがって，

18　管理権（人事権）とは，採用・配置・異動・人事考課・昇進・昇格・降格・休職・解雇など，企業組織における労働者の地位の変動や処遇に関する使用者の決定権限のことです。
　　対して，監督権とは，業務遂行に関する指示，労働時間に係る指示，企業における秩序の維持・確保等のための指示その他の管理を行う権限です。
　　そして，懲戒権とは，企業秩序違反行為に対する制裁罰として懲戒処分に付する権限のことです。

この場合については，これらの対応をとることになります。この際の対応においても，当社労働者同様，その効果（就業環境を悪化させたか等）によって，対応の強度を変更します。

　なお，当社の監督者や管理者（たとえば上司）は，職場にてセクハラが発生又はそのおそれがある場合には防止・中止する義務を負います。したがって，これらを果たさなかった上司等については懲戒処分をすることもあり得ます。

　また，行為者が当社外に所属する者（顧客等）の場合には，これらの者について当社は上記監督権や管理権等を有しないため，上記のような対応は基本的にとれません。ただし，例外的に，行為者が他事業主又は他事業主が雇用する労働者である場合の対応について，これを第6項に定めています。この第6項の対応は，第6条（他社への調査協力努力義務）と異なり，防止措置義務として履行する必要があります。

【第5項関連】

　「必要な措置」とは，ハラスメントの性格・態様に応じた対応をとることをいいます。たとえば，状況を注意深く見守るといったレベルから，上司・同僚等を通じて間接的に注意を促す，さらに直接注意を促すなど，いろいろな対応が考えられます。

　また，加害者が取引先の関係者や顧客等であって，被害者は当社が雇用した労働者である場合については，本規程の趣旨から，加害者の属する会社への協

19　上述した「労働者派遣事業と請負により行われる事業との区分に関する基準」（37号告示）に関する疑義応答集（第2集）の関係部分の内容は下記のとおりです。
　問3の答え
　　発注者が，災害時など緊急の必要により，請負労働者の健康や安全を確保するために必要となる指示を直接行ったとしても，そのことをもって直ちに労働者派遣事業と判断されることはありません。
　問5の答え
　　労働安全衛生法第29条では，元請事業者が講ずべき措置として，関係請負人及び関係請負人の労働者が，労働安全衛生法令の規定に違反しないように必要な指導や指示を行うことが同法上の義務として定められています。
　　これらの指導や指示は，安全確保のために必要なものであり，元請事業者から下請事業者の労働者に対して直接行われたとしても，業務の遂行に関する指示等には該当しません。

力依頼，被害者社員へのカウンセリングの実施などの対応をとる等といった形
で，別途対応をします。

【第 6 項関連】

　前述のとおり，当社外の人間が行為者の場合には，当社としては当該行為者
につき監督権や管理権を有しませんが，当該行為者が他事業主又は他事業主が
雇用する労働者である場合には，その他事業主に対して再発防止に協力するよ
う求めることで，当該行為者による行為を防止することができます。

　したがって，本項(1)では，この再発防止協力要請について規定しています。

　また，当社外の人間が行為者であって，かつ上記(1)の場合に当たらない場合
も，あくまで第 2 条第 1 項で定義するセクハラには該当しているため，当社は
防止措置を講じる必要があります。

　ただ，その防止措置の具体的内容は，当該行為者の所属・属性等に大きく左
右されるはずで，かえって具体的に義務行為を特定しておくべきでないと考え
られるため，本項(2)では抽象的な努力義務として規定しています。

【第 7 項関連】

　もし，誰が相談や調査に協力したのか，どのような内容を話したのかが安易
に明らかにされてしまうと，それを理由にさらに加害者がより強いハラスメン
トを行うことがあり得ますから，相談者は安心して相談できなくなります。

　また，もし相談や調査協力を理由として不利益取扱いをされてしまうと，誰
も相談や調査協力をしたくなくなります。

　このため，相談者や調査協力者が誰なのか，その際に何を語ったのか等と
いった内容については，プライバシーとしてできるだけ保護するようつとめ，
相談や調査協力を理由とする不利益取扱いは行いません。このような不利益取
扱いの禁止については，令和元年改正均等法第11条第 2 項にて法定されている
ことにも留意する必要があります。

　その他，指針においては「都道府県労働局に対して相談，紛争解決の援助の
求め若しくは調停の申請を行ったこと又は調停の出頭の求めに応じたこと」を

理由とした不利益取扱いも許されない旨が明記されていますので，この点にも十分注意する必要があります。

　他方で，当該セクハラによって企業秩序が乱されているという点では会社もまた被害者であって，これに対処しないわけにはいきません。このため，その調査・対応に必要な場合には，いくら相談者等が自身の情報秘匿を希望しているといっても，当該情報を明らかにせざるを得ない場合もあります。

　このような場合について当社は，「加害者に対しては，相談者等の情報を基にハラスメント等の加害行為を行えば，会社は絶対に許さず，契約解消も含めた厳しい対応をとると伝える。また，あなたの方で警察や弁護士に相談して頂いて構わない。しかし，会社としてもセクハラという秩序を乱す行為を放置できない以上，調査・対応は進める」と相談者等に伝えたうえで，できるだけプライバシーとして当該情報の保護につとめつつも，厳正に調査・対応を進めるべきです。

第5条

　セクハラが起きてしまったときは，再度そのようなことが起きないよう，再発防止策を講じることも重要です。

　具体的には，まず第一に，事例が発生したこと，及び改めてトップとしてセクハラは絶対に許さない旨のメッセージを発信します。そのうえで，

- 職場のセクハラに関する方針を再度周知・啓発する
- 意識啓発のための研修，講習等を改めて実施する
- 就業環境改善のためにコミュニケーションの強化

といった具体的対応を，必要に応じて講じていきます。

　なお，指針では「職場におけるセクシュアルハラスメントが生じた事実が確認できなかった場合においても，同様の措置（再発防止策のこと：筆者注）を講ずること。」とされています。これについては，指針の定義では就業環境が悪化しなければセクハラに該当しないため，悪化までは認められずとも再発防止策を講じる必要はあることから，上記のように記載しているものと思われます。これに対して，当社では，就業環境悪化の「おそれ」があればセクハラとして

いるため，指針のような説明を付け加えずとも，再発防止策を講じるべきは「セクハラ」が発生したときに限るという整理になります。

┌─────────┐
│ 第6条 │
└─────────┘

令和元年改正均等法第11条第3項では，「他の事業主から当該事業主の講ずる第1項の措置の実施に関し必要な協力を求められた場合には，これに応ずるように努めなければならない。」とする定めが追加されています。

これに応じて，当社では，他社から必要な協力を求められた場合には，たとえそれが当社規程にて定義し防止措置の対象としたセクハラに該当せずとも，調査に協力するようつとめることとしています。

最後に（当職の考え方）

企業秩序レベルのセクハラではなく，強制わいせつ等といった刑法上の犯罪や，民事上の不法行為に当たるレベルの行為については，性差別（ジェンダー意識の欠如）というよりも，同行為者の人間としての本性・本能に起因しているものが多いといえます。この場合，会社による教育によって意識改革を行っても，同行為を防止することは困難です。これは，いくら懲役等の刑罰を科しても万引きのような常習犯の発生をゼロにはできないのと同じことです。

このようなケースによる被害を可能な限り減らすためには，人間関係に付け込まれないようにする，つまり夜の食事等といった段階から，嫌であれば女性の側ではっきり「NO」と言うことが必要です。

たとえば，上司にディナーに誘われた場合，断った場合の上司の態度・周りの人間関係等を考えて，本心では行きたくなくても明確に「NO」と言わない女性が多くいます。しかし，それこそが男性側の勘違いを引き起こし，ひいては上記のような犯罪・不法行為につながります。したがって，1対1の場面であろうと，嫌なら初期段階できちんと断らなければなりま

せん。

　その他にも，たとえば，2次会のカラオケで触られたら大声で「セクハラです！」と言う，日常業務においても何か性的言動等があればすぐに「それはセクハラですよ！」と声を上げることが重要です。

　そして，会社としては，このように女性が明確に「NO」と言えるような環境づくりをする必要があります。たとえば，もしディナーの誘いを断られたことを理由に不快感を表す等した上司がいれば，企業は絶対に厳罰に処すべきです。その他，女性が「NO」と言ったことを理由に不利益を課すような者については，すべて適性がないとして人事権による降格に処する等厳しい処分をすべきです。

　また，上司からの夜の食事等の誘いがあった場合は，その事実の報告を女性側に義務づけるべきとまで考えます。そのような誘いは少なくとも性的言動であって就業環境を悪化させる「おそれ」が認められ，当社規程の基準でいえば，企業として対応すべきセクハラ等に含まれるからです。

　以上の観点からすれば，特に部・課内の2次会等の参加についてはより明確に意思表示をすべきですし，上司は，女性に関しては2次会で帰らせるというのも1つの方法です。

　第4条・第5条の全体関連(1)で述べたトップのメッセージにおいても，女性が初期段階で明確に「NO」と言うべきこと，会社は明確に「NO」と言えるような職場づくりをする（「NO」と言ったことに対して不利益を課す者については厳正な処分をもってする）ことを，はっきりと伝えていくべきです。

　また，男性側においては，セクハラにおいて黙示の同意などという発想はないことを肝に銘じておく必要があります。言い換えれば，女性が「NO」と言わなかったからといって，ウェルカムだとは思ってはいけませんし，「ウェルカムだと思った・勘違いした」という言い訳も絶対に通りません。

　特に上司と部下の間柄では，部下が表向きは同意していたとしても，職場における今後の関係性を憂慮する等の理由から本心を隠して渋々従っているだけで，真に同意しているわけではありません。

　したがって，書面で同意を取れとまでは言いませんが，それに準ずるほど明確に真の同意が得られた場合のみ，社外での夜の食事に誘う等といった行為は許されます（配偶者のいる上司は，それでも避けるべきです）。なお，この場合においても，それが社内不倫に発展した場合には，会社としては企業秩序を乱したとして厳重に懲戒処分を以て対処することに留意してください。「これでは職場がギスギスしてやりにくい」という意見もあるかもしれませんが，それは男性が一番楽をできる就業環境だった（その分女性が我慢していた）というに過ぎません。それこそ，今後是正すべき環境であることを意識してください。

第2節	マタニティハラスメント等

マタニティハラスメント等防止規程

【目的】

第1条 本規程は，当社において禁止するマタニティハラスメント等（以下，「マタハラ等」という）を定義し，マタハラ等が絶対にあってはならず当社はこれを一切容認しないこと，及びマタハラ等を行った者に対しては監督権，管理権ないし懲戒権等をもって厳正に対処する方針を明確化し，これを周知・啓発し，さらに必要な措置・対応を定め，もってマタハラ等を防止することを目的とする。

【定義】

第2条 マタハラ等とは，当社が雇用する労働者等が，職場等において，対象者に対して，妊娠・出産等をしたこと，若しくは妊娠・出産，育児休業又は介護休業等に関する制度・措置の利用を理由とした不利益な取扱いを示唆すること，又はこれらに関する言動により，当該対象者の就業環境が害されること（そのおそれがある場合も含む）をいう。

2 前項にいう「当社が雇用する労働者等」は，以下の(1)ないし(3)を含む。

 (1) 当社が雇用する労働者の全て

 (2) 当社が使用する派遣労働者

 (3) 当社の構内下請労働者

3 第1項にいう「職場等」とは，当社が雇用する労働者等が業務を遂行する場所又は対象者が業務を遂行する場所を指し，それらの者が通常就業している場所以外の場所であっても，それらの者が業務を遂行する場所であれば「職場等」に含まれる。なお，職場の上司部下・同僚同士の間で発生した場合

には，時間，場所に関係なく，「職場等」に含む（ただし，純然たる私人関係であった場合を除く）。

4　第1項にいう「対象者」は，以下の(1)ないし(5)を含む。

(1)　当社が雇用する労働者の全て

(2)　当社が使用する派遣労働者

(3)　当社の構内下請労働者

(4)　当社と取引関係等一定の関係を有する会社等の関係者（(1)ないし(3)の「当社」を「当社と取引関係等一定の関係を有する会社等」に読み替えた場合の労働者を含むが，これに限られない）

(5)　その他(4)に準じる関係にあると会社が認めた者

5　第1項にいう「不利益な取扱いを示唆すること，又はこれらに関する言動」には以下の(1)ないし(5)が含まれる。

(1)　対象者が妊娠・出産等をしたことにより，解雇その他の不利益な取扱いを示唆する言動

(2)　対象者の妊娠，出産，育児休業又は介護休業等に関する制度・措置の利用等に関し，解雇その他不利益な取扱いを示唆する言動

(3)　対象者の妊娠，出産，育児休業又は介護休業等に関する制度・措置の利用を阻害する言動

(4)　対象者が妊娠・出産等をしたことに対する嫌がらせ等

(5)　対象者が妊娠，出産，育児休業又は介護休業等に関する制度・措置を利用したことによる嫌がらせ等

6　第1項にいう「当該対象者の就業環境が害されること（そのおそれがある場合も含む）」とは，対象者の就業意欲を低下せしめ，能力の発揮が阻害されること，若しくは阻害されるおそれがあること等をいう。

【禁止行為等】

第3条　当社が雇用する労働者等は，職場等においてマタハラ等に該当する行為をしてはならない。

2　当社が雇用する労働者等は，職場等においてマタハラ等に該当する行為が

　行われていることを確認したときは，第4条第2項に定める相談窓口への申
　出や上司への報告等といった対応をしなければならない。

3　当社の監督若しくは管理の地位にある者は，マタハラ等に該当する行為が
　行われていることを確認したときは中止させ，その発生のおそれがあるとき
　は防止しなければならない。

【相談及び苦情への対応】

第4条　マタハラ等に関する相談及び苦情処理の相談窓口は本社及び各事業場
　で設けることとし，その責任者は人事部長とする。人事部長は，窓口担当者
　の名前を人事異動等の変更の都度，周知するとともに，担当者に対し相談対
　応に必要な研修を行うものとする。

2(1)　当社が雇用する労働者等は，原則として，就業時間外にマタハラ等（不
　　利益取扱いを受けた場合も含む）に関する相談を相談窓口の担当者に申し
　　出ることができる（以下，相談窓口に申し出た者を「相談者」という）。

　(2)　前号の申出は，原則，就業時間外にしなければならないが，緊急を要す
　　るやむを得ない場合は，就業時間中においても申し出ることができる。

　(3)　第1号の相談の申出は，すでに当社で一定の判断がなされた事案と同内
　　容のものである場合は，受け付けないことがある。

　(4)　相談者は，当該相談にあたり当社に対してカウンセリングの利用をあわ
　　せて申し出ることができる。

　(5)　当社は，前号によるカウンセリングの結果等を把握する等，相談者の心
　　理状況に配慮したうえで，次の第3項から第5項に定める対応を決定する。

3(1)　相談窓口担当者は相談者からの事実確認の後，人事部長へ報告する。

　(2)　前号の報告に基づき，人事部長は調査の要否を判断する。

　(3)　前号において調査の必要があると判断した場合，人事部長は相談者のプ
　　ライバシーに配慮したうえで，必要に応じて行為者，被害者，上司その他
　　の労働者等に事実関係を聴取する。なお，人事部長は，必要に応じ，関連
　　部署に調査を依頼し，又は調査の協力を要請することができる。

　(4)　前号の聴取を求められた労働者等は，正当な理由なくこれを拒むことは

できない。

4　調査の結果として第２条第１項に定める行為が認められた場合は，当社は以下の措置を講じることがある。

(1)　第２条第２項(1)に該当する者に対し，以下の対応

　ア　管理権・監督権に基づく対応

　イ　就業規則第○条（譴責，減給，出勤停止又は降格）又は就業規則第○条（諭旨解雇又は懲戒解雇）に基づく懲戒処分

(2)　第２条第２項(2)に該当する者に対し，監督権に基づく対応，派遣元会社に是正を求める等の対応

(3)　第２条第２項(3)に該当する者に対し，直接指示ないしは発注者として受注者に対して指図を通じて是正を求める等の対応

(4)　第３条第３項に反して適切に監督権・管理権を行使しなかった者に対し，就業規則第○条（譴責，減給，出勤停止又は降格）に基づく懲戒処分

5　人事部長は，問題解決のための措置が必要であると判断した場合，被害者の労働条件及び就業環境を改善するために必要な措置を講じることができる。

6　相談及び苦情への対応にあたっては，関係者のプライバシーを保護するようつとめるとともに，相談をしたこと又は事実関係の確認に協力したこと等を理由として不利益な取扱いは行わない。

【再発防止等】

第５条　人事部長は，マタハラ等事案が生じたときは，再発防止策の実施の要否を判断する。

2　再発防止策を実施する場合，人事部長は，その必要に応じ，周知の再徹底及び研修の実施，事案発生の原因の分析等の措置を講じなければならない。

【附則】

○年○月○日より実施

マタニティハラスメント等防止規程
ガイドライン

第1条

　本条は，当社においてマタハラ等は決して許さないこと（禁止）を宣言し，現にマタハラ等が発生した場合には適切かつ迅速に対処する方針を明確化するとともに，本規程の内容を周知・啓発していくことをもって，マタハラ等を防止し，従業員の適正な就業環境を確立・維持することが当社の目的であると示すものです。加えて，本規程では，マタハラ等が発生した場合だけではなく，そのおそれがある場合にも適切かつ迅速な対応を行うことも目的としています。

　なお，マタハラ等には下図のとおり，①刑法上の構成要件に該当する行為，②民事上不法行為に該当する行為，③行政指導の対象になる行為，④当該企業において企業秩序違反ないしそのおそれのある行為として罰する行為の4つのレベルがあります。このうち，本規程は④のレベルについて定めるものです。

　④に①〜③を含むことは最低限必要です。しかし，逆に①〜③に限られる理由はなく，たとえ①〜③に該当せずとも，会社が秩序違反ないしそのおそれがあると考える行為は④に含めることができます。

　このような観点から，本規程では特に③を規定する法令・行政指針・通達を参考にしつつ，適宜これに該当しない行為についても，当社にて不適切と考える行為を禁止・防止対象としています。なお，第3条第1項で詳述するとおり，本規程では防止だけでなく禁止も定めていることに留意してください。

　なお，その延長線上に暴行罪等があり得るパワハラ，強制わいせつ罪等があり得るセクハラとは異なり，マタハラ等ではその延長線として刑法犯になる例はほぼなく，民法上の不法行為になる例も他2つと比べて少ないと思われます。

【マタニティハラスメント等の種類（4種）】

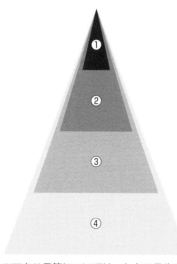

① **刑法上の違法行為**
＝名誉棄損・侮辱罪等に該当するか

② **民法上の不法行為**
＝社会的相当性を著しく逸脱した方法で
心理的負担を与えたか
（①を含む）

③ **行政指導**
＝均等法第11条の3第1項ないし育児介護
休業法第25条第1項の要件に該当するか
（①, ②を含む）

④ **企業秩序**
＝企業が決定したルールに該当するか
（①ないし③を含む）

※マタハラ等については，セクハラやパワハラと異なり，①，②に該当する行為が想定しにく
いという特徴があります。

第2条

【全体関連】

(1)　マタハラ「等」という名称の理由について

　妊娠・出産・育児休業・介護休業等に関するハラスメントにつき，一般社会
では「マタハラ」と簡易に呼ぶことが多いため，ここでも「マタハラ等」とい
う名称を用いています。

　また，単に「マタハラ」というと「マタニティ（母性）ハラスメント」つま
り女性が被害者のものだけを指すように思えますが，本規程の防止対象には
「パタニティ（父性）ハラスメント」すなわち育児介護場面で男性が被害者とな
るハラスメントも含みます。このことを明示するため，マタハラ「等」という
名称にしています。

(2)　**法律上の定義**

　マタハラ等に関しては，いわゆる産前産後場面のものと，育児・介護に関するものとがありますが，前者に関しては均等法第11条の3第1項（職場における妊娠，出産等に関する言動に起因する問題に関する雇用管理上の措置），後者に関しては育児介護休業法第25条第1項（職場における育児休業等に関する言動に起因する問題に関する雇用管理上の措置）に防止措置義務の定めがあります。

　なお，セクハラと異なり，不利益取扱い（その労働条件につき不利益を受けること）については，均等法第9条第3項や育児介護休業法第10条等において「事業主は不利益取扱をしてはいけない」という形で禁止されており，「事業主が防止措置を講じるべき」対象には含まれません。もちろん，不利益取扱いをすれば上記法律違反となるわけで，より深刻な事態になりますから，事業主は絶対にしてはいけません。

　上記防止措置義務の対象行為の法律上の定義では，それぞれ「厚生労働省令で定める」状態や制度・措置に関する言動という形で限定が付されているところ，この「厚生労働省令」（均等法施行規則第2条の3，育児介護休業法施行規則第76条）の内容は以下のとおりです。

○　均等法施行規則第2条の3の概要
　厚生労働省令で定める妊娠又は出産に関する事由は，以下のとおり。
　①　妊娠したこと
　②　出産したこと
　③　妊娠中及び出産後の健康管理措置，危険有害業務・坑内業務の就業制限，産前産後の休業・軽易業務転換・時間外労働制限・深夜労働制限，生後満1年までの生育時間請求といった措置・制度を利用した・利用しようとしたこと
　④　妊娠や出産に起因する症状による労務提供不能・労働能率が低下したこと

○　育児介護休業法施行規則第76条の概要

　厚生労働省令で定める育児休業，介護休業等に関する制度又は措置は，次の
とおり。

① 育児休業
② 介護休業
③ 子の看護休暇
④ 介護休暇
⑤ 育児・介護のための所定外労働・時間外労働・深夜労働の制限，所定労
　働時間の短縮措置等

　また，マタハラ等においても，この定義の解釈，具体例等については，前者
につき，指針である「事業主が職場における妊娠，出産等に関する言動に関し
て雇用管理上講ずべき措置についての指針」（平成28年厚生労働省告示第312号，
最終改正：令和2年厚生労働省告示第6号），後者につき「子の養育又は家族の
介護を行い，又は行うこととなる労働者の職業生活と家庭生活との両立が図ら
れるようにするために事業主が講ずべき措置に関する指針」（平成21年厚生労働
省告示第509号，最終改正：令和2年厚生労働省告示第6号）に示されています。
　しかし，前条の目的から，当社では法令・行政指針・通達を参考にしつつ，
適宜これに該当しない行為についても，当社にて不適切と考える行為を防止対
象とするため，行政上の定義より広範な定義を定めています。「等」という文言
が多くなっているのは，このように行政上の定義よりも広い内容にするためです。

【第1項関連】

　第1項の定義は，均等法第11条の3第1項，育児介護休業法第25条第1項に
おいて定められた内容につき，その対象行為，当事者，適用場面を広げたもの
です。
　特に，指針では，就業環境を悪化させた場合に初めてマタハラ等に該当する
こととしていますが，本規程では企業秩序の観点からこれを広げて就業環境を
悪化させる「おそれ」があった場合についても本規程上のマタハラ等に該当す

ると整理しています。

【第2項関連】

　第2項では，マタハラ等として問題となる行為を行った人物，言い換えれば加害者について以下のとおり定義しています。

　まず，「(1)　当社が雇用する労働者の全て」とは，正規雇用労働者のみならず，パートタイム労働者，契約社員等のいわゆる非正規雇用労働者を含んだ当社が雇用する労働者のすべてをいうものとしています。ただ，会社は，就業環境を維持する義務を負うため，これらの直雇用の者の行為に限らず，職場内で日常的に業務を行う者によるマタハラ等の行為については広く防止する必要があります。

　そのため，当社は上記の「(1)　当社が雇用する労働者の全て」に加え，

- 「(2)　当社が使用する派遣労働者」
- 「(3)　当社の構内下請労働者」

も加害者に含めて考えています。

　他方で，当社の労務管理上の防止規程として本規程を定めている以上，顧客や取引先等によるマタハラ等に類する行為まではその対象に含めていません（マタハラ等では指針上顧客や取引先の関係者等によるものについてまで防止措置を講じるべき旨が明記されていないことから，セクハラとは異なり，「(4)その他取引先等の他の事業主又はその雇用する労働者，顧客」を含めていません。）。そして，かかる相違から，セクハラ規程第4条第6項，第6条のような，他社との協力関係に関する条文も設けられないことになります。

　なお，当社の執行役員については，「(1)　当社が雇用する労働者の全て」に含まれますから本規程上の加害者となり得ます。一方，取締役については，会社法第423条や第429条等をはじめとして厳しい賠償責任が定められているため，セクハラに類する行為を行うことを本規程は想定していません。もちろん，仮に行った場合には，取締役解任も含め厳しい対応をもって臨みます。

【第3項関連】

　当社では，業務遂行場面だけでなく，上司・部下・同僚が業務終了後，飲食等で利用する場所なども広く含めています。すなわち「職場等」は，取引先の事務所，取引先と打合せをするための飲食店，顧客の自宅等も含みます。さらに，施設外であっても，上司・同僚といった会社での人間関係を前提に従業員同士で発生するものについては，これも「職場等」において発生したものと考え，物理的場所概念にこだわらないこととしています。なぜなら，本規程は企業秩序の観点から定めるものであるところ，会社での人間関係を前提としてマタハラ等の言動等が行われれば，それによって就業環境も悪化し企業秩序は乱れた，あるいは乱れるおそれがあったといえるからです。

　そのほか，たとえば2次会のカラオケルーム内についても，それが上司をはじめ多くの社員が参加するようなときは，この2次会の場所も「職場等」に該当するとしています。

　ただし，純然たる私人としての交際・交流において上記言動がなされた場合については，私的な場面である以上業務遂行との関連性が全くなく，たとえ従業員同士等であっても「職場等」にて上記言動がなされたとはいえません。

【第4項関連】

　第4項では，マタハラ等として問題となる行為を受けたり，その行為の害を受けたりするといった，いわゆる「被害者」を「対象者」という形で以下のとおり定義しています。

　まず，「対象者」についても，就業環境を維持する観点からすれば，職場にて日常的に職務に従事する者，つまり「⑴　当社が雇用する労働者の全て」に加え，

- 「⑵　当社が使用する派遣労働者」
- 「⑶　当社の構内下請労働者」

に対する行為まで防止すべきといえます。

　また，自社で働く者が取引先の関係者や顧客に対してマタハラ等の行為を行い，その被害者との信頼関係が失われることは，会社にとって大きな損失とな

ります。そのため，会社は取引先の関係者や顧客等に対するマタハラ等の行為まで防止する必要があり，

- 「(4)　当社と取引関係等一定の関係を有する会社等の関係者」
- 「(5)　これに準じる程に当社と密接な関係を有すると認められる者」

も「対象者」に含めています。

　なお，セクハラ・パワハラと異なり，マタハラ等の規程では(5)に「就活生」という文言を明示しておりません。これは，就活訪問をする新卒者に関しては，その年齢・家族構成等からしてマタハラ等の被害者になることは一般に稀と考えられるためです。

【第5項関連】

　第5項では，「不利益な取扱いを示唆すること，又はこれらに関する言動」について，より細かく5つの類型に分類できることを記述しています。分類としては，

- 「妊娠・出産等を理由とする不利益取扱いの示唆」((1))
- 「制度利用を理由とする不利益取扱いの示唆」((2))
- 「制度利用型のうち，制度利用阻害型」((3))
- 「状態嫌がらせ型」((4))
- 「制度利用型のうち，制度利用嫌がらせ型」((5))

となります。

　なお，「不利益取扱いの示唆」とは解雇，不当な人事考課，配置転換等の不利益を与えると示唆すること等をいい，「制度利用阻害」とは制度を利用させない，利用しにくくする，又は利用の請求をさせない，請求しにくくすること等をいい，「嫌がらせ」とは嫌がらせ的な言動，業務に従事させないこと，又は専ら雑務に従事させること等をいいます。

　以上を踏まえると，上記(1)〜(5)についてマタハラ等に該当する可能性が高い事例，低い事例の具体例としては，各々下記のようなものが考えられます。

「妊娠・出産等を理由とする不利益取扱いの示唆」((1))

▐ 該当する可能性が高い事例

① 降格，人事評価等に関する不利益の示唆
- 上司が，出産した女性部下に，「今後は今までと同じようには働けないのだろうから降格しようかな」と言った。
- 上司が，つわりがひどく仕事ができなかった女性部下に対し「これは人事評価に響くかもよ」と言った。

② 業務内容等に関する不利益の示唆
- 上司が，妊娠している女性部下に対し，「妊婦は急に休むかもしれないから仕事は一切振らない」と言った。

③ 退職に関する不利益の示唆
- 上司が，妊娠を報告した女性部下に対し「○○さんは辞めるってことだよね」「旦那さんだって働いてるんだから，無理して働かなくても違う生き方があるんじゃないか」と言った。
- 不妊治療をしている女性部下に対し，上司が「やっと赤ちゃんができたのに業務負荷で流産したなんて言われたら困るから，仕事は辞めてね」と言った。

▐ 該当する可能性が低い事例
- 上司が，妊娠している女性部下に対して「妊婦さんには残業は負担だと思うから，あなたがよいなら業務分担を見直して残業量を減らそうと思うけど，どうかな」と聞いた。
- 上司が，妊娠中で，体調が悪いのに無理して働いている部下に対し「どうみても体調が悪そうだし，みんなも心配しているから，少し休んではどうか」と言った。

「制度利用を理由とする不利益取扱いの示唆」((2))

▌該当する可能性が高い事例▐

① 降格，人事評価等に関する不利益の示唆

- 上司が，所定外労働制限の利用を検討する部下に対し「妊娠を理由に仕事を減らしたりしたら昇進できませんよ」と言った。
- 上司が，長期の育児休業の申請を検討する部下に対し「育休1か月で頑張る人と比較して人事評価されるので注意してね」と言った。
- 上司が，妊娠により軽易な業務への転換を申し出た女性部下に対し，「業務が軽易になるから降格しようかな」と言った。
- 上司が，育児と介護負担のための業務負担軽減等を相談した部下に対し，「うちでは何も制度は用意してないし，かといって事故欠勤なんか使ったら懲戒対象だから」と言った。

② 退職等に関する不利益の示唆

- 上司が，育児による所定労働時間短縮を申し出た部下に対し「そんな制度はうちにはないのでパート社員にでもなってください」と言った。
- 上司が，介護を理由とした時間外労働制限を申し出た部下に対し「それなら君の代わりに雇う人を検討しよう」と言った。
- 上司が，育児休業を申し出た有期契約の部下に対し，「次の契約更新はないかもしれないよ」と雇止めを示唆した。

▌該当する可能性が低い事例▐

- 上司が，保育園の延長保育利用を繰り返す部下に対して「残業のない課に異動するお手伝いができるかもしれないから相談して欲しい」と言った。
- 育児による休業を申し出た部下に対し，上司より報告を受けた人事担当者が休業に伴う処置の説明として，「休業すると，その期間分，賞与は減ることになります」と給与規程を示して説明した。

「制度利用型のうち，制度利用阻害型」((3))

■該当する可能性が高い事例

① 申出に対する言動
- 上司が，介護休業を申し出た部下に対し，「申請は上に伝えるけど，今人手不足なんだから，わかるだろ」と言った。
- 上司が，産前休業申請について相談してきた部下に対し，「まだ働けるだろ，もう一度考えろ」と言った。
- 社員複数名が，介護休暇を申請した同僚1名に対し「休まなくても介護くらいできるはず，もう少し考えろ」と言った。
- 上司が，妊婦検診のために休暇を取得したいと相談してきた部下に対し「病院は休みの日に行けばいいだろ」といって相手にしなかった。
- 上司が，女性部下から軽易業務転換を申し込まれたところ，同制度を知っていたが「そんな特別扱いできるわけないでしょ」と述べた。

② 日常的な言動
- 上司が，女性の部下たちに対し，「同時に育休を取らないように女性社員同士で産む順番を決めてね」と言った。

■該当する可能性が低い事例
- 社員が，同僚に対し「兄弟の結婚式があってどうしても休みたいんだけど，育休の時期を少しずらして代わりにその日に出てもらえないかな」と相談した。

「状態嫌がらせ型」((4))

■該当する可能性が高い事例

① 妊娠・出産に関する嫌がらせ
- 同僚らが，妊娠を伝えた新入社員に対し，「産休泥棒」と揶揄した。
- 同僚らが，つわりで仕事ができない日が続いていた社員に対し，職場内で「おつわりさん」と呼ぶようになった。

- 上司や同僚が，妊娠を伝えた社員に対し，「これから忙しくなるのに妊娠するなんて」と言った。
- 同僚数人が一斉に，出産した社員に対し「出産おめでとう，当分帰って来なくていいよ」というメールを送った。
- 上司が，妊娠中の部下に対し，「あんた，まだお腹の赤ちゃん小さいのに何ミス連発してんの」「会社に妊産婦がいるなんて嫌だから堕ろせば？」「見苦しいから座らないで」と言った。
- 上司が，妊娠した社員に対し，「だったらパートになれよ」と言った。
- 上司が，不妊治療をしている社員に対し，「不妊の治療する前に自分の仕事のクオリティを直せよ」と言った。

② 育児に関する嫌がらせ
- 上司が，子育て中の部下に対し，「今は子育てがいちばん大事なんだから他のことはせずにそっちに専念しなさい。しばらくは仕事ができないね」と言った。

該当する可能性が低い事例
- 上司や同僚が，社員に対し「体に障るといけないからあまり無理しすぎないでね」と声をかけた。
- 同僚数人からたまたま同時期に，出産した社員に対し「出産おめでとう，ゆっくり休んでください」というメールが送られた。

「制度利用型のうち，制度利用嫌がらせ型」((5))
該当する可能性が高い事例
① 言葉による嫌がらせ
- 同僚が，育児による深夜労働制限を申し出た社員に対し，「あなただけ深夜をやらないなんて平等じゃない」と言った。
- 同僚が，育児休業を取ろうか相談した社員に対し，「男が育休なんて普通取るかね」と言った。

- 上司が，時短勤務制度利用者に対して，同人の仕事について「時短の人は，これだから」と述べた。
- 同僚たちが，短時間勤務を開始した社員に対して，「誰かのせいで最近仕事が増えたな」と言った。
- 上司が，深夜労働を制限した社員に対し，「深夜いないＡさん」等と呼ぶようになった。
- 人事部担当が，15時までの時短勤務者に対し「そもそもあなたは午前中しか仕事をしていないようなもの」と言った。

② 言葉以外の行動による嫌がらせ

- 上司が，所定外労働制限を始めた社員を無視するようになった。
- 上司が，時間外制限の利用を開始した社員に対して，必要もないのに終業時間ぎりぎりに仕事を振るようになった。
- 忘年会の出欠を取る際，時短勤務者に対して，「どうせＢさんは来られないよね。」と言って当該者にだけ出欠の意思確認を行わなかった。
- 業務遂行上必要な会議等を，出席者の予定が調整可能であるにもかかわらず，時短勤務者が出席することが難しい時間帯に何度も開催した。

該当する可能性が低い事例

- 業務体制の見直し業務を担当する上司が，部下に対して，「育休はいつ取るの」と聞いた。
- 上司が，時短勤務者に対して，実際上時短勤務者では出席は難しい時間帯での開催であったが，他の従業員と同様に毎年恒例の忘年会の出欠の確認を行った。
- 切迫流産で休暇を取得した社員に対し，「産休まで仕事を休んだ方がいいんじゃないの」「子供のことを考えて仕事を減らした方がいいんじゃないの」と発言した（本人は従前どおり業務遂行することを希望）。
- 上司が，育児による短時間勤務を開始した部下に対して，「残業はできるだけさせないように配慮するから安心しろ」と言った。

※上記のうち，一部事案はマタハラ Net ホームページ「マタハラとは？」「これってマタ
ハラ？」や厚生労働省「職場におけるセクシュアルハラスメント対策や妊娠・出産・育
児休業・介護休業等に関するハラスメント対策は事業主の義務です！！」「職場でつらい
思いしていませんか？」等を参照しています。

【第６項関連】

　法律上，第５項で挙げられた行為があるだけではマタハラ等とは認められず，
それによって就業環境を害されたと認められることが必要になります。この
「就業環境が害される」の意義について，第６項は具体的に定義しています。

　たとえば，問題となる言動が一度だけ行われた場合，内容にもよりますが，
場合によっては就業環境を害したとまで認めることは難しいことがあります。
この場合には，法律上は，マタハラ等とは認められません。もちろん，それ単
体では悪質性の低い言動等でも，それが継続的に又は繰り返し行われ，結果と
して当該対象者の就業環境が害されることもあります。このため，マタハラ等
の事案を取り扱う際には，問題とされる行為を単体で捉えるのではなく，複数
の行為を総合して捉えるべき場合があるといえます。

　ただし，当社としては，害されるおそれがあればマタハラ等に該当すると定
義しています。すなわち，軽度な問題言動があり，それ単体では実際に就業環
境を害したとまでは認められなかったとしても，なお就業環境が害される「お
それ」はあった以上，マタハラ等には該当します。

　なお，指針や「改正雇用の分野における男女の均等な機会及び待遇の確保等
に関する法律の施行について」（平成18年10月11日雇児発第1011002号，最終改
正：令和２年２月10日雇均発0210第２号）では，就業環境悪化の判断に関連し
て「客観的にみて」「一般的な女性労働者であれば」といった語が用いられてい
ます。したがって，この要素の判断にあたっては「平均的な労働者の感じ方」
を基準とすべきと考えられます。

　したがって，「当該対象者の就業環境が害されること」とは，「当該対象者の
就業場所の就業環境が，平均的女性（男性）労働者の感じ方を基準として，害
されたこと」を意味します。「当該対象者の感じ方からして就業環境が害された
こと」をいうものではないことに留意してください。ただし，当該対象者が抗

議又は明確に拒絶の姿勢を示しているにもかかわらずさらに言動が行われたという場合には，平均的女性（男性）労働者の感じ方を問題とすることなく，就業環境が害されたと認められます。

「害されるおそれ」に留まる事案か，それとも「害された」と認められる事案かによって，第4条第4項にて詳述するとおり，懲戒処分等の量定において差が生じます。

第3条

【第1項関連】

本規程では，当社が雇用する労働者等がマタハラ等を行うことを禁止しています。

均等法及び育児介護休業法上はマタハラ等の「防止」措置義務しか定めがありませんが，これは同法が労働行政，すなわち国と使用者の関係を律する法令であり，ゆえに義務主体は使用者である以上，同法が求められるのも「防止」に留まる（各労働者に対しマタハラ等の「禁止」まで求めることはできない）からです。

これに対して，本規程は当社が労務管理等という観点から定めたものである以上，その労務管理などの対象である労働者等も当然義務主体となります。したがって，本規程はマタハラ等の「禁止」を定めており，これをもって当社はマタハラ等の「防止」に務めることとなります。

マタハラ等の発生の原因や背景には，妊娠・出産・育児休業等に関する否定的な言動（他の労働者の妊娠・出産等の否定につながる言動や制度等の利用否定につながる言動で，単なる自らの意思の表明を除く）が頻繁に行われるなど，制度等の利用や請求をしにくい職場風土や，制度等の利用ができることについて職場内での周知が不十分であることが考えられます。そのため，制度等を利用する本人だけでなく全従業員に理解を深めてもらうとともに，制度等の利用や請求をしやすくするような工夫をすることが大切です。

また，妊娠・出産・育児休業等に関する否定的な言動は，本人に直接行われ

ない場合も含みます。たとえば，夫婦が同じ会社に勤務している場合に，育児休業を取得する本人ではなく，その配偶者に対して否定的な言動を行うことは，マタハラ等の発生の原因や背景になり得る行為といえます。

【第2項・第3項関連】

　改正均等法第11条の3第4項，改正育児介護休業法第25条第4項では，労働者の側がハラスメント問題に対する関心と理解を深め，他の労働者に対する言動に必要な注意を払うとともに，会社が講じる措置に協力するよう努めなければならないとする定めが追加されています。かかる規定は，労働者の側に会社が実施する防止措置への協力を努力義務の形で課すものです。

　しかし，当社の監督者ないし管理者（上司など）は，職場秩序を維持する義務を負うため，職場におけるマタハラ等の発生を防止し，また，その発生を確認したときは中止させるなど，適切な対応を行う義務を負います。前述のとおり，当社ではマタハラ等の加害者に顧客や取引先の関係者を含めていませんが，上司は職場内で起きた問題解決のため，顧客や取引先の関係者が職場で不適切な行為を行うおそれがある，又は行った場合には，上司として当然にそれらを防止ないし中止する義務を負います。

　同僚や同じ職場で働く間柄の人も，就業環境を良いものとするため，マタハラ等を中止させ，あるいはその発生を防止することが重要です。しかし，これらの人達は監督権又は管理権を有しないのであって，上司などとは異なり，その意味でとりうる対応には一定の限度があります。そのため，本規程では，マタハラ等の発生を確認したときに「相談窓口への通報」又は「上司への報告」を行うものとしています。

　なお，第2条第4項で前述したとおり，派遣労働者や構内下請労働者も，当社の職場で働く以上は就業環境維持の観点から本規程では被害者（対象者）に含めるとしていますが，それは逆に，彼らも就業環境維持にできるだけ協力すべきことも意味します。したがって，本規程ではこれらの労働者についても通報・報告義務を課すこととしています。

第４条・第５条

【全体関連】

　社内のマタハラ等に対する取組みとしては，予防のための取組みと解決のための取組みがあります。

(1)　予防のための取組み

　予防のための取組みとして考えられるのは，事業主の方針等を明確化し，周知・啓発を図ることです[20]。

　このうち，まずもって重要と位置づけられるのは，トップのメッセージの発信です。当社では，メールで全社員に通知する，ホームページ上に掲示する等の方法で，職場のマタハラ等は絶対に許さないこと，したがってこれをなくすための努力をしていくことを，当社のトップが明確に発信します。

　そして，上記トップのメッセージを前提として，当社では

- ルールの決定（就業規則への規定化や過半数労働組合との労働協約の締結，予防・解決についての方針やガイドラインの作成を行う）
- 実態把握（マタハラ等の有無や従業員の意識をアンケートで把握する，安全管理者や産業医へヒアリングする，個人面談の際の自己申告項目に入れる）
- 教育（コミュニケーション活性化やその円滑化のための研修を実施する，マネジメントや指導についての研修を実施する）
- 周知（組織の方針やルールについて周知する，相談窓口を設置していることを周知する，定期的にマタハラ等防止に関するメッセージを発信する）

といった具体的対策を進めていきます。

20　マタハラ等の指針（平成28年厚生労働省告示第312号及び平成21年厚生労働省告示第509号，いずれも最終改正：令和２年厚生労働省告示第６号）では，周知・啓発にあたっては，マタハラ等の発生の原因や背景について労働者の理解を深めることが重要であり，発生の原因や背景の１つとして，不妊治療に対する否定的な言動を含めた妊娠・出産等に関する否定的な言動が頻繁に行われるなど制度等の利用又は制度等の利用の請求等をしにくい企業風土があるとされています。

⑵　解決のための取組み

　解決のための取組みについては，防止規程の第4条・第5条に定めがありますので，これらを一つ一つ解説していきます。

第4条
【第1項関連】

　まず，相談等に適切に対応するために必要な体制の整備として，
　①相談窓口の設置
　②相談窓口の担当者による適切な相談対応の確保
が必要になります。

　①については，単に設置するだけでなく，具体的に利用しやすいようにするべきといえます。したがって，たとえば窓口担当者及び窓口利用手続をあらかじめ定めておき社員にわかるようにしたり，窓口担当者の連絡先（電話やメール）についても周知徹底するといった対応をします。

　②については，マタハラ等が現実に発生している場合だけでなく，そのおそれがある場合や判断が難しい場合も含めて，適切に対応できるようにすべきです。このため，当社では，たとえば，内容や状況に応じて窓口担当者と人事部門が連携するような仕組みづくり，相談時対応のマニュアル作成，窓口担当者への研修といった対応をします。

　なお，産業医等の面談でマタハラ等の相談がなされることもありますので，この場合についても適宜人事部門や相談窓口が連携しつつ相談対応を行っていきます。

　そして，総論で述べたとおり，マタハラ等は，セクハラ，パワハラと複合的に生じ得ます。このような場合にも一元的に相談対応できるよう，他のハラスメントの相談窓口と一体的に相談窓口を設置します。

　なお，不利益取扱いそのものがマタハラ等でないことは第2条第1項で前述したとおりですが，セクハラでは不利益取扱いもこれに含めて窓口相談可としていることとの均衡上，不利益取扱いをされた方も相談窓口は利用できることとしています。

【第2項関連】 21

　マタハラ等や不利益取扱いの被害者は，相談窓口に相談した時点で，すでに多かれ少なかれ精神的苦痛を受けているはずですから，その後の調査手続等において二次被害を受けることがあってはなりません。そのため，当社においては，窓口への相談の際，カウンセリングの利用をあわせて申し出ることができますし，この申出がなくても，当社はその精神的苦痛等を考慮して被害者にカウンセリングの利用を勧めたり，場合によっては利用を命じることもあります。

　また，ハラスメントの心理的影響に配慮して，相談内容やその意向に関しては真摯かつ丁寧に聞き，把握していきます。

　なお，就業時間中に相談がなされると業務に支障が発生するため，原則として相談・通報は就業時間外に行うものとし，例外的に緊急の場合に限って就業時間内でも相談・通報できることとしています。

【第3項関連】

　相談・苦情を受けたにもかかわらず問題を放置すれば，問題が悪化して被害が拡大することもあります。したがって，迅速な対応を行います。

　なお，相談の中には，自らの不平・不満をハラスメントと誤解している，あるいは相談窓口を利用するためにハラスメント問題ということにしているケースもあります。このような場合にまで各関係者へのヒアリング等といったマタハラ等の実態調査を行うことは，会社にとっても無用の負担となります。このため，当社では，相談者からの事実確認の後，人事部長が調査の要否を判断できることとしています。

　たとえば，相談者からの事実確認の後，会社が調査の末に一旦出した結論について蒸し返すような内容のときは，再度調査をしても同じ結論になるとして，

21　本規程では窓口利用者を会社の労働者等に限っています。言い換えれば，対象者のうち第2条第4項(4)(5)に該当する者は，窓口利用者として想定されていません。

　　ただ，上記のとおりの理由で第2条第4項(4)(5)にまで対象者概念を拡大したこととの均衡上，窓口利用者も同様に拡大するといったこともあり得ますが，この制度がどのように展開するか予測できないこともありますので，当面は，会社の労働者等に限定した方が望ましいと考えます。

その調査を不要と判断することもあります。

【第4項関連】

　調査の結果，マタハラ等の事実が認められた場合には，その事案の性質・内容に応じて，行為者に対し何らかの措置を講じる必要があります。

　この事実認定に際しては，徹底的に事実認定をし，加害者と被害者で言い分が食い違うから認定できないと安易に結論づけません。多くの場合は，どちらの言い分がより理路整然としているか，そして，日頃の言動からして当該認定対象行為があったと考えられるかを丁寧に検討することで，可能な限り事実認定を行います。

　そして，認定されたマタハラ等の程度が悪質な場合，当社が雇用する労働者に対しては懲戒処分を行うことが考えられます。

　特に，就業環境を悪化させたと認められた場合は，基本的に，企業秩序を乱したとして懲戒処分をもって対応します。また，当該行為が不法行為に該当する場合は重い懲戒処分によって，刑事罰に該当する場合は懲戒解雇等極めて重い処分をもって対応します。

　逆に，就業環境を悪化させるおそれのみが認められる場合には，基本的には人事権による注意指導によって対応します。一方，派遣労働者については，会社は懲戒権を持ちません。このため，派遣労働者に対しては監督権に基づく対応，あるいは管理権（人事権）の代替として派遣会社への要請を行います[22]。

　また，会社は，構内下請労働者に対しては，懲戒権のほか，管理権（人事権）や監督権も原則として持ちません。ただ，「労働者派遣事業と請負により行われる事業との区分に関する基準」（37号告示）に関する疑義応答集（第2集）の第3問や第5問[23]にあるとおり，法令違反や生命身体に係る事項については，

22　管理権（人事権）とは，採用・配置・異動・人事考課・昇進・昇格・降格・休職・解雇など，企業組織における労働者の地位の変動や処遇に関する使用者の決定権限のことです。
　対して，監督権とは，業務遂行に関する指示，労働時間に係る指示，企業における秩序の維持・確保等のための指示その他の管理を行う権限です。
　そして，懲戒権とは，企業秩序違反行為に対する制裁罰として懲戒処分に付する権限のことです。

発注者は構内下請労働者に直接指示を行うことができると考えます。そうすると，このような就業環境に関する場合という点ではマタハラ等も同じですから，これについても直接指示を行えるといえます。また，発注者として受注者に「指図」するといった形で是正を図るよう要請することもできます。したがって，この場合についてはこれらの対応をとることになります。この際の対応においても，当社労働者同様，その効果（就業環境を悪化させたか等）によって，対応の強度を変更します。

　なお，当社の監督者や管理者（たとえば上司）は，職場にてマタハラ等が発生又はそのおそれがある場合には防止・中止する義務を負います。したがって，これらを果たさなかった上司等については懲戒処分をすることもあり得ます。

【第5項関連】

　「必要な措置」とは，ハラスメントの性格・態様に応じた対応をとることをいいます。たとえば，状況を注意深く見守るといったレベルから，上司・同僚等を通じて間接的に注意を促す，さらに直接注意を促すなど，いろいろな対応が考えられます。

　また，本規程にいうマタハラ等ではないものの，加害者が取引先の関係者や顧客等であって，被害者は当社が雇用した労働者である場合については，本規程の趣旨から，加害者の属する会社への協力依頼，被害者社員へのカウンセリングの実施などの対応をとる等といった形で，別途対応をします。

23　上述した「労働者派遣事業と請負により行われる事業との区分に関する基準」（37号告示）に関する疑義応答集（第2集）の関係部分の内容は下記のとおりです。
　問3の答え
　　発注者が，災害時など緊急の必要により，請負労働者の健康や安全を確保するために必要となる指示を直接行ったとしても，そのことをもって直ちに労働者派遣事業と判断されることはありません。
　問5の答え
　　労働安全衛生法第29条では，元請事業者が講ずべき措置として，関係請負人及び関係請負人の労働者が，労働安全衛生法令の規定に違反しないように必要な指導や指示を行うことが同法上の義務として定められています。
　　これらの指導や指示は，安全確保のために必要なものであり，元請事業者から下請事業者の労働者に対して直接行われたとしても，業務の遂行に関する指示等には該当しません。

【第6項関連】

　もし，誰が相談[24]や調査に協力したのか，どのような内容を話したのかが安易に明らかにされてしまうと，それを理由にさらに加害者がより強いハラスメントを行うことがあり得ますから，相談者は安心して相談できなくなります。

　また，もし相談や調査協力を理由として不利益取扱いをされてしまうと，誰も相談や調査協力をしたくなくなります。

　このため，相談者や調査協力者が誰なのか，その際に何を語ったのか等といった内容については，プライバシーとしてできるだけ保護するようつとめ，相談や調査協力を理由とする不利益取扱いは行いません。このような不利益取扱いの禁止については，令和元年改正均等法第11条の3第2項や令和元年改正育児介護休業法第25条第2項にて法定されていることにも留意する必要があります。

　他方で，当該マタハラ等によって企業秩序が乱されているという点では会社もまた被害者であって，これに対処しないわけにはいきません。このため，その調査・対応に必要な場合には，いくら相談者等が自身の情報秘匿を希望しているといっても，当該情報を明らかにせざるを得ない場合もあります。

　このような場合について会社は，「加害者に対しては，相談者等の情報を基にハラスメント等の加害行為を行えば，会社は絶対に許さず，契約解消も含めた厳しい対応をとると伝える。また，あなたの方で警察や弁護士に相談して頂いて構わない。しかし，会社としてもマタハラ等という秩序を乱す行為を放置できない以上，調査・対応は進める」と相談者等に伝えたうえで，できるだけプライバシーとして当該情報の保護につとめつつも，厳正に調査・対応を進めるべきです。

第5条

　マタハラ等が起きてしまったときは，再度そのようなことが起きないよう，

24　都道府県労働局に対して相談，紛争解決の援助の求め若しくは調停の申請を行ったこと又は調停の出頭の求めに応じたこと等も含まれます（「平成28年厚生労働省告示第312号」，「平成21年厚生労働省告示第509号」（いずれも最終改正：令和2年厚生労働省告示第6号）参照）。

再発防止策を講じることも重要です。

　具体的には，まず第一に，事例が発生したこと，及び改めてトップとしてマタハラ等は絶対に許さない旨のメッセージを発信します。そのうえで，

- 職場のマタハラ等に関する方針を再度周知・啓発する
- 意識啓発のための研修，講習等を改めて実施する
- 就業環境改善のためにコミュニケーションの強化や適正な業務配分を行う

といった具体的対応を，必要に応じて講じていきます。

　なお，指針では「職場における妊娠，出産等に関するハラスメント／育児休業等に関するハラスメントが生じた事実が確認できなかった場合においても，同様の措置（再発防止策のこと：筆者注）を講ずること。」とされています。これについては，指針の定義では就業環境が悪化しなければマタハラ等に該当しないため，悪化までは認められずとも再発防止策を講じる必要はあることから，上記のように記載されているものと思われます。これに対して，当社では，就業環境悪化の「おそれ」があればマタハラ等としているため，再発防止策を講じるべきは「マタハラ等」が発生したときに限るという整理になります。

最後に（当職の考え方）

　マタハラ等の本質は，産前産後休業，育児介護休業等といった制度の利用阻止ないし利用への「不愉快さ」にあります。たとえば，ある女性が育児のために時短勤務となった場合，時短勤務により未履行となった業務は他の社員が負担することになり，同社員からは「なぜ利用するのか，なぜ自分の業務量が増えるのか」といった形で制度利用を不愉快に思う感情が発生します。この不愉快さこそが，上記制度の利用阻害につながるような「マタハラ等」の根源であって，だからこそ，マタハラ等は業務負担増の影響を受けやすい同僚から行われることが多くなります。そして，産前産後休業，育児休業や介護休業等を取得する女性社員の業務は，同社員と資格上同じ分類に属するという理由から別の女性社員が負担することが多く，この負担増の影響を受けた女性社員が休憩室，給湯室や女性更衣室などでマタハラ等を行うことが典型として考えられます。

　このように，マタハラ等の本質が先に述べたような制度の利用阻止ない
し利用への不愉快さにあることからすると，会社が社員に対して頭ごなし
にマタハラ等をしないよう教育をしたとしても，業務量に変化がなければ，
根本的解決にはつながりません。

　そのため，マタハラ等を防止するにあたっては，教育だけではなく，業
務量をいかに配分するかということが特に重要となります（たとえば，1
人の担当者の過重負担とならないように，ユニットメンバーで分担するよ
うに配慮し，それでも難しい場合は，部長，本部長に相談し，それでもな
お解決できない場合は，派遣社員を含めた担当者の増員で対応する等）。

第3節	パワーハラスメント

パワーハラスメント防止規程

【目的】

第1条　本規程は，当社において禁止するパワーハラスメント（以下，「パワハ
　　ラ」という）を定義し，パワハラが絶対にあってはならず当社はこれを一切
　　容認しないこと，及びパワハラを行った者に対しては監督権，管理権ないし
　　懲戒権等をもって厳正に対処する方針を明確化し，これを周知・啓発し，さ
　　らに必要な措置・対応を定め，もってパワハラを防止することを目的とする。

【定義】

第2条　パワハラとは，当社が雇用する労働者等により職場等において行われ
　　る優越的な関係を背景とした言動であって，業務上必要かつ相当な範囲を超
　　えたものにより対象者の就業環境が害されること（そのおそれがある場合も
　　含む）をいう。

2　前項にいう「当社が雇用する労働者等」は，以下の(1)ないし(3)を含む。

　(1)　当社が雇用する労働者の全て

　(2)　当社が使用する派遣労働者

　(3)　当社の構内下請労働者

3　第1項にいう「職場等」とは，当社が雇用する労働者等が業務を遂行する
　　場所又は対象者が業務を遂行する場所を指し，それらの者が通常就業してい
　　る場所以外の場所であっても，それらの者が業務を遂行する場所であれば
　　「職場等」に含まれる。なお，職場の上司部下・同僚同士の間で発生した場合
　　には，時間，場所に関係なく，「職場等」に含む（ただし，純然たる私人関係
　　であった場合を除く）。

4　第１項にいう「対象者」は，以下の(1)ないし(5)を含む。

　(1)　当社が雇用する労働者の全て

　(2)　当社が使用する派遣労働者

　(3)　当社の構内下請労働者

　(4)　当社と取引関係等一定の関係を有する会社等の関係者（(1)ないし(3)の「当社」を「当社と取引関係等一定の関係を有する会社等」に読み替えた場合の労働者を含むが，これに限られない）

　(5)　その他(4)に準じる関係にあると会社が認めた者（就活生を含むがこれに限られない）

5　第１項にいう「優越的な関係」とは，業務を遂行するにあたって，当該言動を受ける対象者が当社が雇用する労働者等に対して抵抗又は拒絶することができない蓋然性が高い関係を背景として行われるものをいい，職務上の地位が上位という関係のみならず，業務上必要な知識・経験・スキル又は集団による個に対する行為など，何らかの形で優位な立場にあるという関係も含む。

6　第１項にいう「業務上必要かつ相当な範囲を超えたもの」とは，社会通念に照らし，当該行為が明らかに業務上の必要性がない，又はその態様が相当でないものであることをいう。

7　第１項にいう「対象者の就業環境が害されること（そのおそれがある場合も含む）」とは，対象者の就業意欲を低下せしめ，能力の発揮が阻害されること，若しくは阻害されるおそれがあること等をいう。

8　パワハラに該当する行為の典型例を，次のとおり示す。

　(1)　暴行・傷害等身体的な攻撃を行うこと

　(2)　脅迫・名誉棄損・侮辱・ひどい暴言等精神的な攻撃を行うこと

　(3)　隔離・仲間外し・無視等人間関係からの切り離しを行うこと

　(4)　業務上明らかに不要なことや遂行不可能なことの強制，仕事の妨害等を行うこと

　(5)　業務上の合理性なく，能力や経験とかけ離れた程度の低い仕事を命じることや仕事を与えないこと

　(6)　私的なことに過度に立ち入ること

【禁止行為等】

第3条　当社が雇用する労働者等は，職場等においてパワハラに該当する行為
　　をしてはならない。

2　当社が雇用する労働者等は，職場等においてパワハラに該当する行為が行
　　われていることを確認したときは，第4条第2項に定める相談窓口への申出
　　や上司への報告等といった対応をしなければならない。

3　当社の監督若しくは管理の地位にある者は，パワハラに該当する行為が行
　　われていることを確認したときは中止させ，その発生のおそれがあるときは
　　防止しなければならない。

【相談及び苦情への対応】

第4条　パワハラに関する相談及び苦情処理の相談窓口は本社及び各事業場で
　　設けることとし，その責任者は人事部長とする。人事部長は，窓口担当者の
　　名前を人事異動等の変更の都度，周知するとともに，担当者に対し相談対応
　　に必要な研修を行うものとする。

2(1)　当社が雇用する労働者等は，原則として，就業時間外にパワハラに関す
　　る相談を相談窓口の担当者に申し出ることができる（以下，相談窓口に申
　　し出た者を「相談者」という）。

(2)　前号の申出は，原則，就業時間外にしなければならないが，緊急を要す
　　るやむを得ない場合は，就業時間中においても申し出ることができる。

(3)　第1号の相談の申出は，すでに当社で一定の判断がなされた事案と同内
　　容のものである場合は，受け付けないことがある。

(4)　相談者は，当該相談にあたり当社に対してカウンセリングの利用をあわ
　　せて申し出ることができる。

(5)　当社は，前号によるカウンセリングの結果等を把握する等，相談者の心
　　理状況に配慮したうえで，次の第3項から第5項に定める対応を決定する。

3(1)　相談窓口担当者は相談者からの事実確認の後，人事部長へ報告する。

(2)　前号の報告に基づき，人事部長は調査の要否を判断する。

(3)　前号において調査の必要があると判断した場合，人事部長は相談者のプ

ライバシーに配慮したうえで，必要に応じて行為者，被害者，上司その他の労働者等に事実関係を聴取する。なお，人事部長は，必要に応じ，関連部署に調査を依頼し，又は調査の協力を要請することができる。

(4) 前号の聴取を求められた労働者等は，正当な理由なくこれを拒むことはできない。

4 調査の結果として第2条第1項に定める行為が認められた場合は，当社は以下の措置を講じることがある。

(1) 第2条第2項(1)に該当する者に対し，以下の対応

　ア 管理権・監督権に基づく対応

　イ 就業規則第○条（譴責，減給，出勤停止又は降格）又は就業規則第○条（諭旨解雇又は懲戒解雇）に基づく懲戒処分

(2) 第2条第2項(2)に該当する者に対し，監督権に基づく対応，派遣元会社に是正を求める等の対応

(3) 第2条第2項(3)に該当する者に対し，直接指示ないしは発注者として受注者に対して指図を通じて是正を求める等の対応

(4) 第3条第3項に反して適切に監督権・管理権を行使しなかった者に対し，就業規則第○条（譴責，減給，出勤停止又は降格）に基づく懲戒処分

5 人事部長は，問題解決のための措置が必要であると判断した場合，被害者の労働条件及び就業環境を改善するために必要な措置を講じることができる。

6 相談及び苦情への対応にあたっては，関係者のプライバシーを保護するようつとめるとともに，相談をしたこと又は事実関係の確認に協力したこと等を理由として不利益な取扱いは行わない。

【再発防止等】

第5条 人事部長は，パワハラ事案が生じたときは，再発防止策の実施の要否を判断する。

2 再発防止策を実施する場合，人事部長は，その必要に応じ，周知の再徹底及び研修の実施，事案発生の原因の分析等の措置を講じなければならない。

【附則】

○年○月○日より実施

パワーハラスメント防止規程
ガイドライン

第1条

　本条は，当社においてパワハラは決して許さないこと（禁止）を宣言し，現にパワハラが発生した場合には適切かつ迅速に対処する方針を明確化するとともに，本規程の内容を周知・啓発していくことをもって，パワハラを防止し，従業員の適正な就業環境を確立・維持することが当社の目的であると示すものです。加えて，本規程では，パワハラが発生した場合だけではなく，そのおそれがある場合にも適切かつ迅速な対応を行うことも目的としています。

　なお，パワハラには下図のとおり，①刑法上の構成要件に該当する行為，②民事上不法行為に該当する行為，③行政指導の対象になる行為，④当該企業において企業秩序違反ないしそのおそれのある行為として罰する行為の4つのレベルがあります。このうち，本規程は④のレベルについて定めるものです。

　④に①～③を含むことは最低限必要です。しかし，逆に①～③に限られる理由はなく，たとえ①～③に該当せずとも，会社が秩序違反ないしそのおそれがあると考える行為は④に含めることができます。

　このような観点から，本規程では特に③を規定する法令・行政指針・通達を参考にしつつ，適宜これに該当しない行為についても，当社にて不適切と考える行為を禁止・防止対象としています。なお，第3条第1項で詳述するとおり，本規程では防止だけではなく禁止も定めていることに留意してください。

【パワーハラスメント等の種類（4種）】

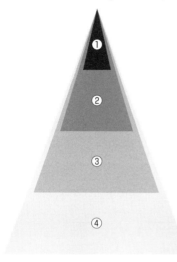

① **刑法上の違法行為**
　＝傷害・暴行・侮辱罪に該当するか

② **民法上の不法行為**
　＝社会的相当性を著しく逸脱した方法で
　　心理的負担を与えたか
　　（①を含む）

③ **行政指導**
　＝令和元年改正労働施策総合推進法第30
　　条の2の要件に該当するか
　　（①，②を含む）

④ **企業秩序**
　＝企業が決定したルールに該当するか
　　（①ないし③を含む）

第2条

【全体関連】

　パワハラについては，令和元年改正により，労働施策総合推進法第30条の2
第1項（雇用管理上の措置等）にその防止措置義務の定めが新設されました。
それによれば，対象となる行為は以下のとおり定義されます。

> 職場において行われる優越的な関係を背景とした言動であって，業務上必要か
> つ相当な範囲を超えたものによりその雇用する労働者の就業環境が害されること

　この定義の解釈，具体例等については，指針である「事業主が職場における
優越的な関係を背景とした言動に起因する問題に関して雇用管理上講ずべき措
置等についての指針」（令和2年厚生労働省告示第5号）に示されています。

　しかし，前条の目的から，当社では法令・行政指針・通達を参考にしつつ，
適宜これに該当しない行為についても，当社にて不適切と考える行為を防止対
象とするため，行政上の定義より広範な定義を定めています。「等」という文言

が多くなっているのは，このように行政上の定義よりも広い内容にするためです。

【第１項関連】

　第１項の定義は，令和元年５月に成立した改正労働施策総合推進法第30条の２において定められた内容につき，その対象行為，当事者，適用場面を広げたものです。

　特に，指針では，就業環境を悪化させた場合に初めてパワハラに該当することとしていますが，本規程では企業秩序の観点からこれを広げて就業環境を悪化させる「おそれ」があった場合についても本規程上のパワハラに該当すると整理しています。

　パワハラに該当するかどうかは，第２条の定義に該当するか否かにより判断されます。指導などの行為の結果，対象者が不快に思ったとしても，その行為が客観的に見て「業務上必要かつ相当な範囲」内といえるなど，第２条の定義に該当しない場合は，パワハラには該当しません。むしろ，パワハラに該当しない指導などの正当な行為に対して，対象者が，本心は自身が不快に感じた等といった理由であるにもかかわらず，これをパワハラであると不当に批判したりすることは，指導という社内秩序の根幹を否定するものであるから許されません。

【第２項関連】

　第２項では，パワハラとして問題となる行為を行った人物，言い換えれば加害者（第１項に定める「当社が雇用する労働者等」）について，以下のとおり定義しています。

　まず，「(1)　当社が雇用する労働者の全て」とは，正規雇用労働者のみならず，パートタイム労働者，契約社員等のいわゆる非正規雇用労働者を含んだ当社が雇用する労働者のすべてをいうものとしています。ただ，会社は，就業環境を維持する義務を負うため，これらの直雇用の者の行為に限らず，職場内で日常的に業務を行う者によるパワハラ行為については広く防止する必要があります。

そのため，当社は上記の「(1)　当社が雇用する労働者の全て」に加え，

- 「(2)　当社が使用する派遣労働者」
- 「(3)　当社の構内下請労働者」

も加害者に含めて考えています。

他方で，当社の労務管理上の防止規程として本規程を定めている以上，顧客や取引先等によるパワハラに類する行為（「カスタマーハラスメント」や「クレーマーハラスメント」等）まではその対象に含めていません（パワハラでは指針上顧客や取引先の関係者等によるものについてまで防止措置を講じるべき旨が明記されていないことから，セクハラとは異なり，「(4)その他取引先等の他の事業主又はその雇用する労働者，顧客」を含めておりません）。そして，かかる相違から，セクハラ規程第4条第6項，第6条のような，他社との協力関係に関する条文も設けられないことになります。

なお，当社の執行役員については，「(1)　当社が雇用する労働者の全て」に含まれますから本規程上の加害者となり得ます。一方，取締役については，会社法423条や429条等をはじめとして厳しい賠償責任が定められているため，パワハラに類する行為を行うことを本規程は想定していません。もちろん，仮に行った場合には，取締役解任も含め厳しい対応をもって臨みます。

【第3項関連】

当社では，業務遂行場面だけでなく，上司・部下・同僚が業務終了後，飲食等で利用する場所なども広く含めております。すなわち，「職場等」※は，取引先の事務所，取引先と打合せをするための飲食店，顧客の自宅等も含みます。さらに，施設外であっても，上司・同僚といった会社での人間関係を前提に従業員同士で発生するものについては，これも「職場等」において発生したものと考え，物理的場所概念にこだわらないこととしています。なぜなら，本規程は企業秩序の観点から定めるものであるところ，会社での人間関係を前提としてパワハラの言動等が行われれば，それによって就業環境も悪化し企業秩序は乱れた，あるいは乱れるおそれがあったといえるからです。

ただし，純然たる私人としての交際・交流において上記言動がなされた場合

については，私的な場面である以上業務遂行との関連性が全くなく，たとえ従業員同士等であっても「職場等」にて上記言動がなされたとはいえません。

※パワハラ通達では，「職場」について，以下のとおり記載しています。
- 「職場」には，業務を遂行する場所であれば，通常就業している場所以外の場所であっても，出張先，業務で使用する車中及び取引先との打ち合わせの場所等も含まれるものであること。
  なお，勤務時間外の「懇親の場」，社員寮や通勤中等であっても，実質上職務の延長と考えられるものは職場に該当する。その判断にあたっては，職務との関連性，参加者，参加や対応が強制的か任意か等を考慮して個別に行うものであること。

【第4項関連】

第4項では，パワハラとして問題となる行為を受けたり，その行為の害を受けたりするといった，いわゆる「被害者」を「対象者」という形で以下のとおり定義しています。

まず，「対象者」についても，就業環境を維持する観点からすれば，職場にて日常的に職務に従事する者，つまり「(1) 当社が雇用する労働者の全て」に加え，
- 「(2) 当社が使用する派遣労働者」
- 「(3) 当社の構内下請労働者」

に対する行為まで防止すべきといえます。

また，自社で働く者が取引先の関係者や顧客に対してパワハラ行為を行い，その被害者との信頼関係が失われることは，会社にとって大きな損失となります。そのため，会社は取引先の関係者や顧客等に対するパワハラ行為まで防止する必要があり，
- 「(4) 当社と取引関係等一定の関係を有する会社等の関係者」
- 「(5) これに準じる程に当社と密接な関係を有すると認められる者」（たとえばOB訪問に訪れた学生（就活生）などが考えられるため，これを規程でも明示）

も「対象者」に含めています。

【第5項関連】

「優越的な関係」を背景とした言動とは，職務上の地位が上位の者による行為ばかりでなく，

- 同僚又は部下による行為で，当該行為を行う者が業務上必要な知識や豊富な経験を有しており，当該者の協力を得なければ業務の円滑な遂行を行うことが困難であるもの
- 同僚又は部下からの集団による行為で，これに抵抗又は拒絶することが困難であるもの等，相手より自分の方が何らかの形で優位にある人が，その何らかのパワーを利用しているもの

も含まれます。そのため，たとえば，普通は上司から部下，先輩から後輩，若しくは専門的知識や経験，スキルの高い人から低い人等といった場合に優位性が認められますが，その逆，すなわち部下から上司，後輩から先輩，若しくは専門的知識や経験，スキルの低い人から高い人等といったパワハラも生じ得るということになります。

【第6項関連】

「業務上必要かつ相当な範囲を超えたもの」とは，「業務上の指導との線引き」を明らかにするために用いられる要件です。特に，個人の受け取り方によっては，業務上必要な指示や注意・指導に不満を感じたりする場合でも，これらが業務上の適正な範囲で行われている場合には，パワハラには当たらない点に注意が必要です。

この判断は最終的には総合考慮（当該言動の目的，当該言動を受けた労働者の問題行動の有無や内容・程度を含む当該言動が行われた経緯や状況，業種・業態，業務の内容・性質，当該言動の態様・頻度・継続性，労働者の属性や心身の状況*，行為者との関係性等を考慮する。なお，検討に際しては，当該言動の内容・程度とそれに対する指導の態様等の相対的な関係性が重要な要素となる点に留意。）になるものの

- 業務上明らかに必要性のない行為か
- 業務の目的を大きく逸脱した行為か

- 業務を遂行するための手段として不適当な行為か
- 当該行為の回数，行為者の人数等，その態様や手段が社会通念に照らして許容される範囲を超える行為か

といった点から検討されます。

- ＊パワハラ通達では，「属性」や「心身の状況」について，以下のとおり記載しています。
- 考慮要素の1つである労働者の「属性」とは，たとえば，労働者の経験年数や年齢，障害がある，外国人である等が，「心身の状況」とは，精神的又は身体的な状況や疾患の有無等が含まれ得ること。

なお，一般的には，以下のような区別が考えられます。

	パワハラ	指導
目的 （心理状態）	相手を馬鹿にする・排除する（いじめ，いやがらせ） 自分の目的の達成（自分の思いどおりにしたい）	相手を尊重する 相手の成長を促す
業務上の必要性	業務上の必要性がない（個人生活・人格まで否定する等） 業務上の必要性があっても不適切な内容や量（罵倒など）	仕事上必要性がある，または健全な職場環境を維持するために必要なこと
態度	威圧的，攻撃的，否定的，批判的	肯定的，受容的，見守る，自然体
タイミング	過去のことを繰りかえす 相手の状況や立場を考えない（大勢の前で叱責する等）	タイムリーにその場で行う 受け入れ準備ができているか考える（場所の選択）
誰の利益か	組織や自分の利益を優先 （自分の気持ちや都合が中心）	組織にも相手にも利益が得られることを（組織の利益と個人の利益の接点を見出す）
自分の感情	いらいら，怒り，嘲笑，冷徹，不安，嫌悪感	穏やかな，暖かな，きりっとした（毅然と），好意
結果	部下が委縮する 職場がぎすぎすする 退職者が多くなる（特に若者）	部下が責任もって発言，行動する 職場に活気がある （育成と労働生産性の向上）

（岡田康子「職場のパワーハラスメントを考える」（「中央労働時報」1210-10）をもとに，一部（下線部分）加筆修正したもの）

【第7項関連】

　平成30年3月30日付「職場のパワーハラスメント防止対策についての検討会」報告書は「精神的・身体的苦痛を与える又は職場環境を悪化させる行為」をパワハラの要素として挙げていましたが，令和元年改正労働施策総合推進法第30条の2は「就業環境が害されること」のみをパワハラの要素としました。指針では，これを「当該言動により労働者が身体的又は精神的に苦痛を与えられ，労働者の就業環境が不快なものとなったため，能力の発揮に重大な悪影響が生じる等当該労働者が就業する上で看過できない程度の支障が生じること。」と定義しています。

　この要素に当てはまる主な例としては，

(1)　暴力により傷害を負わせる行為

(2)　著しい暴言を吐く等により，人格を否定する行為

(3)　何度も大声で怒鳴る，厳しい叱責を執拗に繰り返す等により，不快に感じさせる行為

(4)　長期にわたる無視や能力に見合わない仕事の付与等により，就業意欲を低下させる行為

が考えられるところ，(1)，(2)のように第1条の①，②のレベルに該当する行為はそもそも人として許されない行為ですから，これが(3)，(4)の議論と混同されることは適切ではありません。そのため，当社は指針の定義を採用しています。

　そして，当社としては，就業環境を悪化させるおそれがあれば，パワハラに該当するとしています。すなわち，仮に極めて軽微な悪口であって，実際に就業環境が害されたとまでは認められなかったとしても，なお就業環境が害される「おそれ」はあった以上，パワハラには該当するとしています。

　なお，第6項にて前述したとおり，業務上必要かつ相当な範囲内の指導については，パワハラには当たりません。したがって，指導口調の攻撃性が極めて軽微であったとして，かつその指導の必要性が肯定されるなら，そもそも「相当な範囲内の指導」であってパワハラではないこととなります。「就業環境悪化のおそれがあったからパワハラである」という結論にはなりません。

　また，この要素の判断にあたっては「『平均的な労働者の感じ方』，すなわち，

同様の状況で当該言動を受けた場合に，社会一般の労働者の多くが，就業する上で看過できない程度の支障が生じたと感じるような言動であるかどうか」を基準とすべき旨が，指針において示されています。したがって，「当該対象者の就業環境が害されること」とは，「当該対象者の就業場所の就業環境が，平均的労働者の感じ方を基準として，害されたこと」を意味します。「当該対象者の感じ方からして就業環境が害されたこと」をいうものではないことに留意してください。ただし，当該対象者が抗議又は明確に拒絶の姿勢を示しているにもかかわらずさらに言動が行われたという場合には，平均的労働者の感じ方を問題とすることなく，就業環境が害されたと認められます。

　なお，後述のとおり，パワハラは人間関係や日頃のコミュニケーションによって就業環境悪化の有無が左右されるという特徴がありますが，あくまで就業環境悪化については平均的感性を基準としますから，「当該加害者・被害者の人間関係・コミュニケーションにおいて，平均的感性の持ち主であれば就業環境が悪化したと感じるか」といった形で就業環境悪化の有無をみることになります。なお，人間関係や日頃のコミュニケーションによって就業環境悪化の「おそれ」が左右されるわけではないことに留意してください。

【第8項関連】

　指針では，パワハラについて，6つの行為類型（身体的な攻撃，精神的な攻撃，人間関係からの切り離し，過大な要求，過小な要求，個の侵害）が挙げられています。これに基づいて，第8項ではこれら6つの類型が典型例として考えられることを示しています。なお，各行為類型について，パワハラに該当する可能性が高い事例，低い事例の具体例としては，各々下記のようなものが考えられます。

　なお，下記では大まかな類型化を試みましたが，どの類型に属するか微妙な事案が存在しますし，また事案として重なる部分があるものも少なくありません。しかし，出来るだけ具体例を挙げ，もって該当行為の禁止・防止の実効性を高めることを優先する目的で，すべて以下に記載しています。

(1)　身体的な攻撃

| 該当する可能性が高い事例 |

- 上司が，部下に対し「なんで何度言ってもわからないんだ，お前は！」と言って，頬を平手打ちした。
- 上司が反抗的な態度をとる部下の胸倉を掴んだ。
- 上司が新入社員に対し，冗談めかしてプロレス技を掛けた。
- 上司が，部下に対し，「こんな書類でいいと思っているのか」と言って書類で机を叩いたり，「これで消せ」と言って消しゴムを投げつけたり，椅子やごみ箱などを蹴るのを見せつける，ドアをわざと強く閉めて音を出す等した。
- デリカショップ店員が作業中の包丁を持ったまま怒り，上司に包丁を近づけた。
- 上司が，部下と重い機材を2人で協力して運ぶ作業に従事中，当該部下が正しい手順で保持しなかったこと，注意してもそっぽを向いていたこと等に腹を立て，ヘルメットの上からトンカチで軽くたたき，注意指導した。
- 電話の取次ぎ方が悪い等として激昂し，「おい，ちょっと来い！」「外に出ろ。」などと怒鳴り，被害者を所外に連れ出そうとした。
- 上司が部下に対し叱責する際，長時間，床に正座を強要した。

| 該当する可能性が低い事例 |

- 業務と全く関係のないことを理由に同僚間で殴り合いの喧嘩が起きた。
- 上司が部下を注意指導していたところ，部下が急に無言で立ち去ろうとしたため，上司が「待て，まだ終わっていない」と言って部下の肩に軽く手をかけた。
- 「歩きスマホ」をしていた上司が部下に誤ってぶつかった。
- 上司が自分の机にペンを置こうと投げたところ，投げ方が下手なため隣の部下に当たってしまった。

(2) 精神的な攻撃

該当する可能性が高い事例

- 上司が，部下に対し，「お前なんか辞めちまえ」「いらない」「消えろ」「お前の代わりはいくらでもいる」「よく生きてこられたな」などと告げ，人格や尊厳，名誉を傷つけた。

- 複数の若手社員に対して，毎日，30分程度立たせたまま，「どういう育てられ方をしてきたのか」「この会社にむいてない」「屋上から飛び降りろ」などといった発言をした。

- 上司が，部下に対し，「この仕事は君に向いてないから辞めた方がいいよ」「辞めないならどこか田舎でも転勤したら」と不当な転勤や退職強要をした。

- 上司が，ミスの多い部下や反抗的な態度の部下等を目の前にして，誰とは特定せずに「うちは大卒の中でも上のレベルが集まっているから，高卒の君たちではね。退職する？」「俺がその気になれば能力不足を理由に2，3人はクビにできる」「態度がひどくて過去にやめさせたやつもいる」と言った。

- 上司が，部下に対し，「前に君のような社員がいたが，メンタルになって辞めていった」と述べた。

- 上司が，能力不足で納期や指示を守れない部下に対し，何度も注意指導する中で「新入社員以下だ。もう任せられない」「お前の日誌なんか見たくない。書かなくていいから定時になったらさっさと帰れ」と発言した。

- 社員に対する指導をした後，他の社員もいる前で，「本当，使えない奴ばっかり」と独り言のように発言した。

- 取引先との打ち合わせの際，商品サンプルを忘れた社員に対し，取引先の従業員もいる前で，「何やっているんだ‼」「何回やったらわかるんだ‼」と大声で怒鳴り，さらに「だいたいお前は前も押印を忘れていた，だから駄目なんだ」と過去の失敗まで持ち出し，執拗に叱責を継続した。

- 職場の同僚全員で，ある社員を毎日「ブサイクハゲ」と呼んでいた。

- 上司が，一生懸命業務報告をしている部下に対し，舌打ち，鼻を鳴らす等軽蔑した態度をとり，さらにそれを無視するように横を向いて「全然ダメ

だな，しかも朝からお前の声を聞くと腹がたつ」と言い放った。

- 日本人社員が，海外から赴任してきた社員に対し，「外人はこの仕事できないから」「女の外人に任せられるわけない」等と差別発言を繰り返した。
- 上司が，いわゆる「ゆとり世代」の部下がミスをした際に「これだからゆとり世代は！」と揶揄する発言をした。
- ミスをする部下に対し，毎回，上司が自席の前に立たせて，周囲の人に聞こえるような大声で叱責した。
- 上司が，部下に対し，他の従業員の前で一方的に「俺が絶対に正しいんだ。皆もそう思わないか」と言う等，他の部下に同調を求める発言をした。
- 直立できない身体障害を有する部下に対して，上司が，「いい加減，独り立ちしてみろよ」と言った。
- 上司が，CC に部署全員を加えたメールで，要領の悪い部下に対し，暴言ではないがきつい言い方で仕事上のダメ出し（内容自体は極めてロジカルで正当）をした。
- 営業成績の悪い営業職員を「お仕置き部屋」に閉じ込めた。
- 書類に致命的な誤りが見つかった際，上司が，本当は上司自身のミスであるにもかかわらず，部下に対し，他の従業員の前で「お前がこの部分の調査担当だったから，お前のせいってことだよな」と当該問題の犯人扱いをし，責任を転嫁した。
- 能力不足の社員が上司に朝の出勤時に挨拶をした際，上司が無言でロッカーを思い切り閉めた。
- 成績が不良の社員一覧を，支社内の全社員が見ることのできる場所に掲示した。
- 上司が部下に「そんな仕事もできないなんて，やはりオカマ野郎は人間として失格だな」と言った（セクハラにも該当する）。

該当する可能性が低い事例

- 上司が，毎回遅刻するうえに1人だけジーパンで出社等しており，かつ再三注意されても改善しなかった部下に対し，「いい加減にしろ，社会人と

しての自覚を持て！」と一定程度厳しく注意した。

- 上司が，他の社員への攻撃的言動が認められた問題社員に対して，改善指導を行った。
- 顧客の前でも新人アピールをして何もできないといった態度をする従業員に対して，上司が，「新人だからといって何もしないのでは成長は期待できない，精一杯がんばれ！」と一定程度厳しく言った。
- 上司が問題社員に注意・指導した際，「なぜ私の言い分を聞いてくれないのか」などと抗議を受けたが，上司はその他の証拠から認定できる事実を基に会社の見解を説明し理解を求めるため複数回にわたり面談を行った。
- 上司が，普段からスケジュール調整がうまくできない部下からの残業申請に対して「Aさん，優先順位を付けて仕事しないと駄目だよ」と注意した。
- 上司が，部下に対し，他の従業員の前で「意見は聞いたが，この件については自分の考え方で進めるので，指示に従ってやりなさい」などと告げた。
- 上司が，締切間近にもかかわらずさぼったために業務が終わらなかった部下に対し，「緊急性の高い重要な業務なので次の祝日も出勤して何とか間に合わせたらどうか」と聞き，それも拒否されたため「それでは命令をするので従いなさい」と一定程度厳しく指示した[25]。
- 必要な殺菌処理を面倒だといって勝手に省略しようとした部下に対して，上司が「そんなことをして万が一お客様の体調に何かあったらどうするんだ！」と一定程度厳しく指導した。

(3)　人間関係からの切り離し

該当する可能性が高い事例

- 社員らが，ある社員をわざと無視し続け，ランチや飲み会，会議でも1人だけ誘わなかった。
- 上司が，転勤してきた部下に対して全く仕事について指導せず，指導のお

25　当職は常々セミナー等で「厳しく指導してよい」と発言しており，その考えは今でも変わっておりません。ただし，パワハラ指針に従う形で「一定程度」という表現を用いております。

願いを無視したり，「自分で学習しろよ」と言って放置したりした。

- 30歳前後の現場業務に慣れた社員3名が，配属したてで現場業務に不慣れな中年上司に対して明らかに馬鹿にする態度を取り，同上司の指示も聞き流す等した。
- 上司が，部下について，周囲の人に「あいつは役に立たない」「口をきくな」などと言いふらしたり，中傷メールを出したりした。
- 社員らが，同僚につき「Bは転職しようとしているらしい」と根拠のない噂を流し，それを理由に誰も噂された社員と会話をしなくなった。
- 上司が，部下に対し，「もう会社に出て来るな！顔も見たくない！」と言って，強制的に自宅待機させた。
- 社員らが，送別会への参加募集メールを同僚1人にだけ送らず，同人が参加を表明しても「盛り下がるから来ないで」と言って参加させなかった。
- チームで新規開店準備を進めている際，1人だけ暖房のない寒い部屋での作業を命じた。
- 上司が，多くの部下が残業している状況下で，気に入らない1人の部下だけに対し，合理的な理由なく，「お前は今後一切残業しなくていい」と言って残業を禁止した。
- 上司が，特に理由もなく「仕事は全部1人でやれ，絶対に他の社員と話したり，手伝いを求めることは禁じる」と部下に言った。

該当する可能性が低い事例

- 遅刻を繰り返す部下に対し，上司が「君がそういう態度を改めないかぎり，今後皆君の面倒見るのをやめてしまうぞ」と告げた。
- 唯一の新入社員を育成するために，短期間集中的に個室で研修等の教育を実施した。
- 仕事のできない新入社員を直接指導するため，直属の上司の前の席に配置したが，配置上，隣の席からは1つ空く形になった。
- 上司が，懲戒処分を受けた部下に対し，通常の業務に復帰させる前に，個室で必要な研修を受けさせた。

⑷　過大な要求

該当する可能性が高い事例

- 上司が，部下に対し，終業時刻間際になって，毎回「残業してでもやれ」と言って通常3時間ほどかかるデータ処理業務を押し付けた。
- 上司が，新人で仕事のやり方もわからない部下に，他の人の仕事まで押し付けた。
- 上司が，1か月2件程度が平均成約件数であるのに，「お前は1か月5件程度がノルマだ」として，部下に達成不可能な営業ノルマを常に与えた。
- 上司が，通常4人くらいで行う検査業務を，1人の部下に押し付けた。
- 直行直帰が認められている営業社員について，大幅に遠回りになるにもかかわらず，現場への直行を認めずに事業所に寄るように指示する。
- 上司が，部下たちに対して，夏の間中，冷房の利かない部屋で毎日ミーティングを開催するよう強制した。
- 上司が，自身の私的な飲み会の予約等の手続を部下に強制した。

該当する可能性が低い事例

- 急な海外業務に対応すべく，短期集中的に語学研修を実施した。
- 上司が，営業職の部下らに対し，「毎月〇万円の売り上げを予算（目標）とします」と継続的に周知していたが，実際には予算を達成できることはまれな非現実的目標値であり，かつ，達成できなくとも，口頭叱責も含めてペナルティは何もなかった。これらのことを部下らは全員知っていた。
- 上司が，部下に対し，終業時刻間際になって突如発生した通常3時間ほどかかるデータ処理業務につき，スケジュール上当日中に処理する必要があったため残業を命じ行わせた。

⑸　過小な要求

該当する可能性が高い事例

- 上司が，プログラマーである部下に，「お前は今日からお茶汲みが仕事だから」と言って，それ以来お茶汲みだけをさせた。

- 上司が，部下を他の部署に異動させたうえ，仕事を何も与えられないようにした。
- 上司が，特に理由もなく，人事部でキャリアを積んでいた部下に，街頭でのティッシュ配りをさせるようになった。
- 上司が，部下に対し，「今日は1日中反省してなさい，仕事しなくていいから」と言った。
- 上司が，部下である管理職の社員を退職させるため，新卒社員が担当する業務だけを割り当てた。
- 上司が，必要性もないのに，営業職社員である部下に「倉庫の掃除はお前が全部やれ」と言った。

該当する可能性が低い事例

- 経営上の理由により，一時的に能力に見合わない簡易な業務に就かせた。
- 新入社員の電話応対に問題があり客からのクレームがあったため，外部からの電話には当面出ないように指示し，内線のみとればよいと指示した。
- 上司が，重大な過失によりフォークリフト事故を起こした部下に対し，1週間程度，基礎的なフォークリフト操作のマニュアル集を再復習し，他の業務に就かないよう命じた。
- 上司が，懲戒解雇事由該当行為を行ったとみられる部下につき，懲戒解雇事由調査時には自宅待機を命じられるとする就業規則規定に基づき，「今日からとりあえず家にいなさい」と言って1週間程度の無給の自宅待機を命じた。

⑹ 個の侵害

該当する可能性が高い事例

- 上司が，部下に対し「この間の休日は何をしていたの」「彼女とはどこに行って何をしたの」等と質問し，私的なことに過度に立ち入った。
- 上司が，部下に対し「奥さん選びに失敗したね」「友人関係を見直した方がいいよ」等と家族，友人などの悪口を言った。

- 上司が，部下に対し，緊急の仕事ではないのに休日や夜間にLINEで連絡を入れ，反応を求めた。
- 上司が，複数回飲み会に誘い，職場の懇親会を欠席する際に理由を言うよう強制した。
- 職場の職員たちが，業務上の正当な理由なく，同僚の1人を，GPS付きの携帯電話を用いる等して，職場内外で継続的に監視した。
- 上司が，部下の個人所有のスマートフォンを勝手に覗いたり，部下の不在時にカバンの中を勝手に物色して私物を撮影したりした。
- 上司が，有給休暇を申請した部下に対し，「遊び目的なら年休はとれないよ」と言って取得理由をしつこく聞いた。
- 上司が，部下に対し，必要もなく「次の祝日もお前だけは出勤だ」と命令し，それを拒んだことに対しては，「そんなこともできないなら辞めちまえ」と辞職を強いるような発言をした。
- 休日に上司が，特に必要性がないにもかかわらず，会社の独身寮にいた部下を突然訪れ，「生活状況の確認だ」と言って同意なくその部屋に立ち入った。
- 上司が，部下に，家族に精神障害を有する者がいないか執拗に確認した。
- 上司が，部下が性的マイノリティ（LGBT等）であることを，部下の了承も得ずに他の部下に曝露した（セクハラも成立し得る）。
- 上司が，部下が以前癌に罹患しており，その影響で現在不妊治療中であることを，当該部下の了承も得ずに，他の社員に曝露した（マタハラ等も成立し得る）。

| 該当する可能性が低い事例 |

- 休暇日数検討の関係で，休暇利用の状況等についてヒアリングした。
- 土曜日に事故案件が発生し，月曜日の朝までに緊急の対応が必要になったため，部下を電話で呼び出して対応を命じた（休日出勤扱い）。
- 上司が，部下の携帯端末に随時メールが着信することを知りながら，休日あるいは深夜に業務上の指示をするメールを送信した。ただし，そのメー

ルには，「次の出勤日から取りかかってください」と記載されていた。

- 複数人の休暇申請が重なったときに，時季変更権を行使する対象となる労働者1名を誰にするか判断するため，各申請者に休暇取得の目的をヒアリングした。
- 従業員に周知されているモニタリングの規定に基づき，会社貸与のＰＣのデータを探索し，その中には私用メールも含まれていた。
- 上司が，性的指向・性自認，病歴，不妊治療中である等といった点から配慮が必要と思われる部下について，それぞれ部下の了承を得たうえで，その旨を人事担当に伝えて配慮を促した。

※上記のうち，一部事案は稲尾和泉『あんなパワハラこんなパワハラ』全国労働基準関係団体連合会（平成22年発行）や厚生労働省「職場におけるセクシュアルハラスメント対策や妊娠・出産・育児休業・介護休業等に関するハラスメント対策は事業主の義務です！！」等を参照しています。

第3条

【第1項関連】

　本規程では，当社が雇用する労働者等がパワハラを行うことを禁止しています。

　改正労働施策総合推進法上はパワハラの「防止」措置義務しか定めがありませんが，これは同法が労働行政，すなわち国と使用者の関係を律する法令であり，ゆえに義務主体は使用者である以上，同法が求められるのも「防止」に留まる（各労働者に対しパワハラの「禁止」まで求めることはできない）からです。

　これに対して，本規程は当社が労務管理等という観点から定めたものである以上，その労務管理などの対象である労働者等も当然義務主体となります。したがって，本規程はパワハラの「禁止」を定めており，これをもって当社はパワハラの「防止」につとめることとなります。

　第1項はパワハラの禁止について定めていますが，そもそもパワハラは，コミュニケーションの問題により引き起こされることが多いです。同じ言葉を使っても，それ以外のニュアンス，声の調子，態度，表情又はそれに伴う動作

（舌打ちやため息，イライラしながら机をたたく，話を聞きながら顔をしかめる，ＰＣから顔を上げずに目線を合わせず相手の話を聞く等）で，伝わり方は大きく異なり得ます。

　コミュニケーションにおいては，相手側の事情を踏まえる必要があり，人を通じて仕事をしている以上，だれもが加害者となり得ると理解することが重要です。

　人は誰しも，自分とその家族が何よりも大事です。自分がそうであるように，相手もまたそうであるということを，各人が指導等の際に今一度認識することこそが，パワハラ防止にとって非常に重要です。

【第2項・第3項関連】

　改正労働施策推進法第30条の3第4項では，「労働者は，優越的言動問題に対する関心と理解を深め，他の労働者に対する言動に必要な注意を払うとともに，事業主の講ずる前条第一項の措置に協力するように努めなければならない。」とする定めが追加されています。かかる規定は，労働者の側に会社が実施する防止措置への協力を努力義務の形で課すものです。

　しかし，当社の監督者ないし管理者（上司など）は，職場秩序を維持する義務を負うため，職場におけるパワハラの発生を防止し，また，その発生を確認したときは中止させるなど，適切な対応を行う義務を負います。前述のとおり，当社ではパワハラの加害者に顧客や取引先の関係者を含めていませんが，上司は職場内で起きた問題解決のため，顧客や取引先の関係者が職場で不適切な行為を行うおそれがある，又は行った場合には，上司として当然にそれらを防止ないし中止する義務を負います。

　同僚や同じ職場で働く間柄の人も，就業環境を良いものとするため，パワハラを中止させ，あるいはその発生を防止することが重要です。しかし，これらの人達は監督権又は管理権を有しないのであって，上司などとは異なり，その意味でとりうる対応には一定の限度があります。そのため，本規程では，パワハラの発生を確認したときに「相談窓口への通報」又は「上司への報告」を行うものとしています。

　なお，第2条第4項で前述したとおり，派遣労働者や構内下請労働者も，当社の職場で働く以上は就業環境維持の観点から本規程では被害者（対象者）に含めるとしていますが，それは逆に，彼らも就業環境維持にできるだけ協力すべきことも意味します。したがって，本規程ではこれらの労働者についても通報・報告義務を課すこととしています。

第4条・第5条

【全体関連】

　社内のパワハラに対する取組みとしては，予防のための取組みと解決のための取組みがあります。

(1)　予防のための取組み

　予防のための取組みとして考えられるのは，事業主の方針等を明確化し，周知・啓発を図ることです。

　このうち，まずもって重要と位置づけられるのは，トップのメッセージの発信です。当社では，メールで全社員に通知する，ホームページ上に掲示する等の方法で，職場のパワハラは絶対に許さないこと，したがってこれをなくすための努力をしていくことを，当社のトップが明確に発信します。

　そして，上記トップのメッセージを前提として，当社では

- ルールの決定（就業規則への規定化や過半数労働組合との労働協約の締結，予防・解決についての方針やガイドラインの作成を行う）
- 実態把握（パワハラの有無や従業員の意識をアンケートで把握する，安全管理者や産業医へヒアリングする，個人面談の際の自己申告項目に入れる）
- 教育（コミュニケーション活性化やその円滑化のための研修を実施する，マネジメントや指導についての研修を実施する）
- 周知（組織の方針やルールについて周知する，相談窓口を設置していることを周知する，定期的にパワハラ防止に関するメッセージを発信する）

といった具体的対策を進めていきます。

(2)　解決のための取組み

　解決のための取組みについては，防止規程の第4条・第5条に定めがありますので，これらを一つ一つ解説していきます。

第4条
【第1項関連】

　まず，相談等に適切に対応するために必要な体制の整備として，
　①相談窓口の設置
　②相談窓口の担当者による適切な相談対応の確保
が必要になります。

　①については，単に設置するだけでなく，具体的に利用しやすいようにするべきといえます。したがって，たとえば，窓口担当者及び窓口利用手続をあらかじめ定めておき社員にわかるようにしたり，窓口担当者の連絡先（電話やメール）についても周知徹底するといった対応をします。

　②については，パワハラが現実に発生している場合だけでなく，判断が難しい場合も含めて，適切に対応できるようにすべきです。このため，当社では，たとえば，内容や状況に応じて窓口担当者と人事部門が連携するような仕組みづくり，相談時対応のマニュアル作成，窓口担当者への研修[26]といった対応をします。

　なお，産業医等の面談でパワハラの相談がなされることもありますので，この場合についても適宜人事部門や相談窓口が連携しつつ相談対応を行っていきます。

　そして，総論で述べたとおり，パワハラは，セクハラ，マタハラ等と複合的に生じ得ます。このような場合にも一元的に相談対応できるよう，他のハラスメントの相談窓口と一体的に相談窓口を設置します。

26　パワハラ通達では，「研修」等の内容は，「いわゆる二次被害を防止するために必要な事項も含まれるものであること」としています。

【第2項関連】[27]

　パワハラ被害者は，相談窓口に相談した時点で，すでに多かれ少なかれ精神的苦痛を受けているはずですから，その後の調査手続等において二次被害を受けることがあってはなりません。そのため，当社においては，窓口への相談の際，カウンセリングの利用をあわせて申し出ることができますし，この申出がなくても，当社はその精神的苦痛等を考慮して被害者にカウンセリングの利用を勧めたり，場合によっては利用を命じることもあります。

　また，ハラスメントの心理的影響に配慮して，相談内容やその意向に関しては真摯かつ丁寧に聞き，把握していきます。

　なお，就業時間中に相談がなされると，業務に支障が発生してくるため，原則として相談・通報は就業時間外に行うものとし，例外的に緊急の場合に限って就業時間内でも相談・通報できることとしています。

【第3項関連】

　相談・苦情を受けたにもかかわらず問題を放置すれば，問題が悪化して被害が拡大することもあります。したがって，迅速な対応を行います。

　なお，相談の中には，自らの不平・不満をハラスメントと誤解している，あるいは相談窓口を利用するためにハラスメント問題という体にしているケースもあります。このような場合にまで各関係者へのヒアリング等といったパワハラの実態調査を行うことは，会社にとっても無用の負担となります。このため，当社では，相談者からの事実確認の後，人事部長が調査の要否を判断できることとしています。

　たとえば，相談者からの事実確認の後，会社が調査の末に一旦出した結論について蒸し返すような内容のときは，再度調査をしても同じ結論になるとして，

27　本規程では窓口利用者を会社の労働者等に限っています。言い換えれば，対象者のうち第2条第4項(4)(5)に該当する者は，窓口利用者として想定されていません。

　ただ，上記のとおりの理由で2条第4項(4)(5)にまで対象者概念を拡大したこととの均衡上，窓口利用者も同様に拡大するといったこともあり得ますが，この制度がどのように展開するか予測できないこともありますので，当面は，会社の労働者等に限定した方が望ましいと考えます。

その調査を不要と判断することもあります。

【第4項関連】

　調査の結果，パワハラの事実が認められた場合には，その事案の性質・内容に応じて，行為者に対し何らかの措置を講じる必要があります。

　この事実認定に際しては，徹底的に事実認定をし，加害者と被害者で言い分が食い違うから認定できないと安易に結論づけません。多くの場合は，どちらの言い分がより理路整然としているか，そして，日頃の言動からして当該認定対象行為があったと考えられるかを丁寧に検討することで，可能な限り事実認定を行います。

　そして，認定されたパワハラの程度が悪質な場合，当社が雇用する労働者に対しては懲戒処分を行うことが考えられます。

　特に，就業環境を悪化させたと認められた場合は，基本的に，企業秩序を乱したとして懲戒処分をもって対応します。また，当該行為が不法行為に該当する場合は重い懲戒処分によって，刑事罰に該当する場合は懲戒解雇等極めて重い処分をもって対応します。

　逆に，就業環境を悪化させるおそれのみが認められる場合には，基本的には人事権による注意指導によって対応します。

　一方，派遣労働者については，会社は懲戒権を持ちません。このため，派遣労働者に対しては，監督権に基づく対応，あるいは管理権（人事権）の代替として派遣会社への要請を行います[28]。

　また，会社は，構内下請労働者に対しては，懲戒権のほか，管理権（人事権）や監督権も原則として持ちません。ただ，「労働者派遣事業と請負により行われる事業との区分に関する基準」（37号告示）に関する疑義応答集（第2集）

28　管理権（人事権）とは，採用・配置・異動・人事考課・昇進・昇格・降格・休職・解雇など，企業組織における労働者の地位の変動や処遇に関する使用者の決定権限のことです。
　　対して，監督権とは，業務遂行に関する指示，労働時間に係る指示，企業における秩序の維持・確保等のための指示その他の管理を行う権限です。
　　そして，懲戒権とは，企業秩序違反行為に対する制裁罰として懲戒処分に付する権限のことです。

の第3問や第5問[29]にあるとおり，法令違反や生命身体に係る事項については，発注者は構内下請労働者に直接指示を行うことができると考えます。そうすると，このような就業環境に関する場合という点ではパワハラも同じですから，これについても直接指示を行えるといえます。また，発注者として受注者に「指図」するといった形で是正を図るよう要請することもできます。したがって，この場合についてはこれらの対応をとることになります。この際の対応においても，当社労働者同様，その効果（就業環境を悪化させたか等）によって，対応の強度を変更します。

　なお，当社の監督者や管理者（たとえば上司）は，職場にてパワハラが発生又はそのおそれがある場合には防止・中止する義務を負います。したがって，これらを果たさなかった上司等については懲戒処分をすることもあり得ます。

● 　パワハラが認められなかったときの対応留意点

　上司からパワハラを受けたと主張する労働者が，仮に適応障害等の精神障害の診断書を持ってきた場合（ないし会社がカウンセリングを行う等，一定の精神障害が疑われる場合）の対応論としては，以下の点に留意する必要があります。

　まず，会社が調査した結果，上司のパワハラが認定されるなら，上司の処分はもちろん，フロアを変更する等して被害労働者と上司が顔を合わせなくて済むよう動かすという対応になるのは，異論のないところです。

　これに対して，パワハラを認定できない場合，言い換えれば被害を受けたと

29　上述した「労働者派遣事業と請負により行われる事業との区分に関する基準」（37号告示）に関する疑義応答集（第2集）の関係部分の内容は下記のとおりです。
　問3の答え
　　発注者が，災害時など緊急の必要により，請負労働者の健康や安全を確保するために必要となる指示を直接行ったとしても，そのことをもって直ちに労働者派遣事業と判断されることはありません。
　問5の答え
　　労働安全衛生法第29条では，元請事業者が講ずべき措置として，関係請負人及び関係請負人の労働者が，労働安全衛生法令の規定に違反しないように必要な指導や指示を行うことが同法上の義務として定められています。
　　これらの指導や指示は，安全確保のために必要なものであり，元請事業者から下請事業者の労働者に対して直接行われたとしても，業務の遂行に関する指示等には該当しません。

主張する労働者側に問題・原因があるようなケースも当然あります。

　このような場合，もし当該労働者が実際には精神障害を有しておらず，単に上司に嫌がらせをする等の目的でパワハラ申告を行った場合は，上司の処分はもちろん，異動の必要も全くありません。むしろ当該労働者の処分論もあり得るところです。

　しかし，そうではなく，パワハラは認定できないものの，当該労働者が実際に精神障害を有している（ないしその兆候がみられる）場合には，認定できないからといって全く異動を行わないのは悪手であるように思います。

　この点において参考となるのが，2019年11月19日に報道された，大企業における自殺案件です（朝日新聞デジタル同日19時55分参照）。遺族側代理人弁護士によれば，本件では，上司による言動により精神障害を発症した社員が，同疾患による休職から復帰した際，当該上司と別部署に異動になったとはいえ同じフロアになってしまったことから，最終的に自殺してしまい，この自殺を労基署が労災と認定しました。

　仮に，パワハラと認定できる事実関係でなくても，被害を主張する労働者からすれば当該上司の言動・存在がストレス原因であって，しかも実際に精神障害を発症しているわけです。にもかかわらず顔が見える状態にして常に当該上司のプレッシャーに当該労働者を晒せば，当該労働者の精神的ストレスは継続し，結果として精神障害の悪化，ひいては自殺という最悪の結果にもつながり得ます。そう考えれば，少なくとも異動を簡単に行える大企業としては，認定できない場合も当該労働者を異動させることにより，上司との距離を離した方がよいといえます。

　以上のとおり，被害を主張する労働者が実際に精神障害を発症しているとみられ，その原因が特定上司の言動であると主張する場合には，パワハラの存否を問わず，当該労働者と当該上司はフロアを分ける等の対応をとるべきと考えます。

　ただし，これは企業が労務提供を受け取る場合の議論であり，主治医から，何らかの特別な配慮をしたうえで労務提供を受け取るようにとされるなど，勤務制限の場合であれば，労務提供そのものを受け取らず，療養につとめてもら

うということも考えられます。

【第5項関連】

　「必要な措置」とは，ハラスメントの性格・態様に応じた対応をとることをいいます。たとえば，状況を注意深く見守るといったレベルから，上司・同僚等を通じて間接的に注意を促す，さらに直接注意を促すなど，いろいろな対応が考えられます。

　また，本規程にいうパワハラではないものの，加害者が取引先の関係者や顧客等であって，被害者は当社が雇用した労働者である場合については，本規程の趣旨から，加害者の属する会社への協力依頼，被害者社員へのカウンセリングの実施などの対応をとる等といった形で，別途対応をします。

【第6項関連】

　もし，誰が相談や調査に協力したのか，どのような内容を話したのかが安易に明らかにされてしまうと，それを理由にさらに加害者がより強いハラスメントを行うことがあり得ますから，相談者は安心して相談できなくなります。

　また，もし相談や調査協力を理由として不利益取扱いをされてしまうと，誰も相談や調査協力をしたくなくなります。

　このため，相談者や調査協力者が誰なのか，その際に何を語ったのか等といった内容については，プライバシーとしてできるだけ保護するようつとめ，相談や調査協力を理由とする不利益取扱いは行いません。このような不利益取扱いの禁止については，令和元年改正労働施策総合推進法第30条の2第2項にて法定されていることにも留意する必要があります。

　他方で，当該パワハラによって企業秩序が乱されているという点では会社もまた被害者であって，これに対処しないわけにはいきません。このため，その調査・対応に必要な場合には，いくら相談者等が自身の情報秘匿を希望しているといっても，当該情報を明らかにせざるを得ない場合もあります。

　このような場合について当社は，「加害者に対しては，相談者等の情報を基にハラスメント等の加害行為を行えば，会社は絶対に許さず，契約解消も含めた

厳しい対応をとると伝える。また，あなたの方で警察や弁護士に相談して頂いて構わない。しかし，会社としてもパワハラという秩序を乱す行為を放置できない以上，調査・対応は進める」と相談者等に伝えたうえで，できるだけプライバシーとして当該情報の保護につとめつつも，厳正に調査・対応を進めるべきです。

第5条

　パワハラが起きてしまったときは，再度そのようなことが起きないよう，再発防止策を講じることも重要です。

　具体的には，まず第一に，事例が発生したこと，及び改めてトップとしてパワハラは絶対に許さない旨のメッセージを発信します。そのうえで，

- 職場のパワハラに関する方針を再度周知・啓発する
- 意識啓発のための研修，講習等を改めて実施する
- 就業環境改善のためにコミュニケーションの強化

といった具体的対応を，必要に応じて講じていきます。

　なお，パワハラ指針では，ハラスメントが生じた事実が確認されなくても再発防止策を講じるべきとされています。これについては，指針の定義では就業環境が悪化しなければパワハラに該当しないため，悪化までは認められずとも再発防止策を講じる必要はあることから，上記のように記載されているものと思われます。

　これに対して，当社では，就業環境悪化の「おそれ」があればパワハラとしているため，指針のような説明を付け加えずとも，再発防止策を講じるべきは「パワハラ」が発生したときに限るという整理になります。

最後に（当職の考え方）

　具体例にて前述したとおり，パワハラにはセクハラやマタハラ等と異なる特徴があります。それは，当事者間の人間関係やコミュニケーションのあり方によって，同じ言動であっても就業環境を悪化させるか否かが変わることがあるという点です。

　たとえば，肩をバンと叩かれながら「頑張っていこうぜ！」と言われたという事例を考えてみると，仲が非常に良く一緒に遊んだりもするような上司から上記言動が行われた場合と，お互い嫌っていて普段一切言葉を交わさないような上司から行われた場合とでは，その性質が違うことは明らかです。

　これを上司の側からいえば，十分なコミュニケーションを通じて部下という相手方の性格を把握し，これに応じた形の教育・指導を心掛けるべきであるといえます。暴行等といった問題外の行為はともかく，たとえば「おいお前，馬鹿か！？」と言ったとしても，上司部下が互いの性格を知り尽くしたうえで，そのような発言に問題がない関係だったなら，基本的に就業環境は悪化しません（もちろん，悪化するおそれはある以上，本規程が定義するパワハラには該当します）。

　このように，部下たちという集団との関係で，リーダーとして求められる資質・対応は異なるのです。単に本人に優れた資質があればリーダーとしても優秀というわけではありません。部下がパワハラとして告発した行為について，上司が「私と部下とは，その程度の行為なら指導として許される間柄だと思っていた」と述べることがありますが，それは部下とのコミュニケーション，部下の性格把握が不十分であったということで，その点における上司としての能力・適性のなさを示しているといえます。

　以上のように上司としては部下1人1人に対応した教育指導を心掛けることが肝要となりますが，その際に重要なのは，「自分と自分の家族が一番可愛くて良い，それが当たり前である。ただ，あなたの目の前にいる部下もまた同様，部下自身そして部下自身の家族が一番可愛い」ということ

を意識することです。自分が辛く当たることで部下はどう思うか，その部下は家でどのように家族と接するか，一度考えることが，非常に重要と当職は考えます。そして，深呼吸をして第一声をあげることです。

第3章
ハラスメントと業務災害

| 第1節 | レピュテーションリスクから見た整理 |

1 行政レベルのハラスメントの位置づけ

　第1章（ハラスメント総論）で述べたように，良好な就業環境の形成及び労働者の人格尊重という目的のもと，ハラスメントの防止が目指されたところ，同防止に関する企業の取組みを行政が後押しできるよう，前述した各法が整備されました。これによって，最終的には，労働生産性が維持されることになります。

　この行政の後押しは，具体的には助言・指導・勧告といった行政指導によって行われるのが典型的です。ところで，セクハラ防止について定める均等法における助言・指導・勧告については，厚生労働省及び東京労働局の回答によれば，原則として行政指導は法違反事案[30]のみに行われ，助言

30　第1章1でみたとおり，各ハラスメントの定義及び防止措置の詳細を定めた指針は，すべて各法に基づくという位置づけですので，指針において具体的義務（責務）とされている事項に違反すれば，法令違反として行政指導や企業名公表の対象になり得ると思われます。実際，東京労働局も，指針の具体的義務違反は行政指導の対象になり得るとしています。

　なお，指針にて「努めなければならない」「望ましい」とされるに留まる部分については，その不履行は行政指導の対象とならないというのが東京労働局の回答です。ただし，労働局によれば法の具体的努力義務には助言までなし得るとのことでした。

をしても従わない場合に指導，指導をしても従わない場合に勧告を行うと
整理されています。実際，多くの企業が助言段階，遅くとも指導段階で対
応することもあり，次頁の表のとおり，助言件数と比べると勧告件数は著
しく少なくなっています。

　この傾向は，116頁の表のとおりマタハラ等防止を定める育児介護休業
法でも同様であり，おそらく新たにパワハラ防止を定める労働施策総合推
進法についても同様のことがいえると思われます[31]。

　そして，これら各法における企業名公表は，法令上の要件からして，い
ずれも法違反事案であり，かつ厚生労働大臣による勧告が行われたにもか
かわらずこれに従わなかった場合に初めて行われるものです。そうすると，
よほど対応を行わなかったようなケース以外は企業名公表はあり得ないと
いえます。実際のところ，平成27年9月4日，妊娠を理由とした不利益取
扱事案として牛久皮膚科医院に対して企業名公表がなされたものの，ハラ
スメント関係での企業名公表は行われたことはありません。

　さらに，これらの統計のとおり，セクハラ関係の行政指導件数は平成28
年を境に大きく減っていますが，これは同時期に施行されたマタハラ等に
ついても行政指導を行う人材が必要となって流れたため，結果としてセク
ハラ関係では人材不足になったことが原因と予想されます。そうすると，

31　労働施策総合推進法30条の3には国，事業主そして労働者の責務が定められていますが，
　これらはいずれも抽象的な努力義務に留まり，その不履行が義務違反（＝法令違反）として
　行政指導・企業名公表の対象になるものではないと想定されます。
　　実際，東京労働局によれば，同法30条の3は予防やアフターケアの前提としてハラスメン
　トに関する認識を事業主に持ってもらうことを目的としたもので，具体的責務を定めるもの
　ではないところ，同法33条が行政指導の対象と定める「この法律の施行に関し必要があると
　認めるとき」は「具体的に事業主の責務とされているとされている事項を果たしていない場
　合」（パワハラ通達第2の1⑶参照）を指すことから，同法30条の3に関して行政指導を行
　うことはないとのことです。また，企業名公表については，パワハラ通達第2の2で明確に
　同法30条の3を対象から除外しています。
　　セクハラ・マタハラ等における同様の抽象的努力義務規定（均等法11条の2，11条の4，
　育児介護休業法25条の2）にも同様の議論が妥当するものと思われます（令和2年2月10日
　雇均発0210第2号，令和2年2月10日雇均発0210第3号参照）。

均等法における助言，指導，勧告の件数の推移

男女雇用機会均等法

事項	22年度 助言	22年度 指導	22年度 勧告	23年度 助言	23年度 指導	23年度 勧告	24年度 助言	24年度 指導	24年度 勧告	25年度 助言	25年度 指導	25年度 勧告	26年度 助言	26年度 指導	26年度 勧告	27年度 助言	27年度 指導	27年度 勧告	28年度 助言	28年度 指導	28年度 勧告	29年度 助言	29年度 指導	29年度 勧告	30年度 助言	30年度 指導	30年度 勧告
5条関係（募集・採用）	255	132	0	221	127	0	199	121	1	195	103	1	191	118	0	153	91	1	71	19	0	59	13	0	60	23	0
6条関係（配置・昇進・降格・教育訓練等）	114	82	1	126	75	1	160	124	0	112	87	0	93	79	3	59	43	1	31	22	0	30	21	0	26	17	1
7条関係（間接差別）	3	3	0	1	0	0	0	0	0	1	1	0	5	3	0	3	2	0	0	0	0	0	0	0	1	1	0
9条関係（婚姻・妊娠・出産等を理由とした不利益取扱い）	29	18	2	23	14	0	19	12	1	28	20	1	30	16	1	84	53	1	51	24	0	35	16	0	39	25	2
11条関係（セクシュアル・ハラスメント）	7,207	3,842	11	6,393	3,235	44	5,359	2,110	9	6,559	1,721	9	8,021	2,017	6	7,596	1,707	14	3,860	349	1	4,458	261	0	4,953	265	5
11条の3関係（妊娠・出産等に関するハラスメント）																			840	84	0	5,764	336	0	6,008	338	5
12条、13条関係（母性健康管理）	3,652	1	0	3,231	0	0	1,957	1	0	4,101	2	0	4,908	1	0	5,065	2	0	4,917	3	0	4,248	0	0	5,411	5	0
17条2項関係（援助申立を理由とする不利益取扱い）	0	0	0	1	0	0	0	0	0	0	0	0	0	0	0	0	0	0	0	0	0	0	0	0	0	0	0
18条2項関係（調停申請を理由とする不利益取扱い）	0	0	0	0	0	0	0	0	0	0	0	0	0	0	0	0	0	0	0	0	0	0	0	0	0	0	0
則13条関係（深夜業に従事する女性労働者に対する措置）	40	—	—	12	—	—	2	—	—	6	—	—	5	—	—	4	—	—	3	—	—	1	—	—	2	—	—
合計	11,300	4,078	11	10,008	3,451	46	7,696	2,368	11	11,003	1,934	11	13,253	2,234	2	12,964	1,898	17	9,773	501	0	14,595	647	1	16,500	674	13

【出典】厚生労働省（取寄資料）

育児介護休業法における助言、指導、勧告の件数の推移

事項	22年度 助言	指導	勧告	23年度 助言	指導	勧告	24年度 助言	指導	勧告	25年度 助言	指導	勧告	26年度 助言	指導	勧告	27年度 助言	指導	勧告	28年度 助言	指導	勧告	29年度 助言	指導	勧告	30年度 助言	指導	勧告
5条関係（育児休業）	3,714	135	1	4,150	147	1	4,796	108	0	3,749	63	0	3,170	75	0	2,779	45	0	2,406	38	0	3,664	84	0	3,387	100	0
16条の2、16条の3関係（子の看護休暇）	3,584	133	0	3,646	127	0	3,950	90	1	2,829	53	1	2,119	52	0	1,892	28	0	1,390	29	0	1,594	49	0	1,284	46	0
10条、16条の4、16条の10、18条の2、23条の2、32条の4関係（不利益取扱い）	16	9	1	18	8	0	22	7	1	33	6	1	19	9	0	49	19	0	26	12	0	22	8	1	21	12	0
16条の8関係（所定外労働の制限）	2,708	63	0	1,763	67	0	2,745	73	0	2,282	43	0	1,913	48	0	1,635	26	0	874	16	0	798	29	0	629	29	0
17条関係（時間外労働の制限）	2,522	90	0	2,973	109	0	3,672	78	0	2,967	49	0	2,379	58	0	2,092	24	0	1,172	21	0	970	32	0	819	31	0
19条関係（深夜業の制限）	816	42	0	966	59	0	1,095	27	0	951	25	0	806	27	0	771	9	0	414	12	0	421	19	0	407	18	0
23条関係、23条2関係措置等（所定労働時間の短縮措置等）	2,051	89	2	2,635	99	2	4,231	91	2	4,211	68	2	3,988	82	2	3,221	45	2	1,557	33	1	1,384	41	3	1,422	47	1
24条1項（所定労働時間の短縮措置等）	1,642			2,110			2,499			2,553			2,229			2,094			1,706			1,785			2,326		
25条関係（休業等に関するハラスメントの防止措置）																			870	30	0	5,741	256	0	5,097	234	3
26条関係（労働者の配置に関する配慮）																											
同7条4項から6項関係（休業期間等の通知）	397	2	0	326	6	0	368	5	0	292	2	0	229	6	0	216	0	0	134	1	0	122	0	0	200	0	0
小計	17,020	363	2	18,587	622	0	23,380	480	3	19,921	309	3	16,762	357	2	14,849	198	2	10,549	192	2	16,491	518	1	15,592	518	4
11条関係（介護休業）	1,615	78	0	2,028	90	0	2,430	47	0	2,094	37	0	1,909	48	0	1,707	22	0	1,825	21	0	4,448	94	0	4,036	103	0
16条の5、16条の6関係（介護休暇）	2,119	68	2	1,737	66	0	2,774	75	0	2,245	45	0	1,851	42	0	1,566	25	0	1,208	22	0	1,835	42	1	1,383	64	0
16条の2、16条の10、18条の2、23条の2、32条の4関係（不利益取扱い）	1	0	0				4	0	0	21	0	0	8	0	1	12	0	0	5	1	0	2	0	0	1	0	0
16条の9関係（所定外労働の制限）																											
18条関係（時間外労働の制限）	1,136	66	0	1,368	69	0	1,535	31	0	1,231	33	0	1,112	34	0	979	14	0	553	5	0	1,717	51	0	1,208	37	0
20条関係（深夜業の制限）	769	43	0	956	36	0	1,102	26	0	654	25	0	808	27	0	769	9	0	717	15	0	1,124	29	0	920	33	0
23条関係3項関係（所定労働時間の短縮措置等）	1,384	71	2	1,790	81	2	2,796	65	2	2,888	36	0	2,794	58	0	2,401	31	0	1,756	28	2	4,061	84	0	3,601	99	2
同労働時間の短縮措置等	225			311			420			410			603			476			363			408			610		
25条関係（休業等に関するハラスメントの防止措置）																			868	30	0	5,726	253	1	5,071	230	3
26条関係（労働者の配置に関する配慮）																											
同23条2項関係（休業期間等の通知）	305		0	102		0	72		0	34		0	18		0	14		0	9		0	12		0	15		0
小計	7,574	327	4	8,295	365	0	11,133	247	2	9,877	197	0	9,103	210	0	7,924	102	1	7,873	144	1	20,316	579	1	17,642	623	5
職業家庭両立推進者	2,222	200	0	3,170		0	4,604		0	4,932		0	4,550		0	4,266		0	3,010		0	3,335	0	0	3,741	0	0
合計	26,816	890	6	30,052	967	4	39,117	727	4	34,730	506	3	30,415	567	3	27,039	300	3	21,432	336	3	40,142	1,097	2	36,975	1,141	9

【出典】厚生労働省（取寄資料）

さらにパワハラまで施行されたとなれば，より行政指導を行う人材は不足
し，各ハラスメントごとの指導件数はさらに減少する可能性もあります[32]。

　以上からすると，各法に定める行政レベルのハラスメントが企業の防止
措置不足等により発生してしまったとしても，それに対する勧告や企業名
公表が行われる可能性は非常に低いといえます。つまり，レピュテーショ
ンリスクという観点からすると，行政レベルのハラスメントが行われた
（それを会社が防止できなかった）としても，それだけでは必ずしもハイ
リスクとはいえないのです。

2　精神障害と労災認定の重要性

(1)　レピュテーションリスクの大幅な違い

　ハラスメント事案のレピュテーションリスクが跳ね上がるのは，それに
よって労働者が精神障害（正確には，精神障害のうち後述の ICD-10にい
うＦ２，Ｆ３，Ｆ４に分類されるもの）を発症した場合です。この場合，最
悪の事態として労働者が自殺してしまうこともあり得ます。

　そして，このような自殺案件については，労災認定がされるか否かに
よって，企業のレピュテーションリスクは大きく変わります。労災認定と
は，「その精神障害（場合によっては自殺）は業務に起因している」との
労基署長の判断ですから，民事訴訟等で結論が覆ることはあり得ます[33]。
しかし，あくまで報道や世論は，「労災認定されたということは，業務起
因性がある，すなわちハラスメント行為によって精神障害が発症した（あ

32　東京労働局によれば，セクハラ，マタハラ等と同様，パワハラについても雇用環境・均等
　部（室）が担当するとのことです。同じ部（室）が担当するということですから，各ハラス
　メントに割ける人数は当然に低下すると思われます。
33　たとえば，ヤマダ電機事件（前橋地高崎支判平28．5．19労判1141-5）では，月100時間超
　の残業等による過労自殺として労災と認定されていたものの，裁判所は，直近1か月の残業
　を94時間と認定したうえで，業務上の負荷によりうつ病を発症したとはいえないと判断し，
　労基署とは結論を逆転させました（高裁で和解）。

るいは自殺してしまった）ということだ」と決めつけて，当該因果関係の
存在を前提に「会社のせいで労働者が亡くなった」として会社を批判しま
す。こうなると，その時点で企業の社会的評価は業態によっては致命的ダ
メージを受け，いくら後に結論が覆っても回復は困難になります。

(2)　近時の事案

　法改正の影響もあって，近時では特にハラスメント関連事案の報道が増
えています。第2節2(2)①でも近時のハラスメント関連事案の1つに言及
しますが，それ以外の事案も取り上げ，対応を誤った場合に実務上どのよ
うなリスクがあるのかを示します。

①　大手通販サイトの事案

　2015年5月に入社した男性が，2016年6月14日，社内の定例会議で部下
に業務上の指示を出したところ，同席していた男性の上司が意見を言い，
2人の間で口論に発展，上司が激昂して男性の首元を掴んだという事案で
す。なお，被害者側代理人によれば，男性が上司を挑発したり，手を出し
たりといった行為はなかったとのことです。

　渋谷労基署は，男性はこの暴行が原因で頸髄不全損傷とうつ病を発症し
たとして2017年8月1日付で労災と認定し，さらに2019年6月には怪我が
原因で両手両足に軽いまひなどの後遺症が出たとして改めて労災と認定し
ました。男性は2016年7月に同社を退職し，現在も療養中とのことです。

　上記のとおり労災認定自体は2017年8月1日時点で出されていたわけで
すが，パワハラによる労災認定として被害者側代理人が記者会見を行った
のは2019年12月5日になってからです。このように，当初の認定時点では
表沙汰にしなかったにもかかわらず代理人が公表に踏み切った理由の1つ
には，以下の事情があるように思われます。

　すなわち，代理人によれば，本件に関して会社側は「従業員間のけんか
に過ぎない」として自社の責任を一貫して否定しており，男性の相談が

あっても特に調査もせずにこれを否定して配転希望等にも応じなかったとのことです。このように，労災認定があってなお会社側が不誠実な対応を続けたことによって，結果的には記者会見という最も会社がダメージを受ける結果になってしまったのです。

さらに，本件については記者会見に留まらず，2019年度ブラック企業大賞にノミネートされたうえ，web投票では1位になるという事態にまで発展しています。もちろん，今後労災認定の結論が覆る可能性はありますが，上司による暴行によって受傷・発症したという事実関係[34]自体が動かない限り，同社の社会的評価の回復は難しいと思われます。

②　大手電機メーカーの事案

2019年8月，大手電機メーカーの一事業所に配属された新入社員の20代の男性が，上司からのいじめを訴える趣旨のメモを残して自殺しました。メモには，上司から「飛び降りるのにちょうどいい窓あるで」「自殺しろ」などと言われたと記されていました。

同年11月，警察は，上記発言をした新入社員教育担当の30代男性上司を，自殺教唆の疑いで書類送検しました。

もともと同社では，従前にも長時間労働による過労案件や，いじめ・嫌がらせによる自殺案件が発生しており，2018年度ブラック企業大賞も受賞していたわけですが，にもかかわらず同じような事案が発生したこと，そして上司によるパワハラが自殺教唆として書類送検に至ること自体非常に珍しいこともあり，本件は非常に広く報道され，最終的に同社が2020年度ブラック企業大賞も受賞することとなりました。

労災申請については2019年12月18日に代理人弁護士が同申請を行う旨記者会見していますが，送検されるということは警察がハラスメント行為と自殺に因果関係があると判断したということですから，労災認定を待つま

34　当職であれば，このような事実関係がある時点で最もレピュテーションリスクの高い事案と考え，可能な限り被害者との話し合いによる和解を実現させるべきと判断します。

でもなく報道や世論は「ハラスメント行為によって精神障害が発症した（あるいは自殺してしまった）」という前提で一斉に会社を批判します。このように，問題となるハラスメント行為が刑事罰レベルの場合には，被害者側の労災認定の記者会見を待つまでもなく，送検の報道がなされ得るわけで，レピュテーションリスクとしては非常に高く，会社としては絶対に防止すべき類型といえます。

第2節　労災認定基準から見た整理

1　労災認定基準

　以上を前提にすると，どのようなハラスメントによる精神障害が労災認定されるかという点は把握しておくべきであるといえます。したがって，以下では，平成23年12月26日基発1226第1号「心理的負荷による精神障害の認定基準について」の概要について，適宜厚生労働省のパンフレット「精神障害の労災認定」を引用しながら解説します。

(1)　精神障害の発病についての考え方
　精神障害を発症したといっても，それが労災と認定されるのは，当該発症が業務による心理的負荷によって引き起こされたといえる場合のみです。
　このため，労災認定においては，業務による心理的負荷以外に，業務外の心理的負荷（たとえば家族の出来事等）や個体的要因（たとえば既往歴やアルコール依存状況等）も認められる場合には，どれが発症の原因なのか慎重に判断することが必要になります。

(2)　認定要件

(1)を前提に，労災認定されるためには，具体的には以下の各要件を満たす必要があります。

---

a.　認定基準の対象となる精神障害を発病していること
b.　認定基準の対象となる精神障害の発病前おおむね6か月の間に，業務による強い心理的負荷が認められること
c.　業務以外の心理的負荷や個体側要因により発病したとは認められないこと

なお，上記 b. にいう「業務による強い心理的負荷が認められる」とは，業務による具体的な出来事があり，その出来事とその後の状況が，労働者に強い心理的負荷を与えたことをいいます。

また，心理的負荷の強度は，精神障害を発病した労働者がその出来事とその後の状況を主観的にどう受け止めたかではなく，同種の労働者（職種，職場における立場や職責，年齢，経験などが類似する人）が一般的にどう受け止めるかという観点から評価します。

a.　認定基準の対象となる精神障害を発病していること

認定基準では，主として業務と関連し得る精神障害は，国際疾病分類第10回修正版（以下「ICD-10」といいます）のF2からF4に分類される精神障害とされています[35]。具体的には以下のとおりです。

F0　症状性を含む器質性精神障害（例：認知症）
F1　精神作用物質の使用による精神および行動の障害（例：アルコール依存症）
F2　統合失調症，統合失調症型障害および妄想性障害

---

[35] 「精神障害の労災認定」では「業務に関連して発病する可能性のある精神障害の代表的なものは，うつ病（F3）や急性ストレス反応（F4）などです」との記載がありますが，あくまで代表的なものがF3やF4に該当するというだけで，F2が除外されるという意味ではありません。なお，F2の記載がないのは，厚生労働省によれば，F2で認定される件数が少ないため「代表的」な例からは外したとのことです。

F3 気分（感情）障害（例：そううつ病）
F4 **神経症性障害，ストレス関連障害および身体表現性障害（例：パニック障害）**
F5 生理的障害および身体的要因に関連した行動症候群（例：摂食障害）
F6 成人のパーソナリティおよび行動の障害（例：人格障害）
F7 精神遅滞〔知的障害〕
F8 心理的発達の障害
F9 小児期および青年期に通常発症する行動および情緒の障害，特定不能の精神障害

b. 認定基準の対象となる精神障害の発病前おおむね6か月の間に，業務による強い心理的負荷が認められること

以下の手順に従い，発症からおおむね6か月以内[36]に，心理的負荷が「強」といえる出来事があったか否かを判断します。

i 特別な出来事がある場合

下記のような特別に強い心理的負荷をもたらす出来事が認められた場合には，その心理的負荷は「強」となります。

特別な出来事の類型	心理的負荷の総合評価を「強」とするもの
心理的負荷が極度のもの	・生死にかかわる，極度の苦痛を伴う，又は永久労働不能となる後遺障害を残す業務上の病気やケガをした（業務上の傷病により6か月を超えて療養中に症状が急変し極度の苦痛を伴った場合を含む） …項目1関連 ・業務に関連し，他人を死亡させ，又は生死にかかわる重大なケガを負わせた（故意によるものを除く） …項目3関連 ・強姦や，本人の意思を抑圧して行われたわいせつ行為などのセクシュアルハラスメントを受けた …項目36関連 ・その他，上記に準ずる程度の心理的負荷が極度と認められるもの

36 ただし，いじめやセクシュアルハラスメントのように，出来事が繰り返されるものについては，発病の6か月よりも前にそれが始まり，発病まで継続していたときは，それが始まった時点からの心理的負荷を評価します。

極度の長時間労働	・発病直前の1か月におおむね160時間を超えるような，又はこれに満たない期間にこれと同程度の（例えば3週間におおむね120時間以上の）時間外労働を行った（休憩時間は少ないが手待時間が多い場合等，労働密度が特に低い場合を除く） …項目16関連

　ハラスメント関係でいえば，強制性交等罪に該当する行為を行った場合が有り得るということになります。

ii　特別な出来事がない場合

　この場合には，「精神障害の労災認定」記載の図表に沿って，各出来事の強度を判断します。ハラスメントに関係する部分を抜粋すると126頁以下の図表のとおりです。

　なお，複数の出来事が関連して生じた場合には，その全体を1つの出来事として評価します。逆に，関連しない出来事が複数生じた場合には，出来事の数，それぞれの出来事の内容，時間的な近接の程度を考慮して，以下の図のとおり，全体の評価をします。

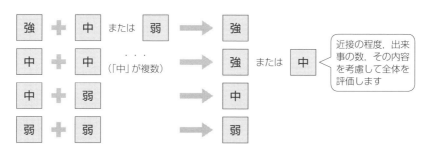

　基本的には1つのハラスメント事案であれば1つの出来事として評価するわけですが，長時間労働が別途あったという場合は上記複数考慮が必要になるため，注意が必要です。具体的には

　①　ハラスメント自体が「中」でも，当該ハラスメント後に恒常的な
　　　長時間労働（月100時間程度となる時間外労働）が認められる場合

には，総合評価は「強」。

② 　ハラスメント自体が「中」でも，出来事の前に恒常的な長時間労働（月100時間程度となる時間外労働）が認められ，出来事後すぐに（出来事後おおむね10日以内に）発病に至っている場合，又は，出来事後すぐに発病には至っていないが事後対応に多大な労力を費しその後発病した場合，総合評価は「強」。

③ 　ハラスメント自体が「弱」でも，出来事の前及び後にそれぞれ恒常的な長時間労働（月100時間程度となる時間外労働）が認められる場合には，総合評価は「強」。

とされます。

また，1か月に80時間以上の時間外労働を行うこと，2週間（12日）以上の連続勤務を行うことは，それぞれ心理的負荷「中」に分類される出来事です。したがって，この場合も，ハラスメント自体は「中」でも，上記長時間労働との合算によって心理的負荷は全体として「強」とされることがあり得るため，注意が必要です。

なお，「精神障害の労災認定」では以下の事項のうち著しいものは総合的な強度評価にて考慮するとされているところ，これらは特にパワハラ事案では並行して発生しうると想定される[37]ことから留意すべきといえます。

① 　仕事の裁量性の欠如（他律性，強制性の存在）。具体的には，仕事が孤独で単調となった，自分で仕事の順番・やり方を決めることができなくなった，自分の技能や知識を仕事で使うことが要求されなくなった等。

② 　職場環境の悪化。具体的には，騒音，照明，温度（暑熱・寒冷），湿度（多湿），換気，臭気の悪化等

③ 　職場の支援・協力等（問題への対処等を含む）の欠如。具体的には，

---

[37] 平成27年12月25日のいわゆる電通事案も，女性新入社員の過労自殺の直接の原因は長時間労働と整理されているものの，被害者代理人によれば，徹夜明けに上司に心無い一言（「髪ボサボサ，目が充血したまま出勤するな」）を言われたこと等も大きな原因であるとのことです。したがって，同事案も，パワハラと長時間労働問題の複合といえます。

仕事のやり方の見直し改善，応援体制の確立，責任の分散等，支援・協力がなされていない等。

④　上記以外の状況であって，出来事に伴って発生したと認められるもの（他の出来事と評価できるものを除く。）

なお，特に「セクシュアルハラスメント」についていえば，刑法上の犯罪行為レベルだとiの特別な出来事に該当し，不法行為レベルだと強度「中」又は「強」，行政法上のレベルだと「弱」又は「中」，企業秩序違反レベルだと「弱」に該当する傾向がみられます。

また，行為自体は同内容であっても，その継続性や，企業がどれだけ対応を取ったかによって「強」と「中」とに分かれていることも注目されます。

出来事の類型	平均的な心理的負荷の強度		心理的負荷の総合評価の視点	心理的負荷の強度を「弱」「中」「強」と判断する具体例		
	具体的出来事	心理的負荷の強度 I II III		弱	中	強
29 ⑤対人関係	(ひどい)嫌がらせ，いじめ，又は暴行を受けた	★	・嫌がらせ，いじめ，暴行の内容，程度等 ・その継続する状況 (注) 上司から業務指導の範囲内の叱責等を受けた場合，上司と業務をめぐる方針等において対立が生じた場合等は，項目30等で評価する。	【解説】部下に対する上司の言動が業務指導の範囲を逸脱し，又は同僚等による多人数が結託しての言動が，それぞれ右の程度に至らない場合について，その内容，程度，経過と業務指導からの逸脱の程度により「弱」又は「中」と評価 【「弱」になる例】 ・複数の同僚等の発言により不快感を覚えた（客観的には嫌がらせ，いじめとはいえないものも含む）	【「中」になる例】 ・上司の叱責の過程で業務指導の範囲を逸脱した発言があったが，これが継続していない ・同僚等が結託して嫌がらせを行ったが，これが継続していない	〇ひどい嫌がらせ，いじめ，又は暴行を受けた 【「強」である例】 ・部下に対する上司の言動が，業務指導の範囲を逸脱しており，その中に人格や人間性を否定するような言動が含まれ，これが執拗に行われた ・同僚等による多人数が結託しての人格や人間性を否定するような言動が執拗に行われた ・治療を要する程度の暴行を受けた
30	上司とのトラブルがあった	★	・トラブルの内容，程度等 ・その後の業務への支障等	【「弱」になる例】 ・上司から，業務指導の範囲内である指導・叱責を受けた ・業務をめぐる方針等において，上司との考え方の相違が生じた（客観的にはトラブルとはいえないものも含む）	〇上司とのトラブルがあった 【「中」である例】 ・上司から，業務指導の範囲内である強い指導・叱責を受けた ・業務をめぐる方針等において，周囲からも客観的に認識されるような対立が上司との間に生じた	【「強」になる例】 ・業務をめぐる方針等において，周囲からも客観的に認識されるような大きな対立が上司との間に生じ，その後の業務に大きな支障を来した

出来事の類型	平均的な心理的負荷の強度				心理的負荷の総合評価の視点	心理的負荷の強度を「弱」「中」「強」と判断する具体例		
	具体的出来事	心理的負荷の強度				弱	中	強
		I	II	III				
31	同僚とのトラブルがあった		★		・トラブルの内容，程度，同僚との職務上の関係等 ・その後の業務への支障等	【「弱」になる例】 ・業務をめぐる方針等において，同僚との考え方の相違が生じた（客観的にはトラブルとはいえないものも含む）	○同僚とのトラブルがあった 【「中」である例】 ・業務をめぐる方針等において，周囲からも客観的に認識されるような対立が同僚との間に生じた	【「強」になる例】 ・業務をめぐる方針等において，周囲からも客観的に認識されるような大きな対立が多数の同僚との間に生じ，その後の業務に大きな支障を来した
32	部下とのトラブルがあった		★		・トラブルの内容，程度等 ・その後の業務への支障等	【「弱」になる例】 ・業務をめぐる方針等において，部下との考え方の相違が生じた（客観的にはトラブルとはいえないものも含む）	○部下とのトラブルがあった 【「中」である例】 ・業務をめぐる方針等において，周囲からも客観的に認識されるような対立が部下との間に生じた	【「強」になる例】 ・業務をめぐる方針等において，周囲からも客観的に認識されるような大きな対立が多数の部下との間に生じ，その後の業務に大きな支障を来した
33	理解してくれていた人の異動があった	★				○理解してくれていた人の異動があった		
34	上司が替わった	★			(注)上司が替わったことにより，当該上司との関係に問題が生じた場合には，項目30で評価する。	○上司が替わった		
35	同僚等の昇進・昇格があり，昇進で先を越された	★				○同僚等の昇進・昇格があり，昇進で先を越された		

出来事の類型	平均的な心理的負荷の強度		心理的負荷の総合評価の視点	心理的負荷の強度を「弱」「中」「強」と判断する具体例		
	具体的出来事	心理的負荷の強度 I II III		弱	中	強
36 ⑥セクシュアルハラスメント	セクシュアルハラスメントを受けた	★	● セクシュアルハラスメントの内容，程度等 ● その継続する状況 ● 会社の対応の有無及び内容，改善の状況，職場の人間関係等	【「弱」になる例】 ●「○○ちゃん」等のセクシュアルハラスメントに当たる発言をされた場合 ● 職場内に水着姿の女性のポスター等を掲示された場合	○セクシュアルハラスメントを受けた 【「中」である例】 ● 胸や腰等への身体接触を含むセクシュアルハラスメントであっても，行為が継続しておらず，会社が適切かつ迅速に対応し発病前に解決した場合 ● 身体接触のない性的な発言のみのセクシュアルハラスメントであって，発言が継続していない場合 ● 身体接触のない性的な発言のみのセクシュアルハラスメントであって，複数回行われたものの，会社が適切かつ迅速に対応し発病前にそれが終了した場合	【「強」になる例】 ● 胸や腰等への身体接触を含むセクシュアルハラスメントであって，継続して行われた場合 ● 胸や腰等への身体接触を含むセクシュアルハラスメントであって，行為は継続していないが，会社に相談しても適切な対応がなく，改善されなかった又は会社への相談等の後に職場の人間関係が悪化した場合 ● 身体接触のない性的な発言のみのセクシュアルハラスメントであって，発言の中に人格を否定するようなものを含み，かつ継続してなされた場合 ● 身体接触のない性的な発言のみのセクシュアルハラスメントであって，性的な発言が継続してなされ，かつ会社がセクシュアルハラスメントがあると把握していても適切な対応がなく，改善がなされなかった場合

c.　業務以外の心理的負荷や個体側要因により発病したとは認められないこと

「業務以外の心理的負荷評価表」を用い，身内の不幸や家庭内・友人関係でのトラブル等の心理的負荷の強度を評価し，その強度が強い場合には，それが発病の原因でないかを慎重に検討します。

また，精神障害の既往歴やアルコール依存状況などの個体側要因によって発病している可能性もあるため，これについても慎重に検討します。

(3)　認定状況

以上の労災認定基準に基づき，個々の事案に対する労災認定が行われているわけですが，毎年厚生労働省が発表している精神障害労災補償状況によれば，平成29年度・平成30年度の具体的な申請内容ごとの申請件数，認定件数は次頁の図表のとおりです（次頁の図表の決定件数は不支給・支給決定ともに含めた件数です）。

ハラスメント関係でいえば，「具体的な出来事」の「上司とのトラブルがあった」という項目については，決定件数に対する支給決定件数が非常に少ないことから，業務指導の範囲内の指導・叱責についても労災申請が行われていることが窺われ，会社としても慎重に事実認定を行う必要があるとわかります。

精神障害の出来事別決定及び支給決定件数一覧

出来事の類型	具体的な出来事　注１	平成29年度				平成30年度			
		決定件数	うち自殺	うち支給決定件数	うち自殺	決定件数	うち自殺	うち支給決定件数	うち自殺
1 事故や災害の体験	（重度の）病気やケガをした	86 (39)	4 (0)	26 (5)	2 (0)	86 (25)	6 (1)	36 (5)	4 (0)
	悲惨な事故や災害の体験，目撃をした	99 (51)	1 (0)	63 (32)	1 (0)	92 (55)	0 (0)	56 (32)	0 (0)
2 仕事の失敗，過重な責任の発生等	業務に関連し，重大な人身事故，重大事故を起こした	10 (2)	0 (0)	6 (1)	0 (0)	5 (1)	0 (0)	2 (1)	0 (0)
	会社の経営に影響するなどの重大な仕事上のミスをした	24 (4)	11 (0)	8 (1)	6 (0)	26 (5)	7 (1)	4 (0)	1 (0)
	会社で起きた事故，事件について，責任を問われた	5 (2)	0 (0)	1 (0)	0 (0)	12 (4)	2 (0)	4 (3)	0 (0)
	自分の関係する仕事で多額の損失等が生じた	2 (0)	1 (0)	0 (0)	0 (0)	1 (1)	0 (0)	1 (1)	0 (0)
	業務に関連し，違法行為を強要された	12 (7)	0 (0)	3 (1)	0 (0)	9 (3)	0 (0)	2 (0)	0 (0)
	達成困難なノルマが課された	13 (4)	4 (0)	1 (0)	1 (0)	14 (5)	1 (0)	4 (0)	1 (0)
	ノルマが達成できなかった	10 (4)	2 (1)	2 (1)	0 (0)	9 (3)	3 (1)	1 (0)	1 (0)
	新規事業の担当になった，会社の建て直しの担当になった	8 (3)	3 (0)	5 (2)	3 (0)	12 (2)	4 (0)	3 (0)	2 (0)
	顧客や取引先から無理な注文を受けた	6 (1)	3 (1)	2 (1)	2 (1)	13 (4)	2 (0)	2 (1)	1 (0)
	顧客や取引先からクレームを受けた	34 (15)	4 (1)	4 (3)	1 (0)	21 (12)	3 (1)	5 (3)	1 (1)
	大きな説明会や公式の場での発表を強いられた	0 (0)	0 (0)	0 (0)	0 (0)	2 (1)	0 (0)	0 (0)	0 (0)
	上司が不在になることにより，その代行を任された	1 (0)	1 (0)	0 (0)	0 (0)	2 (1)	0 (0)	1 (0)	0 (0)
3 仕事の量・質	仕事内容・仕事量の（大きな）変化を生じさせる出来事があった	185 (54)	46 (2)	64 (13)	21 (1)	181 (53)	35 (4)	69 (11)	14 (0)
	1か月に80時間以上の時間外労働を行った	61 (5)	15 (0)	41 (4)	10 (0)	68 (8)	21 (1)	45 (6)	14 (1)
	2週間以上にわたって連続勤務を行った	71 (8)	22 (0)	48 (6)	11 (0)	43 (7)	15 (1)	25 (5)	9 (1)
	勤務形態に変化があった	3 (2)	0 (0)	1 (0)	0 (0)	8 (3)	3 (0)	0 (0)	0 (0)
	仕事のペース，活動の変化があった	2 (1)	1 (0)	0 (0)	0 (0)	3 (2)	0 (0)	1 (1)	0 (0)
4 役割・地位の変化等	退職を強要された	34 (20)	2 (0)	5 (2)	1 (0)	19 (7)	0 (0)	3 (2)	0 (0)
	配置転換があった	67 (23)	12 (0)	11 (1)	5 (0)	54 (22)	12 (2)	8 (4)	2 (1)

出来事の類型	具体的な出来事 注1	平成29年度				平成30年度			
		決定件数	うち自殺	うち支給決定件数	うち自殺	決定件数	うち自殺	うち支給決定件数	うち自殺
	転勤をした	11 (3)	5 (0)	3 (0)	3 (0)	21 (2)	10 (0)	7 (0)	4 (0)
	複数名で担当していた業務を1人で担当するようになった	5 (2)	0 (0)	0 (0)	0 (0)	9 (3)	1 (0)	2 (0)	0 (0)
	非正規社員であるとの理由等により，仕事上の差別,不利益取扱いを受けた	3 (1)	0 (0)	0 (0)	0 (0)	7 (3)	3 (1)	1 (0)	1 (0)
	自分の昇格・昇進があった	5 (1)	1 (0)	1 (0)	0 (0)	8 (1)	5 (0)	2 (0)	1 (0)
	部下が減った	2 (0)	1 (0)	1 (0)	0 (0)	2 (0)	1 (0)	1 (0)	0 (0)
	早期退職制度の対象となった	0 (0)	0 (0)	0 (0)	0 (0)	0 (0)	0 (0)	0 (0)	0 (0)
	非正規社員である自分の契約満了が迫った	0 (0)	0 (0)	0 (0)	0 (0)	3 (1)	0 (0)	0 (0)	0 (0)
5 対人関係	（ひどい）嫌がらせ，いじめ，又は暴行を受けた	186 (65)	17 (1)	88 (25)	12 (1)	178 (76)	18 (1)	69 (29)	7 (0)
	上司とのトラブルがあった	320 (140)	20 (3)	22 (8)	4 (0)	255 (116)	30 (3)	18 (4)	7 (0)
	同僚とのトラブルがあった	67 (38)	2 (1)	1 (0)	0 (0)	69 (39)	2 (1)	2 (2)	0 (0)
	部下とのトラブルがあった	2 (0)	1 (0)	0 (0)	0 (0)	18 (10)	2 (0)	3 (1)	2 (0)
	理解してくれていた人の異動があった	3 (2)	0 (0)	1 (1)	0 (0)	5 (3)	1 (1)	0 (0)	0 (0)
	上司が替わった	2 (0)	1 (0)	0 (0)	0 (0)	2 (2)	0 (0)	0 (0)	0 (0)
	同僚等の昇進・昇格があり，昇進で先を越された	3 (0)	0 (0)	0 (0)	0 (0)	1 (1)	0 (0)	0 (0)	0 (0)
6 セクシュアルハラスメント	セクシュアルハラスメントを受けた	64 (61)	0 (0)	35 (35)	0 (0)	54 (51)	0 (0)	33 (33)	0 (0)
7 特別な出来事 注2		63 (20)	14 (1)	63 (20)	14 (1)	55 (18)	4 (0)	55 (18)	4 (0)
8 その他 注3		76 (27)	14 (4)	0 (0)	0 (0)	94 (31)	8 (1)	0 (0)	0 (0)
合計		1545 (605)	208 (14)	506 (160)	98 (4)	1461 (582)	199 (21)	465 (163)	76 (4)

注 1 「具体的な出来事」は，平成23年12月26日付け基発1226第1号「心理的負荷による精神障害の認定基準について」別表1による。
　 2 「特別な出来事」は，心理的負荷が極度のもの等の件数である。
　 3 「その他」は，評価の対象となる出来事が認められなかったもの等の件数である。
　 4 自殺は，未遂を含む件数である。
　 5 （ ）内は女性の件数で，内数である。

(4)　法改正を受けた議論

　令和元年改正で労働施策総合推進法としてパワハラ防止が法制化されたことを受けて,「精神障害の労災認定の基準に関する専門検討会」では,労災認定基準における各出来事の表についても「パワーハラスメント」という出来事を加える方向で議論・検討がなされています。

　この議論・検討において問題となっていることの1つとして,もともとパワハラ関連については「(ひどい) 嫌がらせ, いじめ, 又は暴行を受けた」「上司とのトラブルがあった」「同僚とのトラブルがあった」「部下とのトラブルがあった」がすでに出来事として挙げられていたところ, これと新たに追加する「パワーハラスメント」の関係をどうするか, といったことがあります。

　令和2年3月3日時点では整理の方向性が示されるのみでしたが, その概要をまとめると以下のとおりです。

　ア　まず, 労働施策総合推進法にいう「パワーハラスメント」に該当するには, 前述のとおり,「優越的な関係を背景とした」という要件と,「業務上必要かつ相当な範囲を超えた」という要件とをともに満たしている必要があります。

　　そうすると, たとえば「同僚」「部下」とのトラブルについては,「同僚」「部下」が集団であるとか,「同僚」「部下」が業務上必要な知識・豊富な経験を有しているといった場合でない限り, 基本的に「優越的な関係」は認められませんから,「パワーハラスメント」には該当しないことになります。逆にいえば, このような「優越的な関係」の認められないものが,「同僚」「部下」とのトラブルと整理されることになります。

　　そして, 上記のような「優越的な関係」が認められる例外ケースは, 従来であれば「(ひどい) 嫌がらせ, いじめ, 又は暴行を受けた」に属すると整理されていましたが, これが新たに「パワーハラスメント」に該当することになります。

　イ　一方,「上司」については基本的に「優越的な関係」が認められるので, さらに「業務上必要かつ相当な範囲を超えた」ようなケースが「パワーハラスメント」であり, 逆に「業務上必要かつ相当な範囲内」のものが「上

司とのトラブル」と整理されることになります。

　従来の出来事の表でも，「上司とのトラブル」の例として「業務指導の範囲内である」強い指導・叱責が挙げられていましたが，これも「業務上必要かつ相当な範囲内」の強い指導・叱責を指しているということになります。

　そして，「業務指導の範囲を逸脱した」場合には，従来は「ひどい嫌がらせ，いじめ，又は暴行を受けた」に属するものと整理されていましたが，これが新たに「パワーハラスメント」の出来事として評価されることになります。

ウ　ところで，従来の出来事の平均的な心理的負荷の強度をみると，「（ひどい）嫌がらせ，いじめ，又は暴行を受けた」場合がⅢで，他はⅡに留まります。そして，今回「パワーハラスメント」に整理されることとなった類型は，いずれも従来なら「（ひどい）嫌がらせ，いじめ，又は暴行を受けた」に分類されていたわけですから，「パワーハラスメント」の平均的な心理的負荷強度もⅢにするのが自然ということになります。

エ　なお，これら従来から挙げられていた類型以外の「パワーハラスメント」は，今後過去の労災支給決定事例を参考に，具体例が記載される予定です。

　今後さらに議論が進展することを前提としつつ，当職としてはその整理において故意・過失の観点を持ち込むべきではないかと考えています。

　すなわち，「（ひどい）嫌がらせ，いじめ，又は暴行を受けた」事例は故意行為であって，ゆえに平均的心理的負荷の強度もⅢであったと考えています。

　一方，「パワーハラスメント」は故意か否かを要件としておらず，少なくとも理論上は過失行為も含んでいます。

　そうすると，たとえば，上司の「業務上必要かつ相当な範囲を逸脱した」暴言は，それが「範囲を逸脱」しているという認識はともかく，当該発言を行うという認識はある＝故意行為である以上，故意行為であるという特徴を捉え，「（ひどい）嫌がらせ，いじめ，又は暴行を受けた」と整理すべきではないかと考えます。

　もっとも，実務上は，いずれに分類されようとも平均的な心理的負荷強度はどちらもⅢで共通ですし，最終的にはその内容を詳細にみて心理的負荷の強度が判定されるという点も同じですから，結論は変わるものではないと思われます。また，通常の過失行為は「優越的な関係を背景」にして行われているとは言い難く，パワハラに該当する過失行為は少ないように思います。人間関係を見誤った言動による事例であれば過失行為といえなくもないですが，仮にこれを過失行為とすると，上司の「業務上必要かつ相当な範囲を逸脱した」暴言も必ずしも故意行為に限定されない（人間関係を見誤り相当範囲を逸脱してしまう場合があり得る）ことになり，これを「（ひどい）嫌がらせ，いじめ，又は暴行を受けた」に分類する理由もなくなります[38]。結局，このあたりの分類論に拘泥することに，あまり意味はないのかもしれません。

　なお，その後令和2年4月20日付で公開された同検討会資料では各出来事の表が更新されています。それによれば，他のハラスメント同様，暴行・暴言等の結果の重大性（暴行なら怪我の程度，暴言なら発言内容等），反復継続性・回数，会社対応のあり方等から強弱が判断されるようです。

2　労災認定基準を踏まえた実務対応

(1)　ハラスメントのレベルに応じた対応

　1(2)b.で前述した122頁及び126頁の図表をみると，単体で「強」として業務起因性が肯定されるのは，不法行為や刑事罰に該当するレベルのパワハラ，セクハラであって，労働行政や企業秩序のレベルのハラスメント行為は単体では業務起因性が肯定されにくいことがわかります。

　言い換えれば，レピュテーションリスクという観点からいえば，不法行

38　なお，行為者の側で認識を誤ったことが原因であるとしても，被害者の側としては受ける心理的負荷が変わるものではないともいえ，その意味では過失行為も心理的負荷の強度はⅢとなり得ます。

為や刑事罰のレベルと，労働行政や企業秩序レベルとでは，大きくその危険性が異なるということです。

　したがって，労働行政や企業秩序レベルに関しては，行政指導や労働生産性の低下の防止といった観点から対策を講じるべきであり，ゆえに教育が主な対策となります。そして，行政対応については，法令の要求をクリアした本書第2章のようなハラスメント規程を用意して，規程に従えば足りるという状況を維持することになります。

　また，このレベルについては精神障害の発症に至ることは少ないわけですから，仮に民事損害賠償を求められたとしても，損害の程度はそこまで大きく評価されないと考えられます（もちろん，そもそも不法行為レベルではないわけですから，損害賠償が認容されることも稀と思われます）。

　ただし，労働行政や企業秩序のレベルのハラスメント行為であっても，長時間労働等の過重労働，あるいは労働行政上の防止措置義務対象であるにもかかわらず会社が何も防止措置をとらなかったといった別の事情があれば，それらと複合して総合的には心理的負荷強度「強」となることもあります。この点には注意が必要です。

　他方，不法行為や刑事罰のレベル（特にセクハラ関連）については，前述のとおり，これらを行う者に対して教育を行ってもその防止には限界があり，かつ上記のとおりレピュテーションリスクも大きいわけですから，基本的には契約解消も含めた厳しい処分によって対応すべきと考えられます。

⑵　ハラスメント被害の訴えへの具体的対応論

　上司からハラスメントを受けたと主張する労働者が，仮に適応障害等の精神障害の診断書を持ってきた場合（ないし会社がカウンセリングを行う等，一定の精神障害が疑われる場合）の対応論としては，以下の点に留意する必要があります。

① 会社が調査した結果，ハラスメントが認定されないとき

　ハラスメントを認定できない場合，言い換えれば被害を受けたと主張する労働者側に問題・原因があるようなケースも当然あります。

　このような場合，もし当該労働者が実際には精神障害を有しておらず，単に上司に嫌がらせをする等の目的でハラスメント申告を行った場合は，上司の処分はもちろん，異動の必要も全くありません。むしろ当該労働者の処分論もあり得るところです。

　しかし，そうではなく，ハラスメントは認定できないものの，当該労働者が実際に精神障害を有している（ないしその兆候がみられる）場合には，認定できないからといって全く異動を行わないのは悪手であるように思います。

　この点において参考となるのが，令和元年11月19日に報道された，大手自動車メーカーにおける自殺案件です。遺族側代理人弁護士によれば，本件では，上司による言動（地方大学卒業後東京大学大学院を卒業した被害者に対して「学歴ロンダリングだからこんなこともわからないんや」と言う，日常的に「バカ，アホ」と言う，「なめてんのか，やる気ないの」「こんな説明ができないなら死んだ方がいい」などと叱責する，個室に呼び出して「俺の発言を録音していないだろうな。携帯電話を出せ」などと詰め寄る等）により精神障害を発症した社員が，同疾患による休職から復帰した際，当該上司と別部署に異動になったとはいえ同じフロアになってしまったことから，最終的に自殺してしまいました。会社は当初，「死亡は上司の言動によるものとまでは認められず，会社として責任を負うものではない」と表明していましたが，労基署は労災と認定しました。

　上記事案を踏まえれば，仮に会社調査の結果としてハラスメントと認定できる事実関係ではないという結論になっても，被害を主張する労働者からすれば当該上司の言動・存在がストレス原因であって，しかも実際に精神障害を発症しているわけです。にもかかわらず顔が見える状態にして常に当該上司のプレッシャーに当該労働者を晒せば，当該労働者の精神的ス

トレスは継続し，結果として精神障害の悪化，ひいては自殺という最悪の結果にもつながり得ます。そう考えれば，少なくとも異動を簡単に行える大企業としては，パワーハラスメントと認定できない場合も当該労働者を異動させることにより，上司との距離を離した方がよいといえます[39]。

　以上のとおり，被害を主張する労働者が実際に精神障害を発症しているとみられ，その原因が特定上司の言動であると主張する場合には，ハラスメントの存否を問わず，当該労働者と当該上司はフロアを分けるないし別事業場に異動させる等の対応をとるべきと考えます。

②　会社が調査した結果，ハラスメントが認定されたとき

　この場合，上司の処分はもちろん，フロアを変更する等して被害労働者と上司が顔を合わせなくて済むよう上司の方を動かすという対応になるのは，異論のないところです。

　この際，労働者側から「ハラスメントで精神障害を発症したので，労災手続をお願いします」と言ってくることがあります。すなわち，労災保険法施行規則上，労働者等が労災保険給付請求書を提出するに際しては，同請求書の一部内容につき，事業主による証明が必要である（たとえば12条2項等）ため，この証明を行うよう求められるということです。

　この際，仮に会社が「労働者が主張するような業務起因性（本事例でいえばパワハラとうつ病に因果関係があること）を認めることはできない」として労働者の意見を正面から否定すると，労働者が労基署の前に弁護士や合同労組等に駆け込んでしまう可能性が高まります。これを避けることを最も重視しなければなりません。そのために，会社は当該労働者の相談相手となるように努めるべきです。

　具体的には，まず，労働者には労災保険給付の個人申請をしてもらうこ

39　なお，同社は報道に対して「労働基準監督署の決定を真摯に受け止め，労働災害の防止と社員の健康管理に努めていきたい」とのコメントを出していますが，本件に対する同社の協力姿勢は適切であると当職も考えます。

138　第3章　ハラスメントと業務災害

ととなります。必要があれば申請手続を紹介して推奨し，労基署にも同行すべきです。

　次に，請求書については，証明事項のうち原因・結果・因果関係については「…証明します」という部分に取消線を引いたうえで「別紙意見書のとおり」と記入し，別紙意見書では，業務起因性については会社では判断できず証明もできないこと，このため労基署に判断を委ね，労基署の調査には協力することを記載します40。これによって，当該問題につき労使が対立するものでなく，労基署が預かっている状態とします。そして，以上を前提としつつ，上記以外の証明事項については証明し，事業主としての署名押印も行い，申請に協力します。以上の対応及びその理由については，労働者本人にも丁寧に説明すべきです。

　そして，上記証明後，会社としては，労基署の調査に対応できるよう社内調査を進めて事前に事態を把握しておく必要があります。

　たとえば，実際に労働者が主張するようなハラスメント言動の存在が確認でき，さらに当該労働者につき長時間労働が認められるような場合には，それらと発症との因果関係が認められる可能性は高いといえます。このような場合には，その損害賠償額等をあらかじめ検討して準備しておき，労基署が実際に業務災害認定した際にはすぐに金銭的和解に進めて終結させ，弁護士や合同労組が介入してこないようにすべきです。また，弁護士や合同労組がすでに支援している場合は，この交渉を進めることを前提に，記者会見やマスコミ等による発表のリスクを低減させる努力を行うことになります。

(3)　遺族対応における注意点

　過労自殺となってしまった場合，当該事案に関する交渉の相手方は専ら遺族となります。過労死に比べて，過労自殺では，若年の労働者の割合も

40　これらの具体的記載内容に関してはサンプル（請求書［巻末資料6］，別紙意見書［巻末資料7］）を用意しましたので，適宜参考にしてください。

高く配偶者のいないケースも多々存在します。配偶者がいない場合には，当該労働者の両親が交渉の相手方となります。

　死亡した労働者に配偶者と子供がいる場合，交渉の相手は相続人の代表である配偶者になることが多く，こうした場合には，配偶者が将来の自分の生活，そしてそれ以上に子供の生活等を考慮するため，金銭解決が可能なケースも多く存在します。

　他方，死亡した労働者が20代ないし30代初めで，配偶者や子供がおらず相続人が両親の場合には，いわゆる「怨嗟の世界」になりやすく，金銭解決が難航する事案も多く存在します。

　以上の傾向を前提に，従業員が自殺した場合の遺族の反応は，概ね3通りのパターンに分けられます。

　第一に，残された遺族の就職，結婚，日常生活など遺族の今後の当該地域での暮らしを念頭に，自殺した事実を公にすることを望まず，また特に会社に責任を追及しない場合です。傾向としては，地方でこのようなケースが多いと思われます。死亡原因についても，脳・心臓疾患等とされることが多くみられ，中には交通事故死だったことにされることもあるようです。

　第二に，残された遺族の生活や，故人が死亡に至った事実関係を知りたいという思いや，家庭生活の問題によるものではないと信じたいという気持ちから，労災申請については行うが，会社に対しての民事責任までは追及しない場合です。

　第三に，怨嗟から労災申請や民事責任の追及や記者会見等を行う場合です。若年の子を亡くした両親が行うケースが多いと思われます。

　どの類型に属するかによって，会社としてもとるべき対応が変化しますので，この点は的確に判断する必要があります。

第4章
当職のハラスメント研修の内容

序　当職の時代の職場のハラスメントと働き方

　当職は，ハラスメントの場合，各本質論として，セクハラ・マタハラ等・パワハラには，各々にその発生原因があり，各ハラスメントへの対応策は，各本質論に従ったものが必要と考えています。そして，そこに共通するものは，現在の日本においては，ハラスメントを行ってはならないという教育研修です。日本においては，女性差別，村共同社会，そして上司が部下に対して愛のムチ，叱咤激励という名のもとに厳しい指導をするという企業風土があり，そのため，個人の人格の尊重という時代の中での教育徹底が必要不可欠だと思われます。

　したがって，各企業もその研修には色々な工夫をされていると思いますが，本書では，皆さまの今後の研修の一助となるよう，あえて当職の研修・セミナーの内容等を記載させていただきます。その内容が企業の研修に相応するものであれば，これをご利用頂ければと思います。

　その意味で，まず当職が研修の際に用意した進行表，進行表とともに利用した資料，そしてそれらを使いながら当職がポイントとして説明した内容をまとめたものを，以下記載させていただきます。

　その冒頭として，当職の場合，昭和，平成，そして令和と各時代の働き方を見聞してきましたので，次のような仕事と私生活の関係（ワーク・ライフバランス）とハラスメントに関する時代の移り変わりについて説明を入れております。

❖❖

　当職の時代の働き方については，多くの人が，月150時間〜200時間の時間外労働をしたと思います。加えて，時間外労働命令がなされれば当然のごとくデートより優先すべきとされ，子供の運動会に行くことを諦めて休日労働をし，年次有給休暇を取得しないことが美徳とされていました。現在であれば，若者は，交際相手に「仕事と私，どっちが大事なの。」と迫られたり，子供の運動会に出ず，仕事に行くのであれば，極端な話であれば，離婚原因ともなりかねません。休暇は，家族との旅行等の重要な憩いの時間です。

　セクハラについては，平成11年4月1日に法律が施行されました。当職はセクシュアルハラスメンターです。当職と同世代の方が，セクハラをしたことがないと言ったら，嘘つきと言って殴ります。しかし，当職は着衣の上から臀部を触ったりといったようなことはしていません。それは民法上の不法行為にあたるような行為で，社会的に著しい不相当な行為です。会社の宴会で女性従業員に抱きついたり，キスを迫ったりといった，強制わいせつ行為に該当し得る行為も，決して行っていません。このような人間性を問われるような行為を，セクハラ定義の代表と考えるべきではありません。本来的なセクハラ問題とは，職場における女性差別です。「終身雇用・年功序列社会・企業別労働組合」で男性正社員が中心でしたが，1990年代をピークに20代の人口減少が始まり，若い労働力である20代，30代が今後減少し，労働力を男性だけでは賄えなくなるとの見込みが広がりました。日本に残された労働資源は若い女性にしかなく，若い女性に職場に出てきてもらって働いてもらう必要があり，そのためには男性中心の就業環境を，男女平等の就業環境に改めることが求められました（男女平等の就業環境論）。均等法は，平成18年改正（施行日は平成19年4月1日）により，被害者に男性も含まれるとして，性差別法に変わりますが，今でも男性中心の就業環境であり，実務上，セクハラは女性差別とご理解ください。

　マタハラ等について，妊娠・出産は，女性を対象としています。そして，育

児・介護の制度利用を阻害することに関しては，男女が対象となります。しかし，中心は間違いなく女性です。当職の時代は，女性は結婚したら退職しました。加えて，職場結婚して，妊娠しても妻を会社に出勤させていたら，夫は，上司に呼ばれて，「何を考えてるんだ。」と言われました。均等法の平成11年改正法（女性差別是正法）論議の標語（「若い女性が安心して子供を産み，育て，職場に出て，持っている職務遂行能力を十分に発揮できる職場環境作りをしない限り，日本に21世紀の活力は雇用社会にはない。」）の前段が，平成29年１月１日施行のマタハラ等防止措置義務につながることとなります。

　パワハラについて，たとえば，上司である課長が，部下に対して頭にきて，頭を叩いてしまったという問題が起きても，その部下の所へ別の課長が来て，「お前が憎くて殴ったんじゃない。お前のことを思ってやったんだ。でも，殴るのは悪いよな。あの課長も後悔しているし，お前もちゃんとやれ。今回のことはこれで終わり。」と言えば，これで終わったような時代でした。つまり，殴る，名誉毀損相当の暴言といったレベルの行為でも，「愛のムチ」，「叱咤激励」という名のもとにある程度許容されていました。昭和の終身雇用社会では，会社は一種のムラ共同社会でした。社長は親父で，管理職は兄貴で，一般職が息子という形で，親父は息子に，「兄貴の言うことを聞いて，いい子にしろ。」と言います。管理職の人たちは，「俺は俺のやり方で出世したんだ。したがって，俺のやり方は間違ってないはずだ。お前たちも，俺のやり方について来い。決して悪いようにしないから。」としました。そして，部下たちを将棋の駒のごとく上手く動かして，全体の成果につなげるという形で仕事を行い，自分の性格ややり方を主体に動いていたはずです。当職の時代は，それを我慢して頑張ってこそ，出世できると考えられていました。

　このように，当職は，ハラスメントの世界で生きてきました。

　しかし，今の時代の働き方改革（暮らし方改革）は，個人の働き方を尊重し，彼らが持っている意欲を発揮できるようにとしています。したがって，今日において求められるのは，約束したことをきちんと守るという話になります。そ

して，その中で一番大事なのは，人格を尊重するということになります。さらに，求められている部下管理は，仕事（オン）と個人の私生活（オフ）をきちっと切り分け，オフを侵害しないことになります（ワーク・ライフバランス）。ここで，一番多く出てくる問題は，「飲みニケーション」です。家庭を持っている場合は，配偶者や子供との関係で帰らざるを得ない人もいること等を考慮する必要があります。そして，オンの世界でも，そういった個人の性格や行動様式に配慮する必要があります。また，部下に対して自らの性格を発信することで，自らの性格を部下において把握できるようにし，それによりコミュニケーション上，部下が負う心理負荷を軽減することも重要です。このように，コミュニケーションをとって，自分の性格を部下に発信するとともに，部下の性格や行動様式も頭に入れて，部下と接するというイメージが間違いなく求められています。

　今日の労務管理の基本図は，別紙①のとおりと考えます。

　当職のハラスメント研修の進行表は次のとおりです。

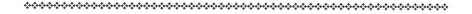

ハラスメント研修の進行表

第1　ハラスメントの意味（語源）

- いじめ，嫌がらせ　（違法領域）
- 悩ます　　　　　　（違法領域とは限らない）

　相手方は悩まされる。

　職場では，就業環境が悪化する。

第2 法が定める各ハラスメントの意味

	セクシュアルハラスメント	マタニティハラスメント等	パワーハラスメント
根拠	均等法11条1項	均等法11条の3第1項 育介法25条1項	労働施策総合推進法 30条の2第1項
定義	職場において行われる性的な言動に対するその雇用する労働者の対応により当該労働者がその労働条件につき不利益を受け，又は当該性的な言動により当該労働者の就業環境が害されること	【均等法】 職場において行われる，その雇用する女性労働者に対する，妊娠・出産等をしたこと，もしくは妊娠・出産に関する制度・措置の利用を理由とした不利益な取扱いを示唆すること，又はこれらに関する言動により，当該女性労働者の就業環境が害されること 【育介法】 職場において行われる，その雇用する労働者に対する，育児休業，介護休業等の制度・措置の利用を理由とした不利益な取扱いを示唆すること，又はこれらに関する言動により，当該労働者の就業環境が害されること	職場において行われる優越的な関係を背景とした言動であって，業務上必要かつ相当な範囲を超えたものによりその雇用する労働者の就業環境が害されること

　上記が，法が定めるハラスメントとなるが，指針においては刑法事案と不法行為事案をも含むとされている。しかし，マタハラ等では上記刑法・不法行為事案は想定しにくいといえ，刑法・不法行為事案はセクハラ及びパワハラにおいて考えれば足りる。

第3 ハラスメント行為区分と法的評価

　上記第2で述べたことを図で示すと，以下のとおりとなる。

　行政法上定義されるハラスメント該当行為は，①〜③を含んだ行為となり，それらに関して防止措置義務を使用者に課している。

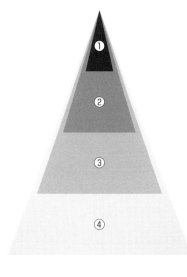

① 明白な刑法上の違法行為
　→犯罪行為であり，ハラスメント定義の代表
　　と考えるべきではない

② 民法上の不法行為
　→権利侵害行為であり，ハラスメント定義の
　　代表と考えるべきではない（①を含む）

③ 行政法上定義されるハラスメント該当行為
　→（①，②を含む）

④ 企業秩序違反行為
　→企業として秩序違反行為と判断するレベル
　　（①，②，③を含む）

第4　労働行政法が使用者に義務づけるもの

労働行政上，使用者に課される防止措置義務の内容は，次のとおりとなる。

● 国が使用者に求める防止策

① ハラスメントを許さないとのトップメッセージの伝達

② ハラスメント禁止規定の整備と周知徹底

③ ハラスメント禁止にかかる教育・研修の実施

④ ハラスメント通報窓口の創設・相談体制の確定

⑤ 通報に対する速やかな調査。ハラスメントが認められた場合，被害者の就業環境の改善とともに，加害者に対する懲戒処分や異動措置（被害者の異動は，本人が強く求めた場合のみ実施）

⑥ 調査過程における被害者のプライバシーをできる限り尊重すること

　イ　監督者は，前記①～⑥が会社内に体制として確立しているかを確認すること。

　ロ　前記⑤について，通報者の精神状態に配慮し，必要ならば精神カウンセリングを優先させる事態も想定すること。

　ハ　前記⑥について，氏名の公表を拒否する，ないし事実を通報するが

調査を拒否する通報者に対しては，加害者に対し，ⅰ）決して通報者に接触・連絡をしないよう禁止，ⅱ）ⅰ）に違反した場合には自宅待機も含め重大な処分を課すことなど行う旨を伝えることで理解を得たうえで，必ず人事に報告すること（又は人事から説明する）。

第5　労働行政上の防止措置義務違反の場合

　均等法が禁止する「性的言動」が発生した場合の行政リスクとしては，労働局（雇用環境・均等室）による助言・指導・勧告・企業名公表があり，その行政指導の状況は，以下のとおりである。

助言，指導，勧告の件数の推移

事項	22年度			23年度			24年度			25年度		
	助言	指導	勧告	助言	指導	勧告	助言	指導	勧告	助言	指導	勧告
11条関係（セクシュアル・ハラスメント）	7,207	3,542	11	6,393	3,235	44	5,359	2,110	9	6,559	1,721	0

事項	26年度			27年度			28年度			29年度			30年度		
	助言	指導	勧告	助言	指導	勧告	助言	指導	勧告	助言	指導	勧告	助言	指導	勧告
11条関係（セクシュアル・ハラスメント）	8,021	2,017	6	7,596	1,707	14	3,860	349	1	4,458	261	0	4,953	265	5

【出典】厚生労働省からの取寄資料

　また，マタハラ等が発生した場合の行政指導の状況は，以下のとおりである。

助言，指導，勧告の件数の推移

事項	28年度			29年度			30年度		
	助言	指導	勧告	助言	指導	勧告	助言	指導	勧告
均等法11条の3関係（妊娠・出産等に関するハラスメント）	840	84	0	5,764	336	0	6,008	338	5
育介法25条関係（休業等に関するハラスメントの防止措置）【育児】	870	30	0	5,741	256	1	5,097	234	3
育介法25条関係（休業等に関するハラスメントの防止措置）【介護】	868	30	0	5,726	253	1	5,071	230	3

【出典】厚生労働省からの取寄資料

このように，企業名公表はなく，また勧告もほぼないことから，企業における経営リスクとして大きいものであるとはいえない。さらに，平成28年以降は，マタハラ等との関係でセクハラの行政指導数が減少しており，行政側の人手不足の状況が伺える。そのことから，パワハラに関しても，防止措置義務違反が経営リスクとして大きなものとはならないと想定される。

第6　ハラスメントの経営リスク

経営リスクとしては，①ハラスメント行為単体であっても精神障害を発病したり，さらには自殺に至った場合（発症の事案として2019年12月報道の大手通販サイトの事案，自殺に至った事案として同年11月報道の大手自動車メーカーの事案及び同年12月報道の大手電機メーカーの事案）[41]，②ハラスメント行為と長時間労働との複合体の場合（電通事案），③他の事案との複合体の場合が挙げられる。

※大手自動車メーカーの事案で学ぶべき実務対応
　パワハラが認定された場合の使用者の対応のあり方は確立されたが，不認定の場合でも通報者が精神障害を発生させていたり，精神的不調を疑われる場合の対応

※セクハラを原因とする業務災害の申請，認定の状況
　✓刑法上の強制わいせつに該当する行為
　✓均等法上のセクハラに該当する行為（不法行為に留まる場合も）

※パワハラを原因とする業務災害の申請，認定状況
　職場における不安，いらいら，悩みの主な原因は，職場での人間関係にある。

41　なお，当職の実際の研修では，企業の実名を出し，ハラスメント対応の重要性がより伝わるようにしています。

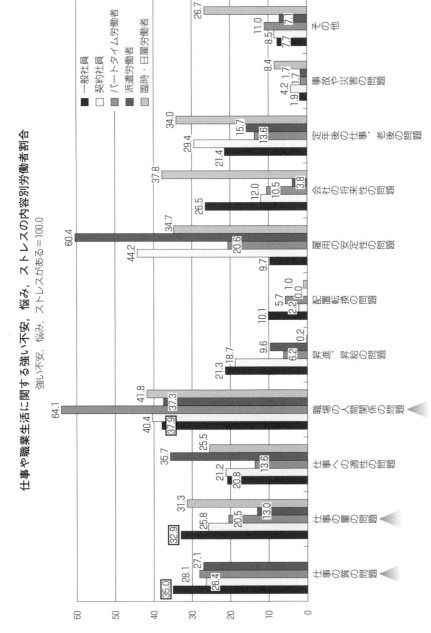

仕事や職業生活に関する強い不安、悩み、ストレスの内容別労働者割合

強い不安、悩み、ストレスがある＝100.0

一般社員
契約社員
パートタイム労働者
派遣労働者
臨時・日雇労働者

その他
26.7
11.0
8.5
7.7
7.1

事故や災害の問題
8.4
1.7
4.2
1.9
1.7

定年後の仕事、老後の問題
34.0
29.4
15.7
13.6
21.4

会社の将来性の問題
37.8
26.5
12.0
10.5
3.8

雇用の安定性の問題
60.4
44.2
34.7
20.6
9.7

配置転換の問題
5.7
2.2
1.0
0.0
1.0

昇進、昇給の問題
21.3
18.7
9.6
6.2
6.2
0.2
10.1

職場の人間関係の問題
64.1
41.8
40.4
37.3
37.9

仕事の適性の問題
35.7
25.5
21.2
20.8
13.6

仕事の量の問題
31.3
25.8
20.5
13.0
32.9

仕事の質の問題
35.0
28.1
27.1
26.4

【出典】厚生労働省「平成24年労働者健康状況調査結果の状況」

　これを理由とした業務災害の申請は，次表「5　対人関係」「上司とのトラブルがあった」の項目に分類されているものと考えられ，その数は他の原因主張より一番多数を占めている。ただし，支給決定件数は，決定件数の1割にも満たない。

精神障害の出来事別決定及び支給決定件数一覧（抄）

出来事の類型	具体的な出来事	平成28年度				平成29年度				平成30年度			
		決定件数		うち支給決定件数		決定件数		うち支給決定件数		決定件数		うち支給決定件数	
			うち自殺		うち自殺		うち自殺		うち自殺		うち自殺		うち自殺
5　対人関係	（ひどい）嫌がらせ，いじめ，又は暴行を受けた	173	8	74	3	186	17	88	12	178	18	69	7
	上司とのトラブルがあった	265	19	24	5	320	20	22	4	255	30	18	7
	同僚とのトラブルがあった	40	1	0	0	67	2	1	0	69	2	2	0
	部下とのトラブルがあった	12	1	1	0	2	1	0	0	18	2	3	2
	理解してくれていた人の異動があった	3	0	0	0	3	0	0	0	5	1	0	0
	上司が替わった	1	0	1	0	2	0	0	0	2	0	0	0
	同僚等の昇進・昇格があり，昇進で先を越された	0	0	0	0	3	0	0	0	1	0	0	0

注）「具体的な出来事」は，平成23年12月26日基発第1226第1号「心理的負荷による精神障害の認定基準について」別表1による。
【出典】厚生労働省

(1)　従業員より，精神障害の発生は，業務による心理負担が原因（業務災害）と主張された場合の対応

- 　個人により業務災害の申請をさせる（業務災害か否か議論をしないこと）
- 　相談相手となる

(2)　業務災害申請者の使用者証明欄に対する記載方法

(3)　使用者意見書作成の手順

(4)　意見書提出後も常に労基署とコンタクトをとる

(5) 業務災害認定の場合の対応方法

(6) 業務災害不認定の場合の対応方法

第7 防止規程の対象

　ハラスメント行為の最大の問題は，就業環境が悪化させられることにある。そのため，必ずしも法違反ではなくとも，企業秩序から許されないハラスメント類似の行為があり，企業秩序違反ないしそのおそれのある行為をも禁止した対応をとることが必要となる。

第8 ハラスメント研修のキーワード

◆マネージャーとして学ぶもの

　(1) ハラスメントを防止する役割

　(2) ハラスメントを行わない（加害者にならない）

　(3) ハラスメントの対象者にならない（被害者にならない）

◆ハラスメント防止の目的

　(1) レピュテーションリスクを避ける（リスクマネジメント）

　(2) 労働生産性を維持し低下させない（組織貢献）

　(3) 個人の人格の尊重（人としての倫理）

　● マネージャーとして学ぶもの(3)

　　…被害者になったら，決して我慢せず，人事部ないしトップへでも通報すること。

　　　それが，マネージャーとして学ぶもの(1)の役割でもある。

　● ハラスメント防止の目的(2)

　　…さらに労働生産性を向上させるには，上司と部下が互いの個性を尊重したうえで，コミュニケーションを通じた良好な人間関係を基礎とした信頼関係が必要。

第9　各ハラスメント防止規程

⑴　セクシュアルハラスメント防止規程（第2章第1節）

⑵　マタニティハラスメント等防止規程（第2章第2節）

⑶　パワーハラスメント防止規程（第2章第3節）

第10　セクシュアルハラスメント防止策と監督者の役割

- 均等法は「女性」に対する就業環境の「差別」の是正を求めるもの
（平成19年4月1日より，性差別法に改正されたが，実務はあくまでも「女性」に対する差別として労務管理を行う）
- この差別は，終身雇用，年功序列，企業別労働組合という日本の雇用慣行のもと容認されてきた（その意味で，昭和の男性労働者はすべて加害者側であった）。
- 「差別」の是正の理由は，急速な20代の人口減予測
（若い女性労働力の活用しか道がない）
- 平成11年改正法論議の標語
「若い女性が安心して子供を産み，育て，職場に出て，持っている職務遂行能力を十分に発揮できる職場環境作りをしない限り，日本に21世紀の活力は雇用社会にはない。」
（なお，前者が平成29年1月1日施行のマタニティハラスメント等防止措置義務につながるも遅すぎた。）

⑴　セクハラ行為類型

①　刑法上の強制わいせつ該当可能性類型（刑務所行きも）
　　　　（懲戒解雇事由該当）
　　　具体的内容については，別紙③

②　民法上の不法行為該当可能性類型（著しく社会的相当性を害する行為―違法な行為）
　　　　（普通解雇又は降格・出勤停止事由該当）

　　　　○実務では，退職届提出の勧奨もある。
　　　具体的内容については，別紙④

③　均等法の「性的言動」該当可能性類型（差別行為）
　　　　（注意指導又はけん責事由該当）
　　　具体的内容については，別紙⑤

④　③に該当せずとも，企業秩序（服務規則）から禁止する言動

(2)　実務ポイント
①　「セクハラ」は「女性」差別であると「教育」を徹底する。
②　刑法上の強制わいせつ該当可能性類型の行為及び民法上の不法行為該当可
　　能性類型の行為は，上記①の教育では解消できない（役職者と若い女性社員
　　（派遣も含む）の関係）。
　　　　　　例：役職者の夕食の誘いを断れない（実務の実態といえる）。
③　「女性」が，このような「誘い」はもちろん，均等法の「性的言動」該当可
　　能性類型の言動を明確に「NO」と言える職場をつくる（実務最大のポイント）。
④　③の「NO」と明確に言うことにより，役職者の刑法上の強制わいせつ該当
　　可能性類型の行為及び民法上の不法行為該当可能性類型の行為を「合意があ
　　ると思っていた」，ないし「女性が自分に気があると思っていた」との弁解を
　　許さない。
⑤　配偶者や子どももいる役職者に「長塚京三」のCMの例の話をする。
　　　「夕日に向かって歩いて帰っている。そしたら後ろに綺麗な若い女性部下が
　　いて，長塚京三の背中に，『課長の後ろ姿素敵』と言う。長塚京三は跳んで喜
　　ぶ。」
　　　　　　↓
　　　現実には絶対ない，勘違いするなと強烈に示唆する。
⑥　⑤で本当に自分は「もててる」と思っている役職者へのメッセージ。
　　　実際にはいると思う。しかしそれは「不倫」への道である。

企業秩序上，絶対に許されない（セクハラではないが，懲戒対象である）。

- 不法行為の民事損害賠償の状況（裁判外での和解）

　記者会見がなされ得ること等を考えると裁判できないため，解決金は200万円イメージもある。

- セクハラの実務例
  - ①　発生現場　「2次会等のカラオケボックス」
  　　　　　　　　　「帰宅中のタクシーの車内」
  - ②　懇親会終了後　監督者の役割
  　　　　　　　　必ず女性の帰宅を指示する。
  　　　　　　　　必要ならタクシーに乗せる（同乗しない）。

- セクハラ通報に対する事実認定の実務ポイント

　使用者が最初に留意すべきは，被害者がメンタルヘルス不調等の体調不良に陥っていないかの確認をすることである。使用者は，監督者又は管理者や事業場内の産業保健スタッフなどにその相談対応等の措置をとらせなければならない。

　また，セクハラは，当事者の供述以外に客観的証拠が乏しい場合も多いが，両者の言い分が食い違うからといって，曖昧に終わらせてはならない。供述の信用性は，以下のポイントによって判断される。

> ①知覚・記憶の状況
> ②他の証拠の裏付け・符合
> ③供述内容自体の合理性
> ④供述者の利害関係（虚偽供述の動機の有無）
> ⑤供述経過
> ⑥供述態度
> ⑦全体的・総合的評価

- 日頃の加害者と被害者の言動（酒席の言動も含めて）
- 刑事手続ではない。会社には警察と違って捜査権はない。
- 真にセクハラの有無を判断できなかった場合の使用者のとるべき手法

第11　マタニティハラスメント等防止策と監督者の役割

- 均等法…女性の妊娠，出産に対する又は制度利用を阻害する言動
- 育児介護休業法　男性・女性の制度利用を阻害する言動

(1)　マタニティハラスメント等の行為類型

　　具体的内容については，別紙⑥

(2)　実務ポイント

- この権利行使について，すべての従業員がその必要性を理解できるよう教育研修を行う。
- 女性間にも，この類型の行為が発生（休憩室，更衣室，給湯室）。
- 女性従業員も結婚，出産，育児，介護に関し一様ではない。
- 権利行使による担当業務の振り分けにより負担増。
- 監督者は，この業務の振り分けについて，役割が同僚の従業員（多くは女性）の過度な負担にならないように適正な業務量の調整が必須となる。
- 上記について，部長，執行役員とも十分な協議を行い，必要であれば，担当者の増員（派遣も含む）を依頼する。

第12　パワーハラスメントの防止策と監督者の役割

(1)　パワーハラスメント防止措置義務に関する法成立（令和元年5月29日）

- 法の施行は，大企業は令和2年6月1日（ただし，パワハラの防止措置義務については，中小企業は令和4年3月31日までの間は努力義務に留まり，同年4月1日以降義務となる）
- 指針が，令和2年1月15日に定められた

(2)　パワーハラスメントの行為類型

パワーハラスメントとは（指針）

職場におけるパワーハラスメントとは，職場において行われる①優越的な関係を背景とした言動であって，②業務上必要かつ相当な範囲を超えたものにより，③その雇用する労働者の就業環境が害されるものであり，①から③までの要素を全て満たすものをいう。

※客観的にみて，業務上必要かつ相当な範囲で行われる適正な業務指示や指導については，職場におけるパワーハラスメントに該当しない。

　職場におけるパワーハラスメントの状況は多様であるが，代表的なものとして，イ〜へまでのものがある。

イ　身体的な攻撃（暴行・傷害）
ロ　精神的な攻撃（脅迫・名誉棄損・侮辱・ひどい暴言）
ハ　人間関係からの切り離し（隔離・仲間外し・無視）
ニ　過大な要求（業務上明らかに不要なことや遂行不可能なことの強制・仕事の妨害）
ホ　過小な要求（業務上の合理性なく能力や経験とかけ離れた程度の低い仕事を命じることや仕事を与えないこと）
へ　個の侵害（私的なことに過度に立ち入ること）

【出典】事業主が職場における優越的な関係を背景とした言動に起因する問題に関して雇用管理上講ずべき措置等についての指針（令和2年厚生労働省告示第5号）

　具体的内容については，別紙⑦〜⑩

⑶　パワーハラスメントの労務管理上の一考察
　別紙⑪

⑷　業務上の指導との線引き
　「業務上必要かつ相当な範囲を超えたもの」とは，「業務上の指導との線引き」を明らかにするために用いられる要件である。
　一般的には，別紙⑫のような区別が考えられる。

⑸　パワーハラスメント実務ポイント

1．**置き換え型パワハラを防止する**

　　社長→役員→部・支店長→次課長→一般社員→非正規社員（ネットに投稿）

2．**人前で注意ないし指導を行わない**

　　本人の心理負担が大きい／メールを CC で送ることも人前で行うことと同様

　　特に役職者を人前で叱ると他の一般社員がその監督権限を無視ないしスルーすることにつながる

　　　　→組織・企業秩序を維持できなくなることにつながり，企業にとってリスク大

3．**職場で部下を孤立させない**

　　上司から指導ないし叱られても，他の監督者や社員が本人をフォローできる体制をつくる

　　上司が部下を注意指導するときは，自らの権限と責任のもとに行い，周囲の賛同等を求めない

4．**注意指導する際はフェイス・トゥ・フェイス，同じ目線で**

　　メールないし他の役職者等を通して注意指導しない

5．**注意・指導は常に録音されていると考えること**

6．**送ったメールは常に保存されていると思うこと**

7．**指導は相手の性格を十分に把握したうえでその個性に応じて指導方法を考えること**

8．**自分が幸せで自分の家族が一番大事でよい。ただし，部下を叱る，指導する際には，部下も自分と自分の家族が一番大事だと思って組織内で頑張っていることを常に思うこと（部下の家族への影響も）**

9．**オン（ワーク）とオフ（ライフ）を切り分ける**

　　オフの時間を尊重する

10．**組織は管理職のコミュニケーション能力とその実践が最も重要だと考えること**

【別紙①　従業員の労務管理の基本的な考え方】

個人の人格の尊重
性別・障害等を理由とした差別の禁止

憲法13条　憲法14条

憲法25条

健康（安全）で文化的な最低限度の生活の確保

会社側の責務・配慮

- 個人として人格を尊重する
- 差別をしない
- 安全と健康を守る
- 教育研修を徹底する
- 充実した私生活とのバランスを図る（ワーク・ライフ・バランス）

セクハラ・マタハラ等・パワハラ『ハラスメント』による人格の侵害

性別・障害等による『差別』

『長時間労働』による健康破壊

訴訟リスクを超えて

会社不祥事に準ずる**経営リスク問題**

一方で従業員は…

- 自己の健康を保持する
- 約束した業務を誠実に履行する（本旨弁済）

【別紙②　リスクを踏まえての役員の業務内容】

組織体制づくり

役員が従業員の過労死・ハラスメント防止策を策定する
実際に従業員を指揮監督する監督者を教育・研修する
監督者が適切に労務管理しているかを役員が監督する

**役員会ないしそれに準ずる経営会議での
チェック内容**

① 時間外労働の状況…資料が適切に上がってきているか
　　• 数か月平均月80時間以上，単月100時間以上
　　• 従業員（管理職の把握は）　→　**一番の危険地帯**
② ハラスメントに関する通報状況とその処理対応
③ ストレスチェックの内容
④ メンタルヘルスケアの実施状況
⑤ 有給休暇の消化状況

過少申告のおそれ
・国民気質・企業風土
三六協定に収まるように
操作する部署・社員もいる

日常の役員の業務内容として…
防止策の見直し，研修の繰り返し，防止策実施の状況のチェックの繰り返し

【別紙③　刑法上の強制わいせつ】

> 刑法176条　13歳以上の者に対し，**暴行又は脅迫**を用いて**わいせつな行為**をした者は，
> 　　　　　　6月以上10年以下の懲役に処する。13歳未満の者に対し，わいせつな行為
> 　　　　　　をした者も，同様とする。

要件1：暴行又は脅迫（客体が13歳以上の場合）

暴行：被害者の意思に反して当該わいせつ行為を行うに必要な程度・態様の暴行であれば
　　　足りる
　　　（判例による具体的事例）
　　　殴打，肩や着衣を抑える，不意に股間に手を挿入する，衣服を引き剥ぎその裸体の
　　　写真をとる，被害者の抵抗を抑制する程度の抱擁等

脅迫：「著しく反抗を困難ならしめる程度に達することを要する」とするのが通説だが，
　　　暴行と別異に解すべき理由はないという説もある

要件2：わいせつな行為

わいせつ行為：いたずらに性欲を興奮または刺激せしめ，かつ，普通人の正常な性的羞恥
　　　　　　　　心を害し，善良な性的道徳観念に反する行為

（具体的行為態様）

陰部への接触行為…着衣の上から陰部を押し撫でる行為，陰部を手探り，あるいは陰部に
　　　　　　　　　手を接触せしめようとしただけの行為でわいせつ行為と認めた例もあ
　　　　　　　　　る

乳房への接触行為…着衣の上からでもわいせつ行為といえるかには議論があるが，着衣が
　　　　　　　　　薄くて直接接触するのと同視できる場合や着衣が厚くても乳房を執拗
　　　　　　　　　に触りこれを弄んだといえる場合には，わいせつ行為と認定できると
　　　　　　　　　の説もある

臀部への接触行為…着衣の上から臀部を手で撫でた行為は，わいせつ行為とはいえないと
　　　　　　　　　されている

接吻行為　　　　…相手方の意に反して無理になされるときは強制わいせつ罪を構成する
　　　　　　　　　とされている

その他の行為　　…単に抱きすくめる行為，馬乗りになる行為等は強制わいせつたり得な
　　　　　　　　　いとされている
　　　　　　　　　一方，被害者の身体に触れなくとも，裸にして写真を撮る行為は強制
　　　　　　　　　わいせつ罪を構成するとされている

【別紙④　民法上の不法行為】

> **民法709条**　故意又は過失によって他人の権利又は法律上保護される利益を侵害した者は，これによって生じた損害を賠償する責任を負う。

裁判において不法行為による損害賠償請求が認められたセクハラ事例には，刑法上の強制わいせつに該当するような行為が問題となっている例も多くある。

しかし，強制わいせつを構成するに至らない行為であっても，労働者の**人格権を侵害**する行為は，民法上の不法行為として行為者自身が損害賠償の責任を負うこととなる

不法行為が認定されうる行為例

- 抱きつく　・着衣の上から胸，臀部をさわる
- 執拗に手，太股，膝などをさわる　・手の甲や額にキスする
- 立場を利用して肉体関係等を迫る
- 性的関係等を拒否したことで業務上の不利益を与える
- 性的な事柄に関する噂を流す…等

以上に加え，強制わいせつを構成するような行為も，当然に不法行為に該当する

使用者等の責任

> **民法715条**　ある事業のために他人を使用する者は，被用者がその事業の執行について第三者に加えた損害を賠償する責任を負う。ただし，使用者が被用者の選任及びその事業の監督について相当の注意をしたとき，又は相当の注意をしても損害が生ずべきであったときは，この限りでない。
> 　2　使用者に代わって事業を監督する者も，前項の責任を負う。
> 　3　前2項の規定は，使用者又は監督者から被用者に対する求償権の行使を妨げない。

【別紙⑤　均等法における「性的な言動」の具体例】

「性的な言動」とは，性的な内容の発言及び性的な行動を指し，この「性的な内容の発言」には，性的な事実関係を尋ねること，性的な内容の情報を意図的に流布すること等が，「性的な行動」には，性的な関係を強要すること，必要なく身体に触ること，わいせつな図画を配布すること等が，それぞれ含まれる。

【性的な言動に該当する可能性が高い事例】	【性的な言動に該当する可能性が低い事例】
(1)　「性的な内容の発言」 ①他人の性的事情の流布，吹聴 ・男性社員が「同僚のＡ女は不倫している」と言いふらした。 ②夜のディナー・飲み会，泊まり，性交の誘い ・男性社員が残業中など女性の同僚と２人きりの場面で，冗談のような感じで「やらせてくれ」「俺の愛人になれ」と言った。 ・既婚男性社員が，女性社員を夜の食事に執拗に誘った。 ③自身の性経験を語る ・女性社員が近くにいるにもかかわらず，職場の男性たちが風俗店の話をした。 ④容姿（身体・服装）への言及 ・男性上司が，結婚予定の女性社員に対し，「身体で彼を射止めたのか」と言った。 ⑤他人の性的事情に対する質問，言及 ・男性社員が，同僚の新婚の女性パート社員に対して，「夜の生活はどうなの」と尋ねた。 ⑥その他 ・男性上司が女性部下に「お箸で食べさせて」と言ったほか，逆に自分が一口食べたものを「これも食べてよ」と言った。 (2)　「性的な行動」 ①必要のない身体接触・接近 ・男性上司が，女性パート社員の肩を，同人が頼んでもいないのに「仕事大変だね」等と言いながら揉んだ。 ②性的なもの（ポスター等）を見せる ・男性社員が会社の机で休憩時間中に，女性社員の目に触れる状態でスマートフォンでアダルトサイトを見ていた。 ③性的関係の強要 ・男性上司が，「ホテルに行けば悪いようにはしない」と女性部下に言った。	(1)　「性的な内容の発言」 ・上司が，職場内不倫をしているとの部下からの報告に基づき，当該男女社員を個別に別室に呼び出し，他の職員がいない場所で，「職場内で不倫しようとすることは企業秩序上許されないが，まさかしていないだろうな」と口頭で尋ねた。 ・男性上司が，「あれっ，髪切ったの。雰囲気変わったね」と部下に言った。 (2)　「性的な行動」 ・男性上司が女性パート社員に危険作業を教えるために必要な範囲で手に接触した。 ・男性上司が「頑張れよ」と言って男性部下の肩をポンと叩いた。 ・自社製品である日焼け止めの広告を社内に貼っていたが，これは女性モデルが水着で泳いでいるポスターであった。

※均等法における「性的な言動」には該当しない可能性が高いが，企業秩序違反ないしそのおそれのある行為
・男性上司が，女性部下に対して，「女はお茶汲みだけしていればいいんだ」と言った。
・男性社員が，女性社員に対して懇親会について「女性でお客様の横を固めてお酌しろ」「飲み会の取り分け作業は女性の担当ですから必ず女性がやること」と言った。

セクハラを考える際の留意点

| ・女性が笑顔で挨拶する，親しげに話しかける
・飲み会で，隣の席に座ってきた
・「今度，美味しいものを食べに連れて行ってください」 | ➡ （好意などないのに）"相手は自分に気がある""恋愛関係を望んでいる"と勝手に思い込む
⇨女性が上司に仕事の延長で愛想よくしているだけ |

【別紙⑥　マタニティハラスメント等とは】

【均等法】職場において行われる，その雇用する女性労働者に対する，妊娠・出産等をしたこと，もしくは妊娠・出産に関する制度・措置の利用を理由とした不利益な取扱いを示唆すること，またはこれらに関する言動により，当該女性労働者の就業環境が害されること

【育介法】職場において行われる，その雇用する労働者に対する，育児休業，介護休業等の制度・措置の利用を理由とした不利益な取扱いを示唆すること，またはこれらに関する言動により，当該労働者の就業環境が害されること

【マタニティハラスメント等に該当する可能性が高い事例】

(1)　「妊娠・出産等を理由とする不利益取扱いの示唆」

① 降格，人事評価等に関する不利益の示唆

・上司が，出産した女性部下に，「今後は今までと同じようには働けないのだろうから降格しようかな」と言った。

② 業務内容等に関する不利益の示唆

・上司が，妊娠している女性部下に対し，「妊婦は急に休むかもしれないから仕事は一切振らない」と言った。

③ 退職に関する不利益の示唆

・上司が，妊娠を伝えてきた女性部下に対し「○○さんは辞めるってことだよね」「旦那さんだって働いてるんだから，無理して働かなくても違う生き方があるんじゃないか」と言った。

(2)　「制度利用を理由とする不利益取扱いの示唆」

① 降格，人事評価等に関する不利益の示唆

・上司が，所定外労働制限の利用を検討する部下に対し「妊娠を理由に仕事を減らしたりしたら昇進できませんよ」と言った。

② 退職等に関する不利益の示唆

・上司が，育児による所定時間短縮を申し出た部下に対し「そんな制度はうちにはないのでパート社員にでもなってください」と言った。

(3)　「制度利用型のうち，制度利用阻害型」

① 申出に対する言動

・上司が，介護休業を申し出た部下に対し，「申請は上に伝えるけど，今人手不足なんだから，わかるだろ」と言った。

② 日常的な言動

・上司が，女性の部下たちに対し，「同時に育休を取らないように女性社員同士で産む順番を決めてね」と言った。

(4)　「状態嫌がらせ型」

① 妊娠・出産に関する嫌がらせ

・同僚らが，妊娠を伝えてきた新入社員に対し，「産休泥棒」と揶揄した。

② 育児に関する嫌がらせ

・上司が，子育て中の部下に対し「今は子育てがいちばん大事なんだから他のことはせずにそっちに専念しなさい。しばらくは仕事ができないね」と言った。

(5)　「制度利用型のうち，制度利用嫌がらせ型」

① 言葉による嫌がらせ

・同僚が，育児による深夜労働制限を申し出た社員に対し，「あなただけ深夜をやらないなんて平等じゃない」と言った。

② 言葉以外の行動による嫌がらせ

・職場の上司が，所定外労働制限を始めた社員を無視するようになった。

【マタニティハラスメント等に該当する可能性が低い事例】

(1)　「妊娠・出産等を理由とする不利益取扱いの示唆」

・上司が，妊娠している女性部下に対して「妊婦さんには残業は負担だと思うから，あなたがよいなら業務分担を見直して残業量を減らそうと思うけど，どうかな」と聞いた。

・上司が，妊娠中で，体調が悪いのに無理して働いている部下に対し「どうみても体調が悪そうだし，みんなも心配しているから，少し休んではどうか」と言った。

(2)　「制度利用を理由とする不利益取扱いの示唆」

・上司が，保育園の延長保育利用を繰り返す部下に対して「残業のない課に異動するお手伝いができるかもしれないから相談して欲しい」と言った。

・育児による休業を申し出た部下に対し，上司より報告を受けた人事担当者が休業に伴う処置の説明として，「休業すると，その期間分，賞与は減ることになります」と給与規程を示して説明した。

(3)　「制度利用型のうち，制度利用阻害型」

・社員が，同僚に対し「兄弟の結婚式があってどうしても休みたいんだけど，育休の時期を少しずらして代わりにその日に出てもらえないかな」と相談した。

(4)　「状態嫌がらせ型」

・上司や同僚が，社員に対し「体に障るといけないからあまり無理しすぎないでね」と声をかけた。

・同僚数人からたまたま同時期に，出産した社員に対し「出産おめでとう，ゆっくり休んでください」とメールが送られた。

(5)　「制度利用型のうち，制度利用嫌がらせ型」

・業務体制の見直し業務を担当する上司が，部下に対して，「育休はいつ取るの」と聞いた。

・切迫流産で休暇を取得した社員に対し，「産休まで仕事を休んだ方がいいんじゃないの。」「子供のことを考えて仕事を減らした方がいいんじゃないの。」と発言した（本人は従前どおり業務遂行することを希望）。

【別紙⑦　職場のパワーハラスメントの行為類型の例①（指針）】

① 身体的な攻撃（暴行・傷害）

該当すると考えられる例	該当しないと考えられる例
・殴打，足蹴りを行うこと。 ・相手に物を投げつけること。	・誤ってぶつかること。

② 精神的な攻撃（脅迫・名誉棄損・侮辱・ひどい暴言）

該当すると考えられる例	該当しないと考えられる例
・人格を否定するような言動を行うこと。（相手の性的指向・性自認に関する侮辱的な言動を行うことを含む。） ・業務の遂行に関する必要以上に長時間にわたる厳しい叱責を繰り返し行うこと。 ・他の労働者の面前における大声での威圧的な叱責を繰り返し行うこと。 ・相手の能力を否定し，罵倒するような内容の電子メール等を当該相手を含む複数の労働者宛てに送信すること。	・遅刻など社会的ルールを欠いた言動が見られ，再三注意してもそれが改善されない労働者に対して一定程度強く注意をすること。 ・その企業の業務の内容や性質等に照らして重大な問題行動を行った労働者に対して，一定程度強く注意をすること。

③ 人間関係からの切り離し（隔離・仲間外し・無視）

該当すると考えられる例	該当しないと考えられる例
・自身の意に沿わない労働者に対して，仕事を外し，長期間にわたり，別室に隔離したり，自宅研修させたりすること。 ・1人の労働者に対して同僚が集団で無視をし，職場で孤立させること。	・新規に採用した労働者を育成するために短期間集中的に別室で研修等の教育を実施すること。 ・懲戒規定に基づき処分を受けた労働者に対し，通常の業務に復帰させるために，その前に，一時的に別室で必要な研修を受けさせること。

【出典】事業主が職場における優越的な関係を背景とした言動に起因する問題に関して雇用管理上講ずべき措置等についての指針（令和2年厚生労働省告示第5号）

【別紙⑧ 職場のパワーハラスメントの行為類型の例② (指針)】

④ 過大な要求(業務上明らかに不要なことや遂行不可能なことの強制・仕事の妨害)

該当すると考えられる例	該当しないと考えられる例
• 長期間にわたる,肉体的苦痛を伴う過酷な環境下での勤務に直接関係のない作業を命ずること。 • 新卒採用者に対し,必要な教育を行わないまま到底対応できないレベルの業績目標を課し,達成できなかったことに対し厳しく叱責すること。 • 労働者に業務とは関係のない私的な雑用の処理を強制的に行わせること。	• 労働者を育成するために現状よりも少し高いレベルの業務を任せること。 • 業務の繁忙期に,業務上の必要性から,当該業務の担当者に通常時よりも一定程度多い業務の処理を任せること。

⑤ 過小な要求(業務上の合理性なく能力や経験とかけ離れた程度の低い仕事を命じることや仕事を与えないこと)

該当すると考えられる例	該当しないと考えられる例
• 管理職である労働者を退職させるため,誰でも遂行可能な業務を行わせること。 • 気にいらない労働者に対して嫌がらせのために仕事を与えないこと。	• 労働者の能力に応じて,一定程度業務内容や業務量を軽減すること。

⑥ 個の侵害(私的なことに過度に立ち入ること)

該当すると考えられる例	該当しないと考えられる例
• 労働者を職場外でも継続的に監視したり,私物の写真撮影をしたりすること。 • 労働者の性的指向・性自認や病歴,不妊治療等の機微な個人情報について,当該労働者の了解を得ずに他の労働者に暴露すること。	• 労働者への配慮を目的として,労働者の家族の状況等についてヒアリングを行うこと。 • 労働者の了解を得て,当該労働者の性的指向・性自認や病歴,不妊治療等の機微な個人情報について,必要な範囲で人事労務部門の担当者に伝達し,配慮を促すこと。

【出典】事業主が職場における優越的な関係を背景とした言動に起因する問題に関して雇用管理上講ずべき措置等についての指針(令和2年厚生労働省告示第5号)

【別紙⑨　パワーハラスメントの言動例①（当職整理案）】

1．身体的な攻撃（暴行・傷害）	
該当する可能性が高い事例	該当する可能性が低い事例
・上司が，部下に対し「なんで何度言ってもわからないんだ，お前は！」と言って，頬を平手打ちした。 ・上司が反抗的な態度をとる部下の胸倉を掴んだ。 ・上司が新入社員に対し，冗談めかしてプロレス技を掛けた。 ・上司が，部下に対し，「こんな書類でいいと思っているのか」と言って書類で机を叩いたり，「これで消せ」と言って消しゴムを投げつけたり，椅子やゴミ箱などを蹴るのを見せつける，ドアをわざと強く閉めて音を出す等をした。	・業務と全く関係のないことを理由に同僚間で殴り合いの喧嘩が起きた。 ・上司が部下を注意指導していたところ，部下が急に無言で立ち去ろうとしたため，上司が「待て，まだ終わっていない」と言って部下の肩に軽く手をかけた。

2．精神的な攻撃（脅迫・名誉毀損・侮辱・ひどい暴言）	
該当する可能性が高い事例	該当する可能性が低い事例
・上司が，部下に対し，「お前なんか辞めちまえ」「いらない」「消えろ」「お前の代わりはいくらでもいる」「よく生きてこられたな」などと告げ，人格や尊厳，名誉を傷つけた。 ・複数の若手社員に対して，毎日，30分程度立たせたまま，「どういう育てられ方をしてきたのか」「この会社にむいてない」「屋上から飛び降りろ」などといった発言をした。 ・ミスをする部下に対し，毎回，上司が自席の前に立たせて，周囲の人に聞こえるような大声で叱責した。 ・上司が，CCに部署全員を加えたメールで，要領の悪い部下に対し，暴言ではないが，きつい言い方で仕事上のダメ出し（内容自体はロジカルで正当）をした。 ・他の従業員を宛先に含めたメールで「給料泥棒」「このままじゃ，次のボーナスはないぞ！」「能無し」「レベルが低すぎる」などと罵倒された。	・上司が，毎回遅刻するうえに1人だけジーパンで出社等しており，かつ再三注意されても改善しなかった部下に対し，「いい加減にしろ，社会人としての自覚を持て！」と強く注意した。 ・上司が，他の社員への攻撃的言動が認められた問題社員に対して，改善指導を行った。 ・顧客の前でも新人アピールをして何もできないといった態度をする従業員に対して，上司が，「新人だからといって何もしないのでは成長は期待できない，精一杯がんばれ！」と強く言った。

3．人間関係からの切り離し（隔離・仲間外し・無視）	
該当する可能性が高い事例	該当する可能性が低い事例
・社員らが，ある社員をわざと無視し続け，ランチや飲み会，会議でも1人だけ誘わなかった。 ・上司が，転勤してきた部下に対して全く仕事について指導せず，指導のお願いを無視したり，「自分で学習しろよ」と言って放置したりした。	・遅刻を繰り返す部下に対し，上司が「君がそういう態度を改めないかぎり，今後皆君の面倒見るのをやめてしまうぞ」と告げた。 ・唯一の新入社員を育成するために，短期間集中的に個室で研修等の教育を実施した。

【別紙⑩　パワーハラスメントの言動例②（当職整理案）】

4．過大な要求（業務上明らかに不要なことや遂行不可能なことの強制・仕事の妨害）	
該当する可能性が高い事例	該当する可能性が低い事例
・上司が，部下に対し，終業時刻間際になって，毎回「残業してでもやれ」と言って通常3時間ほどかかるデータ処理業務を押し付けた。 ・上司が，新人で仕事のやり方もわからない部下に，他の人の仕事まで押し付けた。 ・上司が，1か月2件程度が平均成約件数であるのに，「お前は1か月5件程度がノルマだ」として，部下に達成不可能な営業ノルマを常に与えた。	・急な海外業務に対応すべく，短期集中的に語学研修を実施した。 ・上司が，営業職の部下らに対し，「毎月XX万円の売り上げを予算（目標）とします」と継続的に周知していたが，実際には予算を達成できることはまれな非現実的目標値であり，かつ，達成できなくとも，口頭叱責も含めてペナルティは何もなかった。これらのことを部下らは全員知っていた。

5．過小な要求（業務上の合理性なく能力や経験とかけ離れた程度の低い仕事を命じることや仕事を与えないこと）	
該当する可能性が高い事例	該当する可能性が低い事例
・上司が，プログラマーである部下に，「お前は今日からお茶汲みが仕事だから」と言って，それ以来お茶汲みだけをさせた。 ・上司が，必要性もないのに，営業職社員である部下に「倉庫の掃除はお前が全部やれ」と言った。	・経営上の理由により，一時的に，能力に見合わない簡易な業務に就かせた。 ・新入社員の電話応対に問題があり客からのクレームがあったため，外部からの電話には当面出ないように指示し，内線のみとればよいと指示した。

6．個の侵害（私的なことに過度に立ち入ること）	
該当する可能性が高い事例	該当する可能性が低い事例
・上司が，部下に対し「この間の休日は何をしていたの」「彼女とはどこに行って何をしたの」等と質問し，私的なことに過度に立ち入った。 ・上司が，部下に対し「奥さん選びに失敗したね」「友人関係を見直した方がいいよ」等と家族，友人などの悪口を言った。 ・上司が，部下に対し，緊急の仕事でないのに休日や夜中にLINEで連絡を入れ，反応を求めた。 ・上司が，有給休暇を申請した部下に対し，「遊び目的なら年休はとれないよ」といって取得理由をしつこく聞いた。	・休暇日数検討の関係で，休暇利用の状況等についてヒアリングした。 ・土曜日に事故案件が発生し，月曜日の朝までに緊急の対応が必要になったため，部下を電話で呼び出して対応を命じた（休日出勤扱い）。 ・従業員に周知されているモニタリングの規定に基づき，会社貸与のPCのデータを探索したところ，その中には私用メールも含まれていた。

【別紙⑪　パワーハラスメントの労務管理上の一考察】

※2　個人の性格
※3　私生活のあり方

【別紙⑫　パワハラと指導の違い】

	パワハラ	指導
目的 [心理状態]	相手を馬鹿にする・排除する 自分の目的の達成（自分の思いどおりにしたい）	相手を尊重する 相手の成長を促す
業務上の必要性	業務上の必要性がない（個人生活，人格まで否定する） 業務上の必要性があっても不適切な内容や量	仕事上必要性がある，または健全な職場環境を維持するために必要なこと
態度	威圧的，攻撃的，否定的，批判的	肯定的，受容的，見守る，自然体
タイミング	過去のことを繰りかえす 相手の状況や立ち場を考えずに	タイムリーにその場で 受け入れ準備ができているときに［場所の選択］
誰の利益か	組織や自分に利益優先 （自分の気持ちや都合が中心）	組織にも相手にも利益が得られることを （組織の利益と個人の利益の接点を見出す）
自分の感情	いらいら，怒り，嘲笑，冷徹，不安，嫌悪感	穏やかな，暖かな，きりっとした［毅然と］，好意
結果	部下が委縮する 職場がぎすぎすする 退職者が多くなる［特に若者］	部下が責任もって発言，行動する 職場に活気がある［育成と労働生産性の向上］

※［　］部分について当職加筆
【出典】岡田康子「職場のパワーハラスメントを考える」（中央労働時報第1210号／2016.10）より引用

以上の進行表に沿って，各項目に次のようなコメントを付けてセミナーを進行させています。

❖❖❖

ハラスメント研修進行表に関する各説明内容

第1　進行表第1　ハラスメントの意味（語源）

　　ここで重要なのは，「悩ます」の意味を考えさせることです。職場において，他の従業員を悩ますことで就業環境を悪化させることは，他の従業員の労働生産性を低下させるものであり，「違法」か否かは別として，絶対に許してはいけません。

第2　進行表第2　法が定める各ハラスメントの意味

1　各定義を説明します。

2　セクハラは，均等法に規定され，平成11年4月1日に施行されました。当時は女性差別の法であり，平成19年4月1日に施行された法改正で性差別となります。したがって，男性も被害者となります。しかし，職場のセクハラは女性の就業環境の改善問題，差別の解消問題として実務対応すればよいといえます。

3　マタハラ等は，均等法が女性の妊娠・出産に関連する規定であり，女性が被害者となります。育児介護休業法は，男女問わず，各制度利用に関連するものです。各法は平成29年1月1日に施行されました。

4　パワハラは，働き方改革の関連法である労働施策総合推進法に規定され，令和2年6月1日施行です（ただし，パワハラの防止措置義務については，中小企業は令和4年3月31日までの間は努力義務に留まり，同年4月1日

以降義務となります)。

5　これらの労働行政法は，国が使用者に対し，ハラスメント防止の義務を
課すものであり，労働者の就業環境の悪化を防止しようとするものです。

第3　進行表第3　ハラスメント行為区分と法的評価

ハラスメント行為と呼ばれる行為の区分が4つあることを示し，各関係を
示すものになります。

企業秩序違反行為として防止規程を作成して，使用者が労働者にハラスメ
ント行為を禁止する旨を明らかにします。

第4　進行表第4　労働行政法が使用者に義務づけるもの

1　研修は，③の教育・研修に該当します。

2　特に強調するのは，この防止措置義務を尽くすため，先頭に立つのは
トップ，すなわち社長であり，役員（取締役，執行役員）達であることです。

3　会社全体で，この防止措置義務を果たすための組織体制のイメージ…別
紙②

4　会社体制の中で，特にロの項については，注意すべきです。特に重大な
セクハラの場合，通報者である被害者の女性が精神不調を発症されている
可能性があるからです。その場合は，第二次被害を起こさないために，事
実調査よりも被害者に対する精神的カウンセリングを優先すべきです。

5　ハの項は，次の被害者を出さないためにも，又は加害者と指摘された者
への弁明の機会を与えるため，そして，さらなるハラスメントのリスクを
潜在させないためにも必要といえます。

第5　進行表第5　労働行政上の防止措置義務違反の場合

防止措置義務違反の経営リスクが低い事実を明らかにします。

第6　進行表第6　ハラスメントの経営リスク

1　ハラスメントにより精神障害のような状況が発生しなくても，民事裁判で慰謝料の支払いを認めた事案がないわけではありませんが，本当の経営リスクに発展するのは，被害者が精神障害を発症し，それが業務災害との認定を受けた場合です。

　　また，自殺ともなると，そのリスクは計り知れません。

　　なお，令和元年改正で労働施策総合推進法としてパワハラが法制化されたことを受けて，「精神障害の労災認定の基準に関する専門検討会」では，労災認定基準における各出来事の表についても，「パワーハラスメント」という出来事を加える方向で議論・検討がなされています。

2　この精神障害の発生の大きな原因は，睡眠不足であることを指摘し，さらに，ハラスメントはその原因の1つであることを指摘します。そして，自殺のような事案は，長時間労働との複合体であることを指摘し，労働時間管理の重要性も強調します。電通事案はこのような複合体の事例となります。電通事案では，たとえば，上司が当該女性社員に，「髪ボサボサ，目が充血したまま出勤するな。」等の配慮を欠いた発言をしており，このような発言でどれほど精神的に傷つけられ，心理的負荷を強いられるものであったかは想像に難くありません。

　　なお，平成29年3月17日の「時間外労働の上限規制等に関する政労使提案」では，時間外労働の上限規制とともに，パワハラ防止対策，メンタルヘルス対策が盛り込まれていました。

3　会社が，被害者の通報に対し調査を行い，その結果，加害者と指摘された上司の行為にハラスメントが認定されないと判断したとしても，その通報者に精神障害（特にF3又はF4※）が発生していれば，その通報者にとって上司の存在を非常にプレッシャーに感じることは厳然たる事実です。したがって，この場合は，被害者を異動させ，フロアーを変えるか，さらには，他の事業所への異動も考えるべきです（大手自動車メーカーの事案

で学ぶべき実務対応)。

　ただし，これは企業が労務提供を受け取る場合の議論であり，主治医から，何らかの特別な配慮をしたうえで労務提供を受け取るようにとされるなど，勤務制限の場合であれば，労務提供そのものを受け取らず，療養に努めてもらうということも考えられます。

4　148頁及び149頁の統計は，従業員がいかに上司との人間関係に悩んでいるかを示すものです。

5　業務災害の主張に対する対応の仕方は，本著第3章を参照して説明してください。

　　※F3又はF4とは，国際疾病分類第10回改訂（ICD－10）第Ⅴ章「精神及び行動の障害」における分類であり，F3は，気分（感情）障害（例：そううつ病），F4は，神経症性障害，ストレス関連障害及び身体表現性障害（例：パニック障害）を指す。

第7　進行表第7　防止規程の対象

　ハラスメントに対する使用者の防止措置義務は，企業秩序論としては，「就業環境の悪化のおそれ」も対象とすることを明らかにします。

第8　進行表第8　ハラスメント研修のキーワード

　ここで，研修のキーワードを，進行表の内容に従って説明します。

イ　社長，役員であれば，「◆マネージャーとして学ぶもの」(1)と(2)

ロ　部長，支店長，次課長であれば「◆マネージャーとして学ぶもの」(1)，(2)と(3)

(3)の時の対応が非常に重要です。

第9　進行表第9　各ハラスメント防止規程

　企業はハラスメント防止措置義務に従って，その義務履行のために各防止規程を作っています。この防止規程は，会社と従業員間の規律であることか

ら，ハラスメントに該当するような行為を行ってはならないという禁止をすることを中心に，各労働行政法の防止措置義務を履行する企業内体制づくりについて定めています。

また，ガイドラインを作成して，各条文の意味を説明しています。防止規程，ガイドラインについては第2章を参照してください。

第10 進行表第10 セクシュアルハラスメント防止策と監督者の役割

均等法の定めるセクハラについては，女性・男性ともに被害者たりうることを想定していますが，実務ではあくまでも就業環境における女性差別として説明を展開していきます。そして，セクハラの行為類型は，進行表記載のとおりです。

「実務ポイント」の中で，刑事事案・不法行為事案は，差別問題ではなく，男性が女性に対して秘めている欲望論が原因であって，そこは教育では是正できるものではないと考えています。

そして，この欲望を抑えているものが理性です。理性ある行動を男性は倫理として求められています。この理性を抑制してしまい，男性の欲望が表面に出てくる最大の原因は「酒」です。強制わいせつ等といった悪質な行為については，夜の会食や飲み会の後のカラオケ，タクシー，ホテル等といった場面で見られる傾向にあります。

企業は，今後，女性同僚達との飲酒に対して，毅然と対応する必要があります。会社行事の食事会を中止しろとは言いませんが，食事会終了後のカラオケやタクシーへの同乗を強く禁止し，食事会終了後，若い女性を，その行事の責任者が帰宅させることを徹底させるべきです。

加えて，進行表で強調しているのは，刑法上の強制わいせつ罪等に該当する行為や民法上の不法行為に該当する行為に発展する前段階で確実に阻止されるよう，夜の会食等の誘いについて女性が安心して「NO」と言える職場づくりが肝要であり，そして，さらには，職場における日常業務遂行中の性的

言動についても「NO」と言える職場づくりを進めていくべきということです。この点は教育が重要であると考えます。

　また，説明の中で，民事裁判に若干触れていますが，これは特に大企業の従業員に民事裁判で争うと言われたら，会社名が出ますし，かつ役職者であれば，会社が使用者責任を問われ，会社の代表取締役が被告として名を連ねることになります。外資系，アメリカに本社があるような企業であれば，弁護士が本社に内容証明を打つというような事案も経験しています。こういう枠の中で，加害者は裁判を実際にはできず，和解金200万円前後の支払を余儀なくされている事例を多く経験しています。それも，派遣社員の臀部を触ったという内容であってもです。こういうことを現実の展開として説明しておく必要があると考えます。

　さらに「事実認定の実務ポイント」で，進行表に記載されているとおりですが，セクハラの場合は特に，日頃の加害者と被害者の言動，そして酒席での振舞い，このようなことを会社が認識すれば，どちらの供述が信じられるかについての判断は，意外と容易といえます。

　真にセクハラ行為があったかどうかを判断できない場合は，会社は社会的レピュテーションリスクを恐れ，闇に葬るべきではありません。毅然と，被害者に，「刑事告発するか，弁護士に相談して損害賠償を請求するかはあなた自身で判断してください。会社の名前が出ても構いません。」と言います。そして，加害者である男性には，「被害者であると主張する女性にそのような趣旨を伝えました。あなたも弁護士等に依頼し，裁判で争うなど徹底的に自分の身を守りなさい。」と言います。

　そして，両者に対し，「裁判所の判断・内容等を踏まえ，どちらかが嘘をついていたと決定し，嘘をついていた方には，重大な処分も含めた形での対応をとる。」と宣言します。

　すなわち，会社もこの事案によって被害者であるといえるからです。

　この事実調査の方法は，マタハラ等及びパワハラも，ほぼ同様の手法とな

ると考えます。

第11　進行表第11　マタニティハラスメント等防止策と監督者の役割

　マタハラ等の「実務ポイント」は，ここに記載のとおり，権利が行使され
たことに伴い発生する未処理業務を，どのように部内で話し合いをして，で
きる限り関係者に理解・納得をして担当してもらうかという適正な業務分担
論であると考えます。

　加えて，その業務負担の関係から，女性同士のマタハラ等も十分気をつけ
なければならないことも申し添えます。

第12　進行表第12　パワーハラスメントの防止策と監督者の役割

　パワハラの研修の際，当職が最初に説明するのは，「この研修の落とし穴」
という表現として，次の点を強調をします。

　それは，厳しい指導がパワハラとされ，加害者として訴えられ，調査の対
象となり処分を受ける可能性があるとすれば，部下の規律違反ないしマナー
違反に対して，厳しい指導・注意をしない管理職が多くなるということです。
これでは，組織の規律が維持できず，ひいては，問題社員の言動により，組
織内の他の従業員の就業環境が悪化して，組織としての成果が失われてしま
います。問題社員が放置され，真面目な他の社員の就業環境が悪化すること
は断じて許されないと最初に説明し，監督者として自己の預かる組織の秩序
を維持することが重要な役割であることをもう一度宣言することを最初に優
先します。

　その際，別紙⑨の「パワーハラスメントの言動例①（当職整理案）」の
「2．精神的な攻撃（脅迫・名誉毀損・侮辱・ひどい暴言）」に該当する可能
性が低い事例を示します。これは，多少内容が変わっていますが，平成30年
3月に厚生労働省が公表した「職場のパワーハラスメント防止対応策につい
ての検討会」報告書の内容と同一です。パワハラ研修に落とし穴があること

を厚生労働省が認識して，強く指導することもパワハラでないことを明らかにしたものです。

　しかしながら，法成立後の指針においては，労働者側も参加した労働政策審議会で議論したことが影響したためか，「一定程度」という文言が入りました（別紙⑦参照）。しかし，この指針が作成された経緯を踏まえても，企業秩序違反者に対しては，厳しい指導が必要であることを，実務上は管理職に伝えるべきです。ただし，その際に，殴ったり，蹴ったり，ないし「馬鹿」，「阿呆」，「死ね」などの暴言が許されないことはいうまでもない点については気をつけます。

　加えて，この関係で当職は，その厳しい指導が録音されている可能性が非常に高いことを監督者に注意するよう指導します。録音機器の持込が許されないことは裁判例上明らかですが，実務社会では，正当防衛などと言い訳を考えて，持ち込んでいる従業員がいます。この点は，意識しておかなければなりません。したがって，注意するときは，注意する原因，問題となっている当該従業員の言動を説明したうえで，それを是正するために厳しい注意・指導をしているのだと言います。このような内容の発言から進めるように教育指導します。決して，大声で「おい，こら。てめぇ」から始めることがないように。

　加えて，働き方改革が議論されたことで，働き方を自分で決められるかの如き誤解をしている若者もいないわけではないです。契約を締結したら，「働き方」ではなくて，「働かせ方」が問題となります。すなわち，監督者の指示命令に従って，誠実に労務提供をしなければならないという教育は徹底して行うべきです。たとえば，監督者が「Ａ，Ｂ，Ｃの今日の仕事のうち，Ａから始めるように。」と指示したときに，部下が「私はＢから始めたい。」と言った場合に，どのように対応をするかということです。昭和であれば，「俺の言うことを聞け。」と言った時に，相手方が不満を見せれば，蹴ったり，殴り飛ばしたりした可能性すらあります。さらには，「お前はクビだ。」，「ここ

から出て行け。」と言った可能性もあります。パワハラの問題は，このような言動をとってはならないというのが本質です。大事なのは，今日であれば，「なぜ君はBの仕事からしたいのか。」と，部下の話をまず聞いてやれ，ということです。そして，その話を聞いたうえで，Aの仕事をしろという自分の指示を維持するか，部下の言い分が納得できるものであり，Bに変更するかを判断します。そして，やはり自分の指示が正しいと思うのであれば，「Aの仕事から始めるように。」と指示を出します。それに反する者は，注意指導や懲戒の対象となることさえ考えます。したがって，このような言葉で，管理職研修を行います。パワハラは，決して部下を甘やかせろと言っているのではありません。その優位性を背景に，業務上必要な範囲を超えての言動が議論されているのだということを肝に銘じるべきです。

　さらには，このパワハラは従業員の労働生産性を低下させず，維持していくという意味のものであり，企業は，さらに従業員たちが意欲をもって，その労働生産性を上げることについては，パワハラのない職場を作るというだけでなく，日常のコミュニケーションを通じて良好な人間関係を職場に築く必要があることを強く認識する必要があります。そのため，真のコンプライアンス態勢は，職場の風通しを良くして，活き活きとした就業環境づくりをし，労働生産性を上げていくことといえます。しかし，単にコミュニケーションが良く，人間関係が良いといっただけでは，今度は統制がとれない組織になり，仲良しグループになってしまう可能性があります。これでは，労働生産性はまた下がってしまいます。したがって，良好な人間関係を築いたうえで，そのユニットの組織の服務規律はしっかりと維持し，その枠の中で役職者と部下の関係で信頼関係を築いた組織のみが労働生産性を向上させることができると説明します。したがって，適正な日常の労務指揮権とパワーハラスメントの行為類型とは，明確に峻別されるべきものであり，強い指導という1つの言葉でハラスメントを論じるべきではありません。

　以上のような説明をもって，監督者に労務管理に関して自信を持たせる必

要があります。

　そして，このあとは進行表に基づいて，指針，職場におけるハラスメントの形態を説明し，別紙の行為類型を説明します。その説明にあたっては，時間の制約もあるので，当職であれば，別紙⑨を使って，「1．身体的な攻撃（暴行・傷害）」での該当する可能性が高い事例では，「・上司が，部下に対し，『こんな書類でいいと思っているのか』と言って書類で机を叩いたり，『これで消せ』と言って消しゴムを投げつけたり，椅子やゴミ箱などを蹴るのを見せつける，ドアをわざと強く閉めて音を出す等をした。」を説明します。間接暴行が許されないことを説明します。

　次に，「2．精神的な攻撃（脅迫・名誉毀損・侮辱・ひどい暴言）」での該当する可能性が高い事例では，「・上司が，部下に対し，『お前なんか辞めちまえ』『いらない』『消えろ』『お前の代わりはいくらでもいる』『よく生きてこられたな』などと告げ，人格や尊厳，名誉を傷つけた。」「・複数の若手社員に対して，毎日，30分程度立たせたまま，『どういう育てられ方をしてきたのか』『この会社にむいてない』『屋上から飛び降りろ』などといった発言をした。」を説明します。そして，「屋上から飛び降りろ」と言えば，これは自殺教唆として送検の対象ともなることを説明します（大手電機メーカーの事案を説明します）。

　それから，「3．人間関係からの切り離し（隔離・仲間外し・無視）」については，「・社員らが，ある社員をわざと無視し続け，ランチや飲み会，会議でも1人だけ誘わなかった。」という例を説明します。ここで，説明を加えるのは，会社の仕事関係でこのような無視をすることは許されないが，これについて，オフ，つまり役職者との夕食，日曜のゴルフ等といったオフの世界での付き合いをする人としない人で，付き合いをする人間がその役職者の周りに集まり，付き合いをしない者は仕事の中でも排除される。オフのあり方が，オンの社内での付き合いに変わる。このようなことが決してないように強く言います。オフがどんな形の関係であっても，オンの世界では平等に扱

えと強く説明します。

　特に心配なのが，支店長などが本社から離れて一国一城の主で，単身赴任の場合です。夜の食事や日曜のゴルフについて，支店長とともに行動する集団から外れる形になった人達にも，仕事においては決して切り離しが行われることがないように強く説明していきます。

　加えて，「4．過大な要求（業務上明らかに不要なことや遂行不可能なことの強制・仕事の妨害）」と「5．過小な要求（業務上の合理性なく能力や経験とかけ離れた程度の低い仕事を命じることや仕事を与えないこと）」は別として，「6．個の侵害（私的なことに過度に立ち入ること）」の項目はすべて読み上げて，本来プライバシーである世界に入り込むことは許されないことを説明します（この点については，別紙①）。

　そして，別紙⑪の「パワーハラスメントの労務管理上の一考察」の図でキーになるのは，指導教育の対象で，強く指導しなければならない執務態度不良社員と，真面目にやっているが能力不足・行動様式不十分で成果をあげられない社員とでは，教育指導のあり方が異なることです。真面目に仕事している後者の社員に対して教育する場合は，本人の性格を十分に把握し，言葉を選び，指導の行い方を考え，他の社員の前では注意しないようにします。このような配慮が求められる時代であることを意識して説明します。

　加えて，別紙⑫にて，業務上の指導との線引きを参考のため示していますが，今は特に若者の退職があります。せっかく育成しているのに，パワハラを受けると，早い段階で退職する傾向があることを経営者は十分に認識しています。昭和はパワハラ的な厳しい指導に耐えて出世するというのが基本的なサラリーマンのスタイルでありましたが，現在は我慢することなく，就業環境の良好な次の会社を求めて転職するという時代であることをよく説明します。そして，各組織の次課長・部長について，過去3年間程度で部下のうち退職者がどれだけいて，その退職している理由にパワハラの問題がなかったのかを，十分経営としては判断することになりますし，パワハラ気質のあ

る社員は部長につけないという企業もあることを認識しておくべきです。

　そして、当職は、最後に、パワハラの「実務ポイント」として、研修の際に156頁の10項目で説明をしています。その枠の中で大事にするのは、「2.人前で注意ないし指導を行わない」です。役員が部・支店長を、部・支店長が次課長を叱るときに、決して他の社員の前で叱るな、と言います。これは部下の次課長、部・支店長に対する信頼性を失わせしめることを引き起こします。当職は、このことは、叱る役職者の会社に対する背任行為とまで強く申し上げております。

　次に、「6.送ったメールは常に保存されていると思うこと」です。メールについては、常に保存され、そのメールを送った時間帯が明らかになります。就業日の夜11時又は12時、あるいは朝方5時など、このような時間帯には、緊急的なものでない限りメールを送らないようにします。私的生活の侵害になっていることを強く意識させようとします。

　そして、「10.組織は管理職のコミュニケーション能力とその実践が最も重要だと考えること」です。組織の健全性、すなわち組織の最小ユニットとして、組織の成果をあげる責任は次課長クラスが背負っています。したがって、この社員のコミュニケーション能力や実践への教育が必要ですが、さらには、この社員の精神健康、すなわちコミュニケーションを取る心の余裕があることが必要です。したがって、彼らについては、上司に相談、または相談が難しい場合には外部の精神カウンセリングを利用してでも、常に落ち着いた精神状態を維持させる必要があることを説明しています。

　最後に、当職は、パワハラ防止のために必要なのは、法律論よりは、「8.自分が幸せで自分の家族が一番大事でよい。ただし、部下を叱る、指導する際には、部下も自分と自分の家族が一番大事だと思って組織内で頑張っていることを常に思うこと」のような感性だと思っています（さらには、部下の家族にまで影響を及ぼし得るという認識も必要です）。このようなことを思い、一度深呼吸して第一声を発すれば、パワハラのような言動が議論されること

はほぼないと思われます。したがって，当職はパワハラは職場の良好な人間
関係によって減少ないし撲滅できると思います。

巻末資料

巻末資料1

【各ハラスメント（セクハラ・マタハラ等・パワハラ）規程の比較表】

※ハラスメントに関する3つの規程のうち、文言が異なる箇所に下線を引いております。

セクシュアルハラスメント防止規程	マタニティハラスメント等防止規程	パワーハラスメント防止規程
【目的】 第1条　本規程は、当社において禁止するセクシュアルハラスメント（以下、「セクハラ」という）を定義し、セクハラが絶対にあってはならず当社はこれを一切容認しないこと、及びセクハラを行った者に対しては監督権、管理権ないし懲戒権等をもって厳正に対処する方針を明確化し、これを周知・啓発し、対応を定め、もってセクハラを防止することを目的とする。	【目的】 第1条　本規程は、当社において禁止するマタニティハラスメント等（以下、「マタハラ等」という）を定義し、マタハラ等が絶対にあってはならず当社はこれを一切容認しないこと、及びマタハラ等を行った者に対しては監督権、管理権ないし懲戒権等をもって厳正に対処する方針を明確化し、これを周知・啓発し、さらに必要な措置・対応を定め、もってマタハラ等を防止することを目的とする。	【目的】 第1条　本規程は、当社において禁止するパワーハラスメント（以下、「パワハラ」という）を定義し、パワハラが絶対にあってはならず当社はこれを一切容認しないこと、及びパワハラを行った者に対しては監督権、管理権ないし懲戒権等をもって厳正に対処する方針を明確化し、これを周知・啓発し、さらに必要な措置・対応を定め、もってパワハラを防止することを目的とする。
【定義】 第2条 1　セクハラとは、当社が雇用する労働者等により職場等において性的な言動等が行われ、当該性的な言動等に対する対象者の労働者がその対応により当該対象者が不利益を受けること、又は当該性的な言動等により対象者の就業環境が害されること（そのおそれがある場合も含む）をいい、同性に対するものも含む。主	【定義】 第2条 1　マタハラ等とは、当社が雇用する労働者が、職場等において、対象者に対して、妊娠・出産等をしたこと、若しくは妊娠・出産、育児休業又は介護休業等に関する制度・措置の利用を理由とした不利益な取扱いを示唆すること、又はこれらに関する言動により、当該対象者の就業環境が害されること（そのおそれがあ	【定義】 第2条 1　パワハラとは、当社が雇用する労働者等により職場等において行われる優越的な関係を背景とした言動であって、業務上必要かつ相当な範囲を超えたものにより対象者の就業環境が害されること（その対象となる場合がある場合も含む）をいう。

セクシュアルハラスメント防止規程	マタニティハラスメント等防止規程	パワーハラスメント防止規程
……れる。また、対象者の性的指向又は性自認にかかわらず本規程の対象とする。	……る場合も含む）をいう。	
2　前項にいう「当社が雇用する労働者等」は、以下の(1)ないし(4)を含む。 (1)　当社が雇用する労働者の全て (2)　当社が使用する派遣労働者 (3)　当社の構内下請労働者 (4)　その他取引先等の他の事業主又はその雇用する労働者、顧客	2　前項にいう「当社が雇用する労働者等」は、以下の(1)ないし(3)を含む。 (1)　当社が雇用する労働者の全て (2)　当社が使用する派遣労働者 (3)　当社の構内下請労働者	2　前項にいう「当社が雇用する労働者等」は、以下の(1)ないし(3)を含む。 (1)　当社が雇用する労働者の全て (2)　当社が使用する派遣労働者 (3)　当社の構内下請労働者
3　第1項にいう「職場等」とは、当社が雇用する労働者等（前項(4)に該当する者を除く）が業務を遂行する場所又は対象者が業務を遂行する場所を指し、それらの者が通常就業している場所以外の場所であっても、それらの者が業務を遂行する場所であれば「職場等」に含まれる。なお、職場等の上司部下・同僚同士の間で発生した場合には、時間、場所に関係なく、場場等に含む（ただし、純然たる私人関係であった場合を除く）。	3　第1項にいう「職場等」とは、当社が雇用する労働者等が業務を遂行する場所又は対象者が業務を遂行する場所を指し、それらの者が通常就業している場所以外の場所であっても、それらの者が業務を遂行する場所であれば「職場等」に含まれる。なお、職場等の上司部下・同僚同士の間で発生した場合には、時間、場所に関係なく、職場等に含む（ただし、純然たる私人関係であった場合を除く）。	3　第1項にいう「職場等」とは、当社が雇用する労働者等が業務を遂行する場所又は対象者が業務を遂行する場所を指し、それらの者が通常就業している場所以外の場所であっても、それらの者が業務を遂行する場所であれば「職場等」に含まれる。なお、職場等の上司部下・同僚同士の間で発生した場合には、時間、場所に関係なく、「職場等」に含む（ただし、純然たる私人関係であった場合を除く）。
4　第1項にいう「対象者」は、以下の(1)ないし(5)を含む。 (1)　当社が雇用する労働者の全て (2)　当社が使用する派遣労働者 (3)　当社の構内下請労働者 (4)　当社と取引関係等一定の関係を有す	4　第1項にいう「対象者」は、以下の(1)ないし(5)を含む。 (1)　当社が雇用する労働者の全て (2)　当社が使用する派遣労働者 (3)　当社の構内下請労働者 (4)　当社と取引関係等一定の関係を有す	4　第1項にいう「対象者」は、以下の(1)ないし(5)を含む。 (1)　当社が雇用する労働者の全て (2)　当社が使用する派遣労働者 (3)　当社の構内下請労働者 (4)　当社と取引関係等一定の関係を有す

セクシュアルハラスメント防止規程	マタニティハラスメント等防止規程	パワーハラスメント防止規程
る会社等の関係者（(1)ないし(3)の「当社」を「当社と取引関係等一定の関係を有する会社等」に読み替えた場合の労働者を含む。これに限られない） (5) その他(4)に準じる関係にあると会社が認めた者（就活生を含むが、これに限られない） 5(1) 第1項にいう「性的な言動等」とは、性的な内容の発言及び性的な行動、又はこれらに類似した内容の発言及び行動を指す。［これらに類似した内容の発言及び行動］には、性別役割分担意識に基づく言動等が含まれる。 (2) ［性的な言動等］に該当する行為の典型例を、次のとおり示す。 ア 性的及び身体上の事柄に関する不必要な質問・発言 イ 性的及び身体上の事柄に関するうわさの流布 ウ わいせつな図画の閲覧、配布、掲示 エ 不必要な身体への接触 オ 交際・性的関係の強要	る会社等の関係者（(1)ないし(3)の「当社」を「当社と取引関係等一定の関係を有する会社等」に読み替えた場合の労働者を含む。これに限られない） (5) その他(4)に準じる関係にあると会社が認めた者 5 第1項にいう「不利益な取扱いを示唆すること、又はこれらに関する言動」に該当するのは以下の(1)ないし(5)が含まれる。 (1) 対象者が妊娠・出産等をしたことにより、解雇その他の不利益な取扱いを示唆する言動 (2) 対象者の妊娠、出産、育児休業、介護休業等に関する制度・措置の利用に関し、解雇その他の不利益な取扱いを示唆する言動 (3) 対象者の妊娠、出産、育児休業、介護休業等に関する制度・措置の利用を阻害する言動 (4) 対象者が妊娠・出産等をしたことに対する嫌がらせ等 (5) 対象者が妊娠、出産、育児休業、介護休業等に関する制度・措置を利用したことによる嫌がらせ等	る会社等の関係者（(1)ないし(3)の「当社」を「当社と取引関係等一定の関係を有する会社等」に読み替えた場合の労働者を含む。これに限られない） (5) その他(4)に準じる関係にあると会社が認めた者（就活生を含むが、これに限られない） 5 第1項にいう「優越的な関係」とは、業務を遂行するにあたって、当該言動を受ける対象者が当社が雇用する労働者等に対して抵抗又は拒絶することができない蓋然性が高い関係を背景として行われるものをいい、職務上の地位が上位という関係のみならず、業務上必要な知識・経験、スキル又は集団に対する行為など、何らかの形で優位な立場にあるという関係も含む。

セクシュアルハラスメント防止規程	マタニティハラスメント等防止規程	パワーハラスメント防止規程
6(1) 第1項にいう「対象者の対応により当該対象者がその労働条件につき不利益を受けること」とは、性的な言動等への抗議又は拒否等を行った者が、解雇、不当な人事考課、配置転換等の不利益を受けること等をいう。 (2) 第1項にいう「対象者の就業環境が害されること（そのおそれがある場合も含む。）」とは、対象者の就業意欲を低下せしめ、能力の発揮が阻害されること、若しくは阻害されるおそれがあること等をいう。	6 第1項にいう「当該対象者の就業環境が害されること（そのおそれがある場合も含む。）」とは、対象者の就業意欲を低下せしめ、能力の発揮が阻害されること、若しくは阻害されるおそれがあること等をいう。	6 第1項にいう「業務上必要かつ相当な範囲を超えたもの」とは、社会通念に照らし、当該行為が明らかに業務上の必要性がない、又はその態様が相当でないものであることをいう。 7 第1項にいう「対象者の就業環境が害されること（そのおそれがある場合も含む。）」とは、対象者の就業意欲を低下せしめ、能力の発揮が阻害されること、若しくは阻害されるおそれがあること等をいう。 8 パワハラに該当する行為の典型例を、次のとおり示す。 (1) 暴行・傷害等身体的な攻撃を行うこと (2) 脅迫・名誉棄損・侮辱・ひどい暴言等精神的な攻撃を行うこと (3) 隔離・仲間外し・無視等人間関係からの切り離しを行うこと (4) 業務上明らかに不要なことや遂行不可能なことの強制、仕事の妨害等を行うこと (5) 業務上の合理性なく、能力や経験とかけ離れた程度の低い仕事を命じることや仕事を与えないこと (6) 私的なことに過度に立ち入ること

セクシュアルハラスメント防止規程	マタニティハラスメント等防止規程	パワーハラスメント防止規程
【禁止行為等】 第3条 1　当社が雇用する労働者等（第2条第2項(4)に該当する者を除く。以下本条において同じ。）は、職場等においてセクハラに該当する行為をしてはならない。 2　当社が雇用する労働者等は、職場等においてセクハラに該当する行為が行われていることを確認したときは、第4条第2項に定める相談窓口への申出や上司への報告等といった対応をしなければならない。 3　当社の監督若しくは管理の地位にある者は、セクハラに該当する行為が行われていることを確認したときは中止させ、その発生のおそれがあるときは防止しなければならない。 【相談及び苦情への対応】 第4条 1　セクハラに関する相談及び苦情処理の相談窓口は本社及び各事業場で設けることとし、その責任者は人事部長とする。窓口担当者の名前を人事異動等の変更の都度、周知するとともに、担当者に対し相談対応に必要な研修を行うものとする。	【禁止行為等】 第3条 1　当社が雇用する労働者等は、職場等においてマタハラ等に該当する行為をしてはならない。 2　当社が雇用する労働者等は、職場等においてマタハラに該当する行為が行われていることを確認したときは、第4条第2項に定める相談窓口への申出や上司への報告等といった対応をしなければならない。 3　当社の監督若しくは管理の地位にある者は、マタハラ等に該当する行為が行われていることを確認したときは中止させ、その発生のおそれがあるときは防止しなければならない。 【相談及び苦情への対応】 第4条 1　マタハラ等に関する相談及び苦情処理の相談窓口は本社及び各事業場で設けることとし、その責任者は人事部長とする。窓口担当者の名前を人事異動等の変更の都度、周知するとともに、担当者に対し相談対応に必要な研修を行うものとする。	【禁止行為等】 第3条 1　当社が雇用する労働者等は、職場等においてパワハラに該当する行為をしてはならない。 2　当社が雇用する労働者等は、職場等においてパワハラに該当する行為が行われていることを確認したときは、第4条第2項に定める相談窓口への申出や上司への報告等といった対応をしなければならない。 3　当社の監督若しくは管理の地位にある者は、パワハラに該当する行為が行われていることを確認したときは中止させ、その発生のおそれがあるときは防止しなければならない。 【相談及び苦情への対応】 第4条 1　パワハラ等に関する相談及び苦情処理の相談窓口は本社及び各事業場で設けることとし、その責任者は人事部長とする。窓口担当者の名前を人事異動等の変更の都度、周知するとともに、担当者に対し相談対応に必要な研修を行うものとする。

セクシュアルハラスメント防止規程	マタニティハラスメント等防止規程	パワーハラスメント防止規程
2(1) 原則として、就業時間外に<u>第2条第4項(1)ないし(3)に該当するセク</u>ハラに関する相談を相談窓口の担当者に申し出ることができる（以下、相談を申し出た者を「相談者」という）。	2(1) 当社が雇用する労働者等は、原則として、就業時間外にマタハラ等（不利益取扱いを受けた相談も含む）に関する相談を相談窓口の担当者に申し出ることができる（以下、相談を申し出た者を「相談者」という）。	2(1) 当社が雇用する労働者等は、原則として、就業時間外にパワハラに関する相談を相談窓口の担当者に申し出ることができる（以下、相談を申し出た者を「相談者」という）。
(2) 前号の申出は、原則、就業時間外にしなければならないが、緊急を要するやむを得ない場合は、就業時間中においても申し出ることができる。	(2) 前号の申出は、原則、就業時間外にしなければならないが、緊急を要するやむを得ない場合は、就業時間中においても申し出ることができる。	(2) 前号の申出は、原則、就業時間外にしなければならないが、緊急を要するやむを得ない場合は、就業時間中においても申し出ることができる。
(3) 第1号の相談の申出は、すでに当社で一定の判断がなされた事案と同内容のものである場合は、受け付けないことがある。	(3) 第1号の相談の申出は、すでに当社で一定の判断がなされた事案と同内容のものである場合は、受け付けないことがある。	(3) 第1号の相談の申出は、すでに当社で一定の判断がなされた事案と同内容のものである場合は、受け付けないことがある。
(4) 相談者は、当該相談にあたり当社に対してカウンセリングの利用をあわせて申し出ることができる。	(4) 相談者は、当該相談にあたり当社に対してカウンセリングの利用をあわせて申し出ることができる。	(4) 相談者は、当該相談にあたり当社に対してカウンセリングの利用をあわせて申し出ることができる。
(5) 当社は、前号によるカウンセリングの結果を把握する等、相談者の心理状況に配慮したうえで、次の第3項から第5項に定める対応を決定する。	(5) 当社は、前号によるカウンセリングの結果を把握する等、相談者の心理状況に配慮したうえで、次の第3項から第5項に定める対応を決定する。	(5) 当社は、前号によるカウンセリングの結果を把握する等、相談者の心理状況に配慮したうえで、次の第3項から第5項に定める対応を決定する。
3(1) 相談窓口担当者は相談者からの事実確認の後、人事部長へ報告する。	3(1) 相談窓口担当者は相談者からの事実確認の後、人事部長へ報告する。	3(1) 相談窓口担当者は相談者からの事実確認の後、人事部長へ報告する。
(2) 前号の報告に基づき、人事部長は調査の要否を判断する。	(2) 前号の報告に基づき、人事部長は調査の要否を判断する。	(2) 前号の報告に基づき、人事部長は調査の要否を判断する。
(3) 前号において調査の必要があると判断した場合、人事部長は相談者のプラ	(3) 前号において調査の必要があると判断した場合、人事部長は相談者のプラ	(3) 前号において調査の必要があると判断した場合、人事部長は相談者のプラ

セクシュアルハラスメント防止規程	マタニティハラスメント等防止規程	パワーハラスメント防止規程
イ プライバシーに配慮したうえで、必要に応じて行為者、被害者、上司その他の労働者等に事実関係を聴取する。なお、人事部長は、必要に応じて、関連部署に調査を依頼し、又は調査の協力を要請することができるほか、行為者が他の事業主により雇用される労働者又は他の事業主（その者が法人である場合にあっては、その役員）である場合には、必要に応じて、他の事業主に事実関係の確認への協力を求める。 (4) 前号の聴取を求められた労働者等は、正当な理由なくこれを拒むことはできない。 4 調査の結果が認められた場合は、当社は以下の措置を講じることがある。 (1) 第2条第2項(1)に該当する者に対し、以下の対応 ア 管理権・監督権に基づく対応 イ 就業規則○条（譴責、減給、出勤停止又は降格）又は就業規則○条（諭旨解雇又は懲戒解雇）に基づく懲戒処分 (2) 第2条第2項(2)に該当する者に対し、監督権に基づく対応、派遣元会社に是正を求める等の対応	イ プライバシーに配慮したうえで、必要に応じて行為者、被害者、上司その他の労働者等に事実関係を聴取する。なお、人事部長は、必要に応じて、関連部署に調査を依頼し、又は調査の協力を要請することができる。 (4) 前号の聴取を求められた労働者等は、正当な理由なくこれを拒むことはできない。 4 調査の結果として第2条第1項に定める行為が認められた場合は、当社は以下の措置を講じることがある。 (1) 第2条第2項(1)に該当する者に対し、以下の対応 ア 管理権・監督権に基づく対応 イ 就業規則○条（譴責、減給、出勤停止又は降格）又は就業規則○条（諭旨解雇又は懲戒解雇）に基づく懲戒処分 (2) 第2条第2項(2)に該当する者に対し、監督権に基づく対応、派遣元会社に是正を求める等の対応	イ プライバシーに配慮したうえで、必要に応じて行為者、被害者、上司その他の労働者等に事実関係を聴取する。なお、人事部長は、必要に応じて、関連部署に調査を依頼し、又は調査の協力を要請することができる。 (4) 前号の聴取を求められた労働者等は、正当な理由なくこれを拒むことはできない。 4 調査の結果として第2条第1項に定める行為が認められた場合は、当社は以下の措置を講じることがある。 (1) 第2条第2項(1)に該当する者に対し、以下の対応 ア 管理権・監督権に基づく対応 イ 就業規則○条（譴責、減給、出勤停止又は降格）又は就業規則○条（諭旨解雇又は懲戒解雇）に基づく懲戒処分 (2) 第2条第2項(2)に該当する者に対し、監督権に基づく対応、派遣元会社に是正を求める等の対応

パワーハラスメント防止規程

(3) 第2条第2項(3)に該当する者に対し、直接指示ないしは発注者として受注者に対して指図を通じて是正を求める等の対応

(4) 第3条第3項に反して適切に監督権・管理権を行使しなかった者に対し、就業規則○条（譴責、減給、出勤停止又は降格）に基づく懲戒処分

5 人事部長は、問題解決のための措置が必要であると判断した場合、被害者の労働条件及び就業環境を改善するために必要な措置を講じることができる。

6 相談者及び苦情への対応にあたっては、関係者のプライバシーを保護するよう努めるとともに、相談をしたこと又は事実関係の確認に協力したこと等を理由として不利益な取扱いは行わない。

マタニティハラスメント等防止規程

(3) 第2条第2項(3)に該当する者に対し、直接指示ないしは発注者として受注者に対して指図を通じて是正を求める等の対応

(4) 第3条第3項に反して適切に監督権・管理権を行使しなかった者に対し、就業規則○条（譴責、減給、出勤停止又は降格）に基づく懲戒処分

5 人事部長は、問題解決のための措置が必要であると判断した場合、被害者の労働条件及び就業環境を改善するために必要な措置を講じることができる。

6 相談者及び苦情への対応にあたっては、関係者のプライバシーを保護するよう努めるとともに、相談をしたこと又は事実関係の確認に協力したこと等を理由として不利益な取扱いは行わない。

セクシュアルハラスメント防止規程

(3) 第2条第2項(3)に該当する者に対し、直接指示ないしは発注者として受注者に対して指図を通じて是正を求める等の対応

(4) 第3条第3項に反して適切に監督権・管理権を行使しなかった者に対し、就業規則○条（譴責、減給、出勤停止又は降格）に基づく懲戒処分

5 人事部長は、問題解決のための措置が必要であると判断した場合、被害者の労働条件及び就業環境を改善するために必要な措置を講じることができる。

6(1) 人事部長は、行為者が、他の事業主が雇用する労働者又は他の事業主（その役員）である場合にあっては、必要に応じて、他の事業主に再発防止に向けた措置への協力を求める。

(2) 人事部長は、行為者が、第2条第2項(4)に該当する者であるとき（前項に該当する場合を除く）は、セクハラを行わないよう求める等の対応につとめる。

7 相談者及び苦情への対応にあたっては、関係者のプライバシーを保護するよう努めるとともに、相談をしたこと等を理由として不利益な取扱いは行わない。

セクシュアルハラスメント防止規程	マタニティハラスメント等防止規程	パワーハラスメント防止規程
【再発防止等】 第5条 1 人事部長は、セクハラ事案が発生したと きは、再発防止策の実施の要否を判断す る。 2 再発防止策を実施する場合、人事部長 は、その必要に応じ、周知の再徹底及び 研修の実施、事案発生の原因の分析等の 措置を講じなければならない。 【調査協力】 第6条 当社は、他の事業主から当該事業主の講 ずるセクハラ防止措置の実施に関し必要な 協力を求められた場合には、これに応ずる ようにつとめる。 【附則】 ○年○月○日より実施	【再発防止等】 第5条 1 人事部長は、マタハラ等事案が発生した ときは、再発防止策の実施の要否を判断 する。 2 再発防止策を実施する場合、人事部長 は、その必要に応じ、周知の再徹底及び 研修の実施、事案発生の原因の分析等の 措置を講じなければならない。 【附則】 ○年○月○日より実施	【再発防止等】 第5条 1 人事部長は、パワハラ事案が発生したと きは、再発防止策の実施の要否を判断す る。 2 再発防止策を実施する場合、人事部長 は、その必要に応じ、周知の再徹底及び 研修の実施、事案発生の原因の分析等の 措置を講じなければならない。 【附則】 ○年○月○日より実施

巻末資料2

**事業主が職場における優越的な関係を背景とした言動に起因する問題に関して
雇用管理上講ずべき措置等についての指針**（令和2年厚生労働省告示第5号）

1　はじめに

　　この指針は，労働施策の総合的な推進並びに労働者の雇用の安定及び職業生活の
　充実等に関する法律（昭和41年法律第132号。以下「法」という。）第30条の2第1
　項及び第2項に規定する事業主が職場において行われる優越的な関係を背景とした
　言動であって，業務上必要かつ相当な範囲を超えたものにより，その雇用する労働
　者の就業環境が害されること（以下「職場におけるパワーハラスメント」という。）
　のないよう雇用管理上講ずべき措置等について，同条第3項の規定に基づき事業主
　が適切かつ有効な実施を図るために必要な事項について定めたものである。

2　職場におけるパワーハラスメントの内容
　(1)　職場におけるパワーハラスメントは，職場において行われる①優越的な関係を
　　　背景とした言動であって，②業務上必要かつ相当な範囲を超えたものにより，③
　　　労働者の就業環境が害されるものであり，①から③までの要素を全て満たすもの
　　　をいう。
　　　なお，客観的にみて，業務上必要かつ相当な範囲で行われる適正な業務指示や
　　　指導については，職場におけるパワーハラスメントには該当しない。
　(2)　「職場」とは，事業主が雇用する労働者が業務を遂行する場所を指し，当該労働
　　　者が通常就業している場所以外の場所であっても，当該労働者が業務を遂行する
　　　場所については，「職場」に含まれる。
　(3)　「労働者」とは，いわゆる正規雇用労働者のみならず，パートタイム労働者，契
　　　約社員等いわゆる非正規雇用労働者を含む事業主が雇用する労働者の全てをいう。
　　　また，派遣労働者については，派遣元事業主のみならず，労働者派遣の役務の
　　　提供を受ける者についても，労働者派遣事業の適正な運営の確保及び派遣労働者
　　　の保護等に関する法律（昭和60年法律第88号）第47条の4の規定により，その指
　　　揮命令の下に労働させる派遣労働者を雇用する事業主とみなされ，法第30条の2
　　　第1項及び第30条の3第2項の規定が適用されることから，労働者派遣の役務の
　　　提供を受ける者は，派遣労働者についてもその雇用する労働者と同様に，3(1)の

配慮及び４の措置を講ずることが必要である。なお，法第30条の２第２項，第30条の５第２項及び第30条の６第２項の労働者に対する不利益な取扱いの禁止については，派遣労働者も対象に含まれるものであり，派遣元事業主のみならず，労働者派遣の役務の提供を受ける者もまた，当該者に派遣労働者が職場におけるパワーハラスメントの相談を行ったこと等を理由として，当該派遣労働者に係る労働者派遣の役務の提供を拒む等，当該派遣労働者に対する不利益な取扱いを行ってはならない。

(4)　「優越的な関係を背景とした」言動とは，当該事業主の業務を遂行するに当たって，当該言動を受ける労働者が当該言動の行為者とされる者（以下「行為者」という。）に対して抵抗又は拒絶することができない蓋然性が高い関係を背景として行われるものを指し，例えば，以下のもの等が含まれる。

- 職務上の地位が上位の者による言動
- 同僚又は部下による言動で，当該言動を行う者が業務上必要な知識や豊富な経験を有しており，当該者の協力を得なければ業務の円滑な遂行を行うことが困難であるもの
- 同僚又は部下からの集団による行為で，これに抵抗又は拒絶することが困難であるもの

(5)　「業務上必要かつ相当な範囲を超えた」言動とは，社会通念に照らし，当該言動が明らかに当該事業主の業務上必要性がない，又はその態様が相当でないものを指し，例えば，以下のもの等が含まれる。

- 業務上明らかに必要性のない言動
- 業務の目的を大きく逸脱した言動
- 業務を遂行するための手段として不適当な言動
- 当該行為の回数，行為者の数等，その態様や手段が社会通念に照らして許容される範囲を超える言動

　　この判断に当たっては，様々な要素（当該言動の目的，当該言動を受けた労働者の問題行動の有無や内容・程度を含む当該言動が行われた経緯や状況，業種・業態，業務の内容・性質，当該言動の態様・頻度・継続性，労働者の属性や心身の状況，行為者との関係性等）を総合的に考慮することが適当である。また，その際には，個別の事案における労働者の行動が問題となる場合は，その内容・程度とそれに対する指導の態様等の相対的な関係性が重要な要素となることについても留意が必要である。

(6)　「労働者の就業環境が害される」とは，当該言動により労働者が身体的又は精神

的に苦痛を与えられ，労働者の就業環境が不快なものとなったため，能力の発揮
に重大な悪影響が生じる等当該労働者が就業する上で看過できない程度の支障が
生じることを指す。

　この判断に当たっては，「平均的な労働者の感じ方」，すなわち，同様の状況で
当該言動を受けた場合に，社会一般の労働者が，就業する上で看過できない程度
の支障が生じたと感じるような言動であるかどうかを基準とすることが適当であ
る。

(7)　職場におけるパワーハラスメントは，(1)の①から③までの要素を全て満たすも
のをいい（客観的にみて，業務上必要かつ相当な範囲で行われる適正な業務指示
や指導については，職場におけるパワーハラスメントには該当しない。），個別の
事案についてその該当性を判断するに当たっては，(5)で総合的に考慮することと
した事項のほか，当該言動により労働者が受ける身体的又は精神的な苦痛の程度
等を総合的に考慮して判断することが必要である。

　このため，個別の事案の判断に際しては，相談窓口の担当者等がこうした事項
に十分留意し，相談を行った労働者（以下「相談者」という。）の心身の状況や当
該言動が行われた際の受け止めなどその認識にも配慮しながら，相談者及び行為
者の双方から丁寧に事実確認等を行うことも重要である。

　これらのことを十分踏まえて，予防から再発防止に至る一連の措置を適切に講
じることが必要である。

　職場におけるパワーハラスメントの状況は多様であるが，代表的な言動の類型
としては，以下のイからへまでのものがあり，当該言動の類型ごとに，典型的に
職場におけるパワーハラスメントに該当し，又は該当しないと考えられる例とし
ては，次のようなものがある。

　ただし，個別の事案の状況等によって判断が異なる場合もあり得ること，また，
次の例は限定列挙ではないことに十分留意し，4(2)ロにあるとおり広く相談に対
応するなど，適切な対応を行うようにすることが必要である。

　なお，職場におけるパワーハラスメントに該当すると考えられる以下の例につ
いては，行為者と当該言動を受ける労働者の関係性を個別に記載していないが，
(4)にあるとおり，優越的な関係を背景として行われたものであることが前提であ
る。

　イ　身体的な攻撃（暴行・傷害）

　　(イ)　該当すると考えられる例

　　　①　殴打，足蹴りを行うこと。

②　相手に物を投げつけること。
　(ロ)　該当しないと考えられる例
①　誤ってぶつかること。
ロ　精神的な攻撃（脅迫・名誉棄損・侮辱・ひどい暴言）
　(イ)　該当すると考えられる例
①　人格を否定するような言動を行うこと。相手の性的指向・性自認に関する侮辱的な言動を行うことを含む。
②　業務の遂行に関する必要以上に長時間にわたる厳しい叱責を繰り返し行うこと。
③　他の労働者の面前における大声での威圧的な叱責を繰り返し行うこと。
④　相手の能力を否定し，罵倒するような内容の電子メール等を当該相手を含む複数の労働者宛てに送信すること。
　(ロ)　該当しないと考えられる例
①　遅刻など社会的ルールを欠いた言動が見られ，再三注意してもそれが改善されない労働者に対して一定程度強く注意をすること。
②　その企業の業務の内容や性質等に照らして重大な問題行動を行った労働者に対して，一定程度強く注意をすること。
ハ　人間関係からの切り離し（隔離・仲間外し・無視）
　(イ)　該当すると考えられる例
①　自身の意に沿わない労働者に対して，仕事を外し，長期間にわたり，別室に隔離したり，自宅研修させたりすること。
②　一人の労働者に対して同僚が集団で無視をし，職場で孤立させること。
　(ロ)　該当しないと考えられる例
①　新規に採用した労働者を育成するために短期間集中的に別室で研修等の教育を実施すること。
②　懲戒規定に基づき処分を受けた労働者に対し，通常の業務に復帰させるために，その前に，一時的に別室で必要な研修を受けさせること。
ニ　過大な要求（業務上明らかに不要なことや遂行不可能なことの強制・仕事の妨害）
　(イ)　該当すると考えられる例
①　長期間にわたる，肉体的苦痛を伴う過酷な環境下での勤務に直接関係のない作業を命ずること。
②　新卒採用者に対し，必要な教育を行わないまま到底対応できないレベル

の業績目標を課し，達成できなかったことに対し厳しく叱責すること。

③　労働者に業務とは関係のない私的な雑用の処理を強制的に行わせること。

(ロ)　該当しないと考えられる例

①　労働者を育成するために現状よりも少し高いレベルの業務を任せること。

②　業務の繁忙期に，業務上の必要性から，当該業務の担当者に通常時よりも一定程度多い業務の処理を任せること。

ホ　過小な要求（業務上の合理性なく能力や経験とかけ離れた程度の低い仕事を命じることや仕事を与えないこと）

(イ)　該当すると考えられる例

①　管理職である労働者を退職させるため，誰でも遂行可能な業務を行わせること。

②　気にいらない労働者に対して嫌がらせのために仕事を与えないこと。

(ロ)　該当しないと考えられる例

①　労働者の能力に応じて，一定程度業務内容や業務量を軽減すること。

ヘ　個の侵害（私的なことに過度に立ち入ること）

(イ)　該当すると考えられる例

①　労働者を職場外でも継続的に監視したり，私物の写真撮影をしたりすること。

②　労働者の性的指向・性自認や病歴，不妊治療等の機微な個人情報について，当該労働者の了解を得ずに他の労働者に暴露すること。

(ロ)　該当しないと考えられる例

①　労働者への配慮を目的として，労働者の家族の状況等についてヒアリングを行うこと。

②　労働者の了解を得て，当該労働者の性的指向・性自認や病歴，不妊治療等の機微な個人情報について，必要な範囲で人事労務部門の担当者に伝達し，配慮を促すこと。

　この点，プライバシー保護の観点から，ヘ(イ)②のように機微な個人情報を暴露することのないよう，労働者に周知・啓発する等の措置を講じることが必要である。

3　事業主等の責務

(1)　事業主の責務

　法第30条の3第2項の規定により，事業主は，職場におけるパワーハラスメン

トを行ってはならないことその他職場におけるパワーハラスメントに起因する問題（以下「パワーハラスメント問題」という。）に対するその雇用する労働者の関心と理解を深めるとともに，当該労働者が他の労働者（他の事業主が雇用する労働者及び求職者を含む。(2)において同じ。）に対する言動に必要な注意を払うよう，研修の実施その他の必要な配慮をするほか，国の講ずる同条第１項の広報活動，啓発活動その他の措置に協力するように努めなければならない。なお，職場におけるパワーハラスメントに起因する問題としては，例えば，労働者の意欲の低下などによる職場環境の悪化や職場全体の生産性の低下，労働者の健康状態の悪化，休職や退職などにつながり得ること，これらに伴う経営的な損失等が考えられる。

　また，事業主（その者が法人である場合にあっては，その役員）は，自らも，パワーハラスメント問題に対する関心と理解を深め，労働者（他の事業主が雇用する労働者及び求職者を含む。）に対する言動に必要な注意を払うように努めなければならない。

(2)　労働者の責務

　法第30条の３第４項の規定により，労働者は，パワーハラスメント問題に対する関心と理解を深め，他の労働者に対する言動に必要な注意を払うとともに，事業主の講ずる４の措置に協力するように努めなければならない。

4　事業主が職場における優越的な関係を背景とした言動に起因する問題に関し雇用管理上講ずべき措置の内容

　事業主は，当該事業主が雇用する労働者又は当該事業主（その者が法人である場合にあっては，その役員）が行う職場におけるパワーハラスメントを防止するため，雇用管理上次の措置を講じなければならない。

(1)　事業主の方針等の明確化及びその周知・啓発

　事業主は，職場におけるパワーハラスメントに関する方針の明確化，労働者に対するその方針の周知・啓発として，次の措置を講じなければならない。

　なお，周知・啓発をするに当たっては，職場におけるパワーハラスメントの防止の効果を高めるため，その発生の原因や背景について労働者の理解を深めることが重要である。その際，職場におけるパワーハラスメントの発生の原因や背景には，労働者同士のコミュニケーションの希薄化などの職場環境の問題もあると考えられる。そのため，これらを幅広く解消していくことが職場におけるパワーハラスメントの防止の効果を高める上で重要であることに留意することが必要である。

イ　職場におけるパワーハラスメントの内容及び職場におけるパワーハラスメントを行ってはならない旨の方針を明確化し，管理監督者を含む労働者に周知・啓発すること。

（事業主の方針等を明確化し，労働者に周知・啓発していると認められる例）

① 就業規則その他の職場における服務規律等を定めた文書において，職場におけるパワーハラスメントを行ってはならない旨の方針を規定し，当該規定と併せて，職場におけるパワーハラスメントの内容及びその発生の原因や背景を労働者に周知・啓発すること。

② 社内報，パンフレット，社内ホームページ等広報又は啓発のための資料等に職場におけるパワーハラスメントの内容及びその発生の原因や背景並びに職場におけるパワーハラスメントを行ってはならない旨の方針を記載し，配布等すること。

③ 職場におけるパワーハラスメントの内容及びその発生の原因や背景並びに職場におけるパワーハラスメントを行ってはならない旨の方針を労働者に対して周知・啓発するための研修，講習等を実施すること。

ロ　職場におけるパワーハラスメントに係る言動を行った者については，厳正に対処する旨の方針及び対処の内容を就業規則その他の職場における服務規律等を定めた文書に規定し，管理監督者を含む労働者に周知・啓発すること。

（対処方針を定め，労働者に周知・啓発していると認められる例）

① 就業規則その他の職場における服務規律等を定めた文書において，職場におけるパワーハラスメントに係る言動を行った者に対する懲戒規定を定め，その内容を労働者に周知・啓発すること。

② 職場におけるパワーハラスメントに係る言動を行った者は，現行の就業規則その他の職場における服務規律等を定めた文書において定められている懲戒規定の適用の対象となる旨を明確化し，これを労働者に周知・啓発すること。

(2) 相談（苦情を含む。以下同じ。）に応じ，適切に対応するために必要な体制の整備

事業主は，労働者からの相談に対し，その内容や状況に応じ適切かつ柔軟に対応するために必要な体制の整備として，次の措置を講じなければならない。

イ　相談への対応のための窓口（以下「相談窓口」という。）をあらかじめ定め，労働者に周知すること。

（相談窓口をあらかじめ定めていると認められる例）

① 相談に対応する担当者をあらかじめ定めること。

② 相談に対応するための制度を設けること。

③ 外部の機関に相談への対応を委託すること。

ロ　イの相談窓口の担当者が，相談に対し，その内容や状況に応じ適切に対応できるようにすること。また，相談窓口においては，被害を受けた労働者が萎縮するなどして相談を躊躇する例もあること等も踏まえ，相談者の心身の状況や当該言動が行われた際の受け止めなどその認識にも配慮しながら，職場におけるパワーハラスメントが現実に生じている場合だけでなく，その発生のおそれがある場合や，職場におけるパワーハラスメントに該当するか否か微妙な場合であっても，広く相談に対応し，適切な対応を行うようにすること。例えば，放置すれば就業環境を害するおそれがある場合や，労働者同士のコミュニケーションの希薄化などの職場環境の問題が原因や背景となってパワーハラスメントが生じるおそれがある場合等が考えられる。

(相談窓口の担当者が適切に対応することができるようにしていると認められる例)

① 相談窓口の担当者が相談を受けた場合，その内容や状況に応じて，相談窓口の担当者と人事部門とが連携を図ることができる仕組みとすること。

② 相談窓口の担当者が相談を受けた場合，あらかじめ作成した留意点などを記載したマニュアルに基づき対応すること。

③ 相談窓口の担当者に対し，相談を受けた場合の対応についての研修を行うこと。

(3) 職場におけるパワーハラスメントに係る事後の迅速かつ適切な対応

事業主は，職場におけるパワーハラスメントに係る相談の申出があった場合において，その事案に係る事実関係の迅速かつ正確な確認及び適正な対処として，次の措置を講じなければならない。

イ　事案に係る事実関係を迅速かつ正確に確認すること。

(事案に係る事実関係を迅速かつ正確に確認していると認められる例)

① 相談窓口の担当者，人事部門又は専門の委員会等が，相談者及び行為者の双方から事実関係を確認すること。その際，相談者の心身の状況や当該言動が行われた際の受け止めなどその認識にも適切に配慮すること。

また，相談者と行為者との間で事実関係に関する主張に不一致があり，事実の確認が十分にできないと認められる場合には，第三者からも事実関係を聴取する等の措置を講ずること。

②　事実関係を迅速かつ正確に確認しようとしたが，確認が困難な場合などにおいて，法第30条の6に基づく調停の申請を行うことその他中立な第三者機関に紛争処理を委ねること。

ロ　イにより，職場におけるパワーハラスメントが生じた事実が確認できた場合においては，速やかに被害を受けた労働者（以下「被害者」という。）に対する配慮のための措置を適正に行うこと。

（措置を適正に行っていると認められる例）

①　事案の内容や状況に応じ，被害者と行為者の間の関係改善に向けての援助，被害者と行為者を引き離すための配置転換，行為者の謝罪，被害者の労働条件上の不利益の回復，管理監督者又は事業場内産業保健スタッフ等による被害者のメンタルヘルス不調への相談対応等の措置を講ずること。

②　法第30条の6に基づく調停その他中立な第三者機関の紛争解決案に従った措置を被害者に対して講ずること。

ハ　イにより，職場におけるパワーハラスメントが生じた事実が確認できた場合においては，行為者に対する措置を適正に行うこと。

（措置を適正に行っていると認められる例）

①　就業規則その他の職場における服務規律等を定めた文書における職場におけるパワーハラスメントに関する規定等に基づき，行為者に対して必要な懲戒その他の措置を講ずること。あわせて，事案の内容や状況に応じ，被害者と行為者の間の関係改善に向けての援助，被害者と行為者を引き離すための配置転換，行為者の謝罪等の措置を講ずること。

②　法第30条の6に基づく調停その他中立な第三者機関の紛争解決案に従った措置を行為者に対して講ずること。

ニ　改めて職場におけるパワーハラスメントに関する方針を周知・啓発する等の再発防止に向けた措置を講ずること。

なお，職場におけるパワーハラスメントが生じた事実が確認できなかった場合においても，同様の措置を講ずること。

（再発防止に向けた措置を講じていると認められる例）

①　職場におけるパワーハラスメントを行ってはならない旨の方針及び職場におけるパワーハラスメントに係る言動を行った者について厳正に対処する旨の方針を，社内報，パンフレット，社内ホームページ等広報又は啓発のための資料等に改めて掲載し，配布等すること。

②　労働者に対して職場におけるパワーハラスメントに関する意識を啓発する

ための研修，講習等を改めて実施すること。

(4)　(1)から(3)までの措置と併せて講ずべき措置

(1)から(3)までの措置を講ずるに際しては，併せて次の措置を講じなければならない。

イ　職場におけるパワーハラスメントに係る相談者・行為者等の情報は当該相談者・行為者等のプライバシーに属するものであることから，相談への対応又は当該パワーハラスメントに係る事後の対応に当たっては，相談者・行為者等のプライバシーを保護するために必要な措置を講ずるとともに，その旨を労働者に対して周知すること。なお，相談者・行為者等のプライバシーには，性的指向・性自認や病歴，不妊治療等の機微な個人情報も含まれるものであること。

（相談者・行為者等のプライバシーを保護するために必要な措置を講じていると認められる例）

①　相談者・行為者等のプライバシーの保護のために必要な事項をあらかじめマニュアルに定め，相談窓口の担当者が相談を受けた際には，当該マニュアルに基づき対応するものとすること。

②　相談者・行為者等のプライバシーの保護のために，相談窓口の担当者に必要な研修を行うこと。

③　相談窓口においては相談者・行為者等のプライバシーを保護するために必要な措置を講じていることを，社内報，パンフレット，社内ホームページ等広報又は啓発のための資料等に掲載し，配布等すること。

ロ　法第30条の２第２項，第30条の５第２項及び第30条の６第２項の規定を踏まえ，労働者が職場におけるパワーハラスメントに関し相談をしたこと若しくは事実関係の確認等の事業主の雇用管理上講ずべき措置に協力したこと，都道府県労働局に対して相談，紛争解決の援助の求め若しくは調停の申請を行ったこと又は調停の出頭の求めに応じたこと（以下「パワーハラスメントの相談等」という。）を理由として，解雇その他不利益な取扱いをされない旨を定め，労働者に周知・啓発すること。

（不利益な取扱いをされない旨を定め，労働者にその周知・啓発することについて措置を講じていると認められる例）

①　就業規則その他の職場における服務規律等を定めた文書において，パワーハラスメントの相談等を理由として，労働者が解雇等の不利益な取扱いをされない旨を規定し，労働者に周知・啓発をすること。

②　社内報，パンフレット，社内ホームページ等広報又は啓発のための資料等

に，パワーハラスメントの相談等を理由として，労働者が解雇等の不利益な
取扱いをされない旨を記載し，労働者に配布等すること。

5　事業主が職場における優越的な関係を背景とした言動に起因する問題に関し行う
ことが望ましい取組の内容
　　事業主は，当該事業主が雇用する労働者又は当該事業主（その者が法人である場
合にあっては，その役員）が行う職場におけるパワーハラスメントを防止するため，
4の措置に加え，次の取組を行うことが望ましい。
(1)　職場におけるパワーハラスメントは，セクシュアルハラスメント（事業主が職
場における性的な言動に起因する問題に関して雇用管理上講ずべき措置等につい
ての指針（平成18年厚生労働省告示第615号）に規定する「職場におけるセクシュ
アルハラスメント」をいう。以下同じ。），妊娠，出産等に関するハラスメント
（事業主が職場における妊娠，出産等に関する言動に起因する問題に関して雇用管
理上講ずべき措置等についての指針（平成28年厚生労働省告示第312号）に規定す
る「職場における妊娠，出産等に関するハラスメント」をいう。），育児休業等に
関するハラスメント（子の養育又は家族の介護を行い，又は行うこととなる労働
者の職業生活と家庭生活との両立が図られるようにするために事業主が講ずべき
措置等に関する指針（平成21年厚生労働省告示第509号）に規定する「職場におけ
る育児休業等に関するハラスメント」をいう。）その他のハラスメントと複合的に
生じることも想定されることから，事業主は，例えば，セクシュアルハラスメン
ト等の相談窓口と一体的に，職場におけるパワーハラスメントの相談窓口を設置
し，一元的に相談に応じることのできる体制を整備することが望ましい。
　　（一元的に相談に応じることのできる体制の例）
　　①　相談窓口で受け付けることのできる相談として，職場におけるパワーハラ
スメントのみならず，セクシュアルハラスメント等も明示すること。
　　②　職場におけるパワーハラスメントの相談窓口がセクシュアルハラスメント
等の相談窓口を兼ねること。
(2)　事業主は，職場におけるパワーハラスメントの原因や背景となる要因を解消す
るため，次の取組を行うことが望ましい。
　　なお，取組を行うに当たっては，労働者個人のコミュニケーション能力の向上
を図ることは，職場におけるパワーハラスメントの行為者・被害者の双方になる
ことを防止する上で重要であることや，業務上必要かつ相当な範囲で行われる適
正な業務指示や指導については，職場におけるパワーハラスメントには該当せず，

労働者が，こうした適正な業務指示や指導を踏まえて真摯に業務を遂行する意識を持つことも重要であることに留意することが必要である。

イ　コミュニケーションの活性化や円滑化のために研修等の必要な取組を行うこと。

（コミュニケーションの活性化や円滑化のために必要な取組例）

①　日常的なコミュニケーションを取るよう努めることや定期的に面談やミーティングを行うことにより，風通しの良い職場環境や互いに助け合える労働者同士の信頼関係を築き，コミュニケーションの活性化を図ること。

②　感情をコントロールする手法についての研修，コミュニケーションスキルアップについての研修，マネジメントや指導についての研修等の実施や資料の配布等により，労働者が感情をコントロールする能力やコミュニケーションを円滑に進める能力等の向上を図ること。

ロ　適正な業務目標の設定等の職場環境の改善のための取組を行うこと。

（職場環境の改善のための取組例）

①　適正な業務目標の設定や適正な業務体制の整備，業務の効率化による過剰な長時間労働の是正等を通じて，労働者に過度に肉体的・精神的負荷を強いる職場環境や組織風土を改善すること。

(3)　事業主は，4の措置を講じる際に，必要に応じて，労働者や労働組合等の参画を得つつ，アンケート調査や意見交換等を実施するなどにより，その運用状況の的確な把握や必要な見直しの検討等に努めることが重要である。なお，労働者や労働組合等の参画を得る方法として，例えば，労働安全衛生法（昭和47年法律第57号）第18条第1項に規定する衛生委員会の活用なども考えられる。

6　事業主が自らの雇用する労働者以外の者に対する言動に関し行うことが望ましい取組の内容

　　3の事業主及び労働者の責務の趣旨に鑑みれば，事業主は，当該事業主が雇用する労働者が，他の労働者（他の事業主が雇用する労働者及び求職者を含む。）のみならず，個人事業主，インターンシップを行っている者等の労働者以外の者に対する言動についても必要な注意を払うよう配慮するとともに，事業主（その者が法人である場合にあっては，その役員）自らと労働者も，労働者以外の者に対する言動について必要な注意を払うよう努めることが望ましい。

　　こうした責務の趣旨も踏まえ，事業主は，4(1)イの職場におけるパワーハラスメントを行ってはならない旨の方針の明確化等を行う際に，当該事業主が雇用する労

働者以外の者（他の事業主が雇用する労働者，就職活動中の学生等の求職者及び労働者以外の者）に対する言動についても，同様の方針を併せて示すことが望ましい。また，これらの者から職場におけるパワーハラスメントに類すると考えられる相談があった場合には，その内容を踏まえて，4の措置も参考にしつつ，必要に応じて適切な対応を行うように努めることが望ましい。

7　事業主が他の事業主の雇用する労働者等からのパワーハラスメントや顧客等からの著しい迷惑行為に関し行うことが望ましい取組の内容

　　事業主は，取引先等の他の事業主が雇用する労働者又は他の事業主（その者が法人である場合にあっては，その役員）からのパワーハラスメントや顧客等からの著しい迷惑行為（暴行，脅迫，ひどい暴言，著しく不当な要求等）により，その雇用する労働者が就業環境を害されることのないよう，雇用管理上の配慮として，例えば，(1)及び(2)の取組を行うことが望ましい。また，(3)のような取組を行うことも，その雇用する労働者が被害を受けることを防止する上で有効と考えられる。

(1)　相談に応じ，適切に対応するために必要な体制の整備

　　事業主は，他の事業主が雇用する労働者等からのパワーハラスメントや顧客等からの著しい迷惑行為に関する労働者からの相談に対し，その内容や状況に応じ適切かつ柔軟に対応するために必要な体制の整備として，4(2)イ及びロの例も参考にしつつ，次の取組を行うことが望ましい。

　　また，併せて，労働者が当該相談をしたことを理由として，解雇その他不利益な取扱いを行ってはならない旨を定め，労働者に周知・啓発することが望ましい。

イ　相談先（上司，職場内の担当者等）をあらかじめ定め，これを労働者に周知すること。

ロ　イの相談を受けた者が，相談に対し，その内容や状況に応じ適切に対応できるようにすること。

(2)　被害者への配慮のための取組

　　事業主は，相談者から事実関係を確認し，他の事業主が雇用する労働者等からのパワーハラスメントや顧客等からの著しい迷惑行為が認められた場合には，速やかに被害者に対する配慮のための取組を行うことが望ましい。

（被害者への配慮のための取組例）

　　事案の内容や状況に応じ，被害者のメンタルヘルス不調への相談対応，著しい迷惑行為を行った者に対する対応が必要な場合に一人で対応させない等の取組を行うこと。

(3) 他の事業主が雇用する労働者等からのパワーハラスメントや顧客等からの著しい迷惑行為による被害を防止するための取組

(1)及び(2)の取組のほか，他の事業主が雇用する労働者等からのパワーハラスメントや顧客等からの著しい迷惑行為からその雇用する労働者が被害を受けることを防止する上では，事業主が，こうした行為への対応に関するマニュアルの作成や研修の実施等の取組を行うことも有効と考えられる。

また，業種・業態等によりその被害の実態や必要な対応も異なると考えられることから，業種・業態等における被害の実態や業務の特性等を踏まえて，それぞれの状況に応じた必要な取組を進めることも，被害の防止に当たっては効果的と考えられる。

巻末資料3

事業主が職場における性的な言動に起因する問題に関して雇用管理上講ずべき措置についての指針（平成18年厚生労働省告示第615号，最終改正：令和2年厚生労働省告示第6号）

1　はじめに

　　この指針は，雇用の分野における男女の均等な機会及び待遇の確保等に関する法律（昭和47年法律第113号。以下「法」という。）第11条第1項から第3項までに規定する事業主が職場において行われる性的な言動に対するその雇用する労働者の対応により当該労働者がその労働条件につき不利益を受け，又は当該性的な言動により当該労働者の就業環境が害されること（以下「職場におけるセクシュアルハラスメント」という。）のないよう雇用管理上講ずべき措置等について，同条第4項の規定に基づき事業主が適切かつ有効な実施を図るために必要な事項について定めたものである。

2　職場におけるセクシュアルハラスメントの内容

　⑴　職場におけるセクシュアルハラスメントには，職場において行われる性的な言動に対する労働者の対応により当該労働者がその労働条件につき不利益を受けるもの（以下「対価型セクシュアルハラスメント」という。）と，当該性的な言動により労働者の就業環境が害されるもの（以下「環境型セクシュアルハラスメント」という。）がある。

　　　なお，職場におけるセクシュアルハラスメントには，同性に対するものも含まれるものである。また，被害を受けた者（以下「被害者」という。）の性的指向又は性自認にかかわらず，当該者に対する職場におけるセクシュアルハラスメントも，本指針の対象となるものである。

　⑵　「職場」とは，事業主が雇用する労働者が業務を遂行する場所を指し，当該労働者が通常就業している場所以外の場所であっても，当該労働者が業務を遂行する場所については，「職場」に含まれる。取引先の事務所，取引先と打合せをするための飲食店，顧客の自宅等であっても，当該労働者が業務を遂行する場所であればこれに該当する。

　⑶　「労働者」とは，いわゆる正規雇用労働者のみならず，パートタイム労働者，契

約社員等いわゆる非正規雇用労働者を含む事業主が雇用する労働者の全てをいう。

　　また，派遣労働者については，派遣元事業主のみならず，労働者派遣の役務の提供を受ける者についても，労働者派遣事業の適正な運営の確保及び派遣労働者の保護等に関する法律（昭和60年法律第88号）第47条の2の規定により，その指揮命令の下に労働させる派遣労働者を雇用する事業主とみなされ，法第11条第1項及び第11条の2第2項の規定が適用されることから，労働者派遣の役務の提供を受ける者は，派遣労働者についてもその雇用する労働者と同様に，3(1)の配慮及び4の措置を講ずることが必要である。なお，法第11条第2項，第17条第2項及び第18条第2項の労働者に対する不利益な取扱いの禁止については，派遣労働者も対象に含まれるものであり，派遣元事業主のみならず，労働者派遣の役務の提供を受ける者もまた，当該者に派遣労働者が職場におけるセクシュアルハラスメントの相談を行ったこと等を理由として，当該派遣労働者に係る労働者派遣の役務の提供を拒む等，当該派遣労働者に対する不利益な取扱いを行ってはならない。

(4)　「性的な言動」とは，性的な内容の発言及び性的な行動を指し，この「性的な内容の発言」には，性的な事実関係を尋ねること，性的な内容の情報を意図的に流布すること等が，「性的な行動」には，性的な関係を強要すること，必要なく身体に触ること，わいせつな図画を配布すること等が，それぞれ含まれる。当該言動を行う者には，労働者を雇用する事業主（その者が法人である場合にあってはその役員。以下この(4)において同じ。），上司，同僚に限らず，取引先等の他の事業主又はその雇用する労働者，顧客，患者又はその家族，学校における生徒等もなり得る。

(5)　「対価型セクシュアルハラスメント」とは，職場において行われる労働者の意に反する性的な言動に対する労働者の対応により，当該労働者が解雇，降格，減給等の不利益を受けることであって，その状況は多様であるが，典型的な例として，次のようなものがある。

　イ　事務所内において事業主が労働者に対して性的な関係を要求したが，拒否されたため，当該労働者を解雇すること。

　ロ　出張中の車中において上司が労働者の腰，胸等に触ったが，抵抗されたため，当該労働者について不利益な配置転換をすること。

　ハ　営業所内において事業主が日頃から労働者に係る性的な事柄について公然と発言していたが，抗議されたため，当該労働者を降格すること。

(6)　「環境型セクシュアルハラスメント」とは，職場において行われる労働者の意に

反する性的な言動により労働者の就業環境が不快なものとなったため，能力の発揮に重大な悪影響が生じる等当該労働者が就業する上で看過できない程度の支障が生じることであって，その状況は多様であるが，典型的な例として，次のようなものがある。

イ　事務所内において上司が労働者の腰，胸等に度々触ったため，当該労働者が苦痛に感じてその就業意欲が低下していること。

ロ　同僚が取引先において労働者に係る性的な内容の情報を意図的かつ継続的に流布したため，当該労働者が苦痛に感じて仕事が手につかないこと。

ハ　労働者が抗議をしているにもかかわらず，事務所内にヌードポスターを掲示しているため，当該労働者が苦痛に感じて業務に専念できないこと。

3　事業主等の責務
(1)　事業主の責務

　　法第11条の2第2項の規定により，事業主は，職場におけるセクシュアルハラスメントを行ってはならないことその他職場におけるセクシュアルハラスメントに起因する問題（以下「セクシュアルハラスメント問題」という。）に対するその雇用する労働者の関心と理解を深めるとともに，当該労働者が他の労働者（他の事業主が雇用する労働者及び求職者を含む。(2)において同じ。）に対する言動に必要な注意を払うよう，研修の実施その他の必要な配慮をするほか，国の講ずる同条第1項の広報活動，啓発活動その他の措置に協力するように努めなければならない。なお，職場におけるセクシュアルハラスメントに起因する問題としては，例えば，労働者の意欲の低下などによる職場環境の悪化や職場全体の生産性の低下，労働者の健康状態の悪化，休職や退職などにつながり得ること，これらに伴う経営的な損失等が考えられる。

　　また，事業主（その者が法人である場合にあっては，その役員）は，自らも，セクシュアルハラスメント問題に対する関心と理解を深め，労働者（他の事業主が雇用する労働者及び求職者を含む。）に対する言動に必要な注意を払うように努めなければならない。

(2)　労働者の責務

　　法第11条の2第4項の規定により，労働者は，セクシュアルハラスメント問題に対する関心と理解を深め，他の労働者に対する言動に必要な注意を払うとともに，事業主の講ずる4の措置に協力するように努めなければならない。

4　事業主が職場における性的な言動に起因する問題に関し雇用管理上講ずべき措置
　の内容
　　事業主は，職場におけるセクシュアルハラスメントを防止するため，雇用管理上
　次の措置を講じなければならない。
⑴　事業主の方針等の明確化及びその周知・啓発
　　事業主は，職場におけるセクシュアルハラスメントに関する方針の明確化，労
　働者に対するその方針の周知・啓発として，次の措置を講じなければならない。
　　なお，周知・啓発をするに当たっては，職場におけるセクシュアルハラスメン
　トの防止の効果を高めるため，その発生の原因や背景について労働者の理解を深
　めることが重要である。その際，職場におけるセクシュアルハラスメントの発生
　の原因や背景には，性別役割分担意識に基づく言動もあると考えられ，こうした
　言動をなくしていくことがセクシュアルハラスメントの防止の効果を高める上で
　重要であることに留意することが必要である。
　イ　職場におけるセクシュアルハラスメントの内容及び職場におけるセクシュア
　　ルハラスメントを行ってはならない旨の方針を明確化し，管理監督者を含む労
　　働者に周知・啓発すること。
　　（事業主の方針を明確化し，労働者に周知・啓発していると認められる例）
　　①　就業規則その他の職場における服務規律等を定めた文書において，職場に
　　　おけるセクシュアルハラスメントが行ってはならない旨の方針を規定し，当
　　　該規定と併せて，職場におけるセクシュアルハラスメントの内容及び性別役
　　　割分担意識に基づく言動がセクシュアルハラスメントの発生の原因や背景と
　　　なり得ることを，労働者に周知・啓発すること。
　　②　社内報，パンフレット，社内ホームページ等広報又は啓発のための資料等
　　　に職場におけるセクシュアルハラスメントの内容及び性別役割分担意識に基
　　　づく言動がセクシュアルハラスメントの発生の原因や背景となり得ること並
　　　びに職場におけるセクシュアルハラスメントを行ってはならない旨の方針を
　　　記載し，配布等すること。
　　③　職場におけるセクシュアルハラスメントの内容及び性別役割分担意識に基
　　　づく言動がセクシュアルハラスメントの発生の原因や背景となり得ること並
　　　びに職場におけるセクシュアルハラスメントを行ってはならない旨の方針を
　　　労働者に対して周知・啓発するための研修，講習等を実施すること。
　ロ　職場におけるセクシュアルハラスメントに係る性的な言動を行った者につい
　　ては，厳正に対処する旨の方針及び対処の内容を就業規則その他の職場におけ

る服務規律等を定めた文書に規定し，管理監督者を含む労働者に周知・啓発すること。

（対処方針を定め，労働者に周知・啓発していると認められる例）

① 就業規則その他の職場における服務規律等を定めた文書において，職場におけるセクシュアルハラスメントに係る性的な言動を行った者に対する懲戒規定を定め，その内容を労働者に周知・啓発すること。

② 職場におけるセクシュアルハラスメントに係る性的な言動を行った者は，現行の就業規則その他の職場における服務規律等を定めた文書において定められている懲戒規定の適用の対象となる旨を明確化し，これを労働者に周知・啓発すること。

(2) 相談（苦情を含む。以下同じ。）に応じ，適切に対応するために必要な体制の整備

　事業主は，労働者からの相談に対し，その内容や状況に応じ適切かつ柔軟に対応するために必要な体制の整備として，次の措置を講じなければならない。

イ　相談への対応のための窓口（以下「相談窓口」という。）をあらかじめ定め，労働者に周知すること。

（相談窓口をあらかじめ定めていると認められる例）

① 相談に対応する担当者をあらかじめ定めること。

② 相談に対応するための制度を設けること。

③ 外部の機関に相談への対応を委託すること。

ロ　イの相談窓口の担当者が，相談に対し，その内容や状況に応じ適切に対応できるようにすること。また，相談窓口においては，被害を受けた労働者が萎縮するなどして相談を躊躇する事例もあること等を踏まえ，相談者の心身の状況や当該言動が行われた際の受け止めなどその認識にも配慮しながら，職場におけるセクシュアルハラスメントが現実に生じている場合だけでなく，その発生のおそれがある場合や，職場におけるセクシュアルハラスメントに該当するか否か微妙な場合であっても，広く相談に対応し，適切な対応を行うようにすること。例えば，放置すれば就業環境を害するおそれがある場合や，性別役割分担意識に基づく言動が原因や背景となってセクシュアルハラスメントが生じるおそれがある場合等が考えられる。

（相談窓口の担当者が適切に対応することができるようにしていると認められる例）

① 相談窓口の担当者が相談を受けた場合，その内容や状況に応じて，相談窓

　　口の担当者と人事部門とが連携を図ることができる仕組みとすること。

　② 相談窓口の担当者が相談を受けた場合，あらかじめ作成した留意点などを記載したマニュアルに基づき対応すること。

　③ 相談窓口の担当者に対し，相談を受けた場合の対応についての研修を行うこと。

(3) 職場におけるセクシュアルハラスメントに係る事後の迅速かつ適切な対応

　　事業主は，職場におけるセクシュアルハラスメントに係る相談の申出があった場合において，その事案に係る事実関係の迅速かつ正確な確認及び適正な対処として，次の措置を講じなければならない。

　イ 事案に係る事実関係を迅速かつ正確に確認すること。なお，セクシュアルハラスメントに係る性的な言動の行為者とされる者（以下「行為者」という。）が，他の事業主が雇用する労働者又は他の事業主（その者が法人である場合にあっては，その役員）である場合には，必要に応じて，他の事業主に事実関係の確認への協力を求めることも含まれる。

　　（事案に係る事実関係を迅速かつ正確に確認していると認められる例）

　① 相談窓口の担当者，人事部門又は専門の委員会等が，相談を行った労働者（以下「相談者」という。）及び行為者の双方から事実関係を確認すること。その際，相談者の心身の状況や当該言動が行われた際の受け止めなどその認識にも配慮すること。

　　また，相談者と行為者との間で事実関係に関する主張に不一致があり，事実の確認が十分にできないと認められる場合には，第三者からも事実関係を聴取する等の措置を講ずること。

　② 事実関係を迅速かつ正確に確認しようとしたが，確認が困難な場合などにおいて，法第18条に基づく調停の申請を行うことその他中立な第三者機関に紛争処理を委ねること。

　ロ イにより，職場におけるセクシュアルハラスメントが生じた事実が確認できた場合においては，速やかに被害を受けた労働者（以下「被害者」という。）に対する配慮のための措置を適正に行うこと。

　　（措置を適正に行っていると認められる例）

　① 事案の内容や状況に応じ，被害者と行為者の間の関係改善に向けての援助，被害者と行為者を引き離すための配置転換，行為者の謝罪，被害者の労働条件上の不利益の回復，管理監督者又は事業場内産業保健スタッフ等による被害者のメンタルヘルス不調への相談対応等の措置を講ずること。

　　②　法第18条に基づく調停その他中立な第三者機関の紛争解決案に従った措置
　　　を被害者に対して講ずること。
　ハ　イにより，職場におけるセクシュアルハラスメントが生じた事実が確認でき
　　た場合においては，行為者に対する措置を適正に行うこと。
　　（措置を適正に行っていると認められる例）
　　①　就業規則その他の職場における服務規律等を定めた文書における職場にお
　　　けるセクシュアルハラスメントに関する規定等に基づき，行為者に対して必
　　　要な懲戒その他の措置を講ずること。あわせて，事案の内容や状況に応じ，
　　　被害者と行為者の間の関係改善に向けての援助，被害者と行為者を引き離す
　　　ための配置転換，行為者の謝罪等の措置を講ずること。
　　②　法第18条に基づく調停その他中立な第三者機関の紛争解決案に従った措置
　　　を行為者に対して講ずること。
　ニ　改めて職場におけるセクシュアルハラスメントに関する方針を周知・啓発す
　　る等の再発防止に向けた措置を講ずること。
　　　なお，セクシュアルハラスメントに係る性的な言動の行為者が，他の事業主
　　が雇用する労働者又は他の事業主（その者が法人である場合にあっては，その
　　役員）である場合には，必要に応じて，他の事業主に再発防止に向けた措置へ
　　の協力を求めることも含まれる。
　　　また，職場におけるセクシュアルハラスメントが生じた事実が確認できな
　　かった場合においても，同様の措置を講ずること。
　　（再発防止に向けた措置を講じていると認められる例）
　　①　職場におけるセクシュアルハラスメントを行ってはならない旨の方針及び
　　　職場におけるセクシュアルハラスメントに係る性的な言動を行った者につい
　　　て厳正に対処する旨の方針を，社内報，パンフレット，社内ホームページ等
　　　広報又は啓発のための資料等に改めて掲載し，配布等すること。
　　②　労働者に対して職場におけるセクシュアルハラスメントに関する意識を啓
　　　発するための研修，講習等を改めて実施すること。
(4)　(1)から(3)までの措置と併せて講ずべき措置
　　(1)から(3)までの措置を講ずるに際しては，併せて次の措置を講じなければなら
　　ない。
　イ　職場におけるセクシュアルハラスメントに係る相談者・行為者等の情報は当
　　該相談者・行為者等のプライバシーに属するものであることから，相談への対
　　応又は当該セクシュアルハラスメントに係る事後の対応に当たっては，相談者・

　　行為者等のプライバシーを保護するために必要な措置を講ずるとともに，その
　旨を労働者に対して周知すること。
　（相談者・行為者等のプライバシーを保護するために必要な措置を講じていると
　認められる例）
　①　相談者・行為者等のプライバシーの保護のために必要な事項をあらかじめ
　　マニュアルに定め，相談窓口の担当者が相談を受けた際には，当該マニュア
　　ルに基づき対応するものとすること。
　②　相談者・行為者等のプライバシーの保護のために，相談窓口の担当者に必
　　要な研修を行うこと。
　③　相談窓口においては相談者・行為者等のプライバシーを保護するために必
　　要な措置を講じていることを，社内報，パンフレット，社内ホームページ等
　　広報又は啓発のための資料等に掲載し，配布等すること。
　ロ　法第11条第2項，第17条第2項及び第18条第2項の規定を踏まえ，労働者が
　　職場におけるセクシュアルハラスメントに関し相談をしたこと若しくは事実関
　　係の確認等の事業主の雇用管理上講ずべき措置に協力したこと，都道府県労働
　　局に対して相談，紛争解決の援助の求め若しくは調停の申請を行ったこと又は
　　調停の出頭の求めに応じたこと（以下，「セクシュアルハラスメントの相談等」
　　という。）を理由として，解雇その他不利益な取扱いをされない旨を定め，労働
　　者に周知・啓発すること。
　　（不利益な取扱いをされない旨を定め，労働者にその周知・啓発することについ
　　て措置を講じていると認められる例）
　　①　就業規則その他の職場における服務規律等を定めた文書において，セク
　　　シュアルハラスメントの相談等を理由として，当該労働者が解雇等の不利益
　　　な取扱いをされない旨を規定し，労働者に周知・啓発をすること。
　　②　社内報，パンフレット，社内ホームページ等広報又は啓発のための資料等
　　　に，セクシュアルハラスメントの相談等を理由として，当該労働者が解雇等
　　　の不利益な取扱いをされない旨を記載し，労働者に配布等すること。

5　他の事業主の講ずる雇用管理上の措置の実施に関する協力
　　法第11条第3項の規定により，事業主は，当該事業主が雇用する労働者又は当該
　事業主（その者が法人である場合にあっては，その役員）による他の事業主の雇用
　する労働者に対する職場におけるセクシュアルハラスメントに関し，他の事業主か
　ら，事実関係の確認等の雇用管理上の措置の実施に関し必要な協力を求められた場

合には，これに応ずるように努めなければならない。

　また，同項の規定の趣旨に鑑みれば，事業主が，他の事業主から雇用管理上の措置への協力を求められたことを理由として，当該事業主に対し，当該事業主との契約を解除する等の不利益な取扱いを行うことは望ましくないものである。

6　事業主が職場における性的な言動に起因する問題に関し行うことが望ましい取組の内容

　事業主は，職場におけるセクシュアルハラスメントを防止するため，4の措置に加え，次の取組を行うことが望ましい。

(1)　職場におけるセクシュアルハラスメントは，パワーハラスメント（事業主が職場における優越的な関係を背景とした言動に起因する問題に関して雇用管理上講ずべき措置等についての指針（令和2年厚生労働省告示第5号）に規定する「職場におけるパワーハラスメント」をいう。以下同じ。），妊娠，出産等に関するハラスメント（事業主が職場における妊娠，出産等に関する言動に起因する問題に関して雇用管理上講ずべき措置等についての指針（平成28年厚生労働省告示第312号）に規定する「職場における妊娠，出産等に関するハラスメント」をいう。），育児休業等に関するハラスメント（子の養育又は家族の介護を行い，又は行うこととなる労働者の職業生活と家庭生活との両立が図られるようにするために事業主が講ずべき措置等に関する指針（平成21年厚生労働省告示第509号）に規定する「職場における育児休業等に関するハラスメント」をいう。）その他のハラスメントと複合的に生じることも想定されることから，事業主は，例えば，パワーハラスメント等の相談窓口と一体的に，職場におけるセクシュアルハラスメントの相談窓口を設置し，一元的に相談に応じることのできる体制を整備することが望ましい。

　　（一元的に相談に応じることのできる体制の例）
　　①　相談窓口で受け付けることのできる相談として，職場におけるセクシュアルハラスメントのみならず，パワーハラスメント等も明示すること。
　　②　職場におけるセクシュアルハラスメントの相談窓口がパワーハラスメント等の相談窓口を兼ねること。

(2)　事業主は，4の措置を講じる際に，必要に応じて，労働者や労働組合等の参画を得つつ，アンケート調査や意見交換等を実施するなどにより，その運用状況の的確な把握や必要な見直しの検討等に努めることが重要である。なお，労働者や労働組合等の参画を得る方法として，例えば，労働安全衛生法（昭和47年法律第

57号）第18条第１項に規定する衛生委員会の活用なども考えられる。

7　事業主が自らの雇用する労働者以外の者に対する言動に関し行うことが望ましい
　取組の内容

　　３の事業主及び労働者の責務の趣旨に鑑みれば，事業主は，当該事業主が雇用す
　る労働者が，他の労働者（他の事業主が雇用する労働者及び求職者を含む。）のみな
　らず，個人事業主，インターンシップを行っている者等の労働者以外の者に対する
　言動についても必要な注意を払うよう配慮するとともに，事業主（その者が法人で
　ある場合にあっては，その役員）自らと労働者も，労働者以外の者に対する言動に
　ついて必要な注意を払うよう努めることが望ましい。

　　こうした責務の趣旨も踏まえ，事業主は，４(1)イの職場におけるセクシュアルハ
　ラスメントを行ってはならない旨の方針の明確化等を行う際に，当該事業主が雇用
　する労働者以外の者（他の事業主が雇用する労働者，就職活動中の学生等の求職者
　及び労働者以外の者）に対する言動についても，同様の方針を併せて示すことが望
　ましい。

　　また，これらの者から職場におけるセクシュアルハラスメントに類すると考えら
　れる相談があった場合には，その内容を踏まえて，４の措置も参考にしつつ，必要
　に応じて適切な対応を行うように努めることが望ましい。

事業主が職場における妊娠，出産等に関する言動に起因する問題に関して雇用管理上講ずべき措置についての指針（平成28年厚生労働省告示第312号，最終改正：令和２年厚生労働省告示第６号）

１　はじめに

　　この指針は，雇用の分野における男女の均等な機会及び待遇の確保等に関する法律（昭和47年法律第113号。以下「法」という。）第11条の３第１項及び第２項に規定する事業主が職場において行われるその雇用する女性労働者に対する当該女性労働者が妊娠したこと，出産したことその他の妊娠又は出産に関する事由であって雇用の分野における男女の均等な機会及び待遇の確保等に関する法律施行規則（昭和61年労働省令第２号。以下「均等則」という。）第２条の３で定めるもの（以下「妊娠，出産等」という。）に関する言動により当該女性労働者の就業環境が害されること（以下「職場における妊娠，出産等に関するハラスメント」という。）のないよう雇用管理上講ずべき措置等について，法第11条の３第３項の規定に基づき事業主が適切かつ有効な実施を図るために必要な事項について定めたものである。

２　職場における妊娠，出産等に関するハラスメントの内容

(1)　職場における妊娠，出産等に関するハラスメントには，上司又は同僚から行われる以下のものがある。なお，業務分担や安全配慮等の観点から，客観的にみて，業務上の必要性に基づく言動によるものについては，職場における妊娠，出産等に関するハラスメントには該当しない。

　イ　その雇用する女性労働者の労働基準法（昭和22年法律第49号）第65条第１項の規定による休業その他の妊娠又は出産に関する制度又は措置の利用に関する言動により就業環境が害されるもの（以下「制度等の利用への嫌がらせ型」という。）

　ロ　その雇用する女性労働者が妊娠したこと，出産したことその他の妊娠又は出産に関する言動により就業環境が害されるもの（以下「状態への嫌がらせ型」という。）

(2)　「職場」とは，事業主が雇用する女性労働者が業務を遂行する場所を指し，当該女性労働者が通常就業している場所以外の場所であっても，当該女性労働者が業

務を遂行する場所については，「職場」に含まれる。

(3) 「労働者」とは，いわゆる正規雇用労働者のみならず，パートタイム労働者，契約社員等いわゆる非正規雇用労働者を含む事業主が雇用する労働者の全てをいう。また，派遣労働者については，派遣元事業主のみならず，労働者派遣の役務の提供を受ける者についても，労働者派遣事業の適正な運営の確保及び派遣労働者の保護等に関する法律（昭和60年法律第88号）第47条の2の規定により，その指揮命令の下に労働させる派遣労働者を雇用する事業主とみなされ，法第11条の3第1項及び第11条の4第2項の規定が適用されることから，労働者派遣の役務の提供を受ける者は，派遣労働者についてもその雇用する労働者と同様に，3(1)の配慮及び4の措置を講ずることが必要である。なお，法11条の3第2項，第17条第2項及び第18条第2項の労働者に対する不利益な取扱いの禁止については，派遣労働者も対象に含まれるものであり，派遣元事業主のみならず，労働者派遣の役務の提供を受ける者もまた，当該者に派遣労働者が職場における妊娠・出産等に関するハラスメントの相談を行ったこと等を理由として，当該派遣労働者に係る労働者派遣の役務の提供を拒む等，当該派遣労働者に対する不利益な取扱いを行ってはならない。

(4) 「制度等の利用への嫌がらせ型」とは，具体的には，イ①から⑥までに掲げる制度又は措置（以下「制度等」という。）の利用に関する言動により就業環境が害されるものである。典型的な例として，ロに掲げるものがあるが，ロに掲げるものは限定列挙ではないことに留意が必要である。

イ 制度等
① 妊娠中及び出産後の健康管理に関する措置（母性健康管理措置）（均等則第2条の3第3号関係）
② 坑内業務の就業制限及び危険有害業務の就業制限（均等則第2条の3第4号関係）
③ 産前休業（均等則第2条の3第5号関係）
④ 軽易な業務への転換（均等則第2条の3第6号関係）
⑤ 変形労働時間制がとられる場合における法定労働時間を超える労働時間の制限，時間外労働及び休日労働の制限並びに深夜業の制限（均等則第2条の3第7号関係）
⑥ 育児時間（均等則第2条の3第8号関係）

ロ 典型的な例
① 解雇その他不利益な取扱い（法第9条第3項に規定する解雇その他不利益

な取扱いをいう。以下同じ。）を示唆するもの

　女性労働者が，制度等の利用の請求等（措置の求め，請求又は申出をいう。以下同じ。）をしたい旨を上司に相談したこと，制度等の利用の請求等をしたこと，又は制度等の利用をしたことにより，上司が当該女性労働者に対し，解雇その他不利益な取扱いを示唆すること。

② 制度等の利用の請求等又は制度等の利用を阻害するもの

　客観的にみて，言動を受けた女性労働者の制度等の利用の請求等又は制度等の利用が阻害されるものが該当する。

⑴ 女性労働者が制度等の利用の請求等をしたい旨を上司に相談したところ，上司が当該女性労働者に対し，当該請求等をしないよう言うこと。

㈣ 女性労働者が制度等の利用の請求等をしたところ，上司が当該女性労働者に対し，当該請求等を取り下げるよう言うこと。

㈢ 女性労働者が制度等の利用の請求等をしたい旨を同僚に伝えたところ，同僚が当該女性労働者に対し，繰り返し又は継続的に当該請求等をしないよう言うこと（当該女性労働者がその意に反することを当該同僚に明示しているにもかかわらず，更に言うことを含む。）。

㈡ 女性労働者が制度等の利用の請求等をしたところ，同僚が当該女性労働者に対し，繰り返し又は継続的に当該請求等を取り下げるよう言うこと（当該女性労働者がその意に反することを当該同僚に明示しているにもかかわらず，更に言うことを含む。）。

③ 制度等の利用をしたことにより嫌がらせ等をするもの

　客観的にみて，言動を受けた女性労働者の能力の発揮や継続就業に重大な悪影響が生じる等当該女性労働者が就業する上で看過できない程度の支障が生じるようなものが該当する。

　女性労働者が制度等の利用をしたことにより，上司又は同僚が当該女性労働者に対し，繰り返し又は継続的に嫌がらせ等（嫌がらせ的な言動，業務に従事させないこと又は専ら雑務に従事させることをいう。以下同じ。）をすること（当該女性労働者がその意に反することを当該上司又は同僚に明示しているにもかかわらず，更に言うことを含む。）。

⑸ 「状態への嫌がらせ型」とは，具体的には，イ①から⑤までに掲げる妊娠又は出産に関する事由（以下「妊娠等したこと」という。）に関する言動により就業環境が害されるものである。典型的な例として，ロに掲げるものがあるが，ロに掲げるものは限定列挙ではないことに留意が必要である。

イ　妊娠又は出産に関する事由
　①　妊娠したこと（均等則第2条の3第1号関係）。
　②　出産したこと（均等則第2条の3第2号関係）。
　③　坑内業務の就業制限若しくは危険有害業務の就業制限の規定により業務に就くことができないこと又はこれらの業務に従事しなかったこと（均等則第2条の3第4号関係）。
　④　産後の就業制限の規定により就業できず，又は産後休業をしたこと（均等則第2条の3第5号関係）。
　⑤　妊娠又は出産に起因する症状により労務の提供ができないこと若しくはできなかったこと又は労働能率が低下したこと（均等則第2条の3第9号関係）。なお，「妊娠又は出産に起因する症状」とは，つわり，妊娠悪阻，切迫流産，出産後の回復不全等，妊娠又は出産をしたことに起因して妊産婦に生じる症状をいう。
ロ　典型的な例
　①　解雇その他不利益な取扱いを示唆するもの
　　　女性労働者が妊娠等したことにより，上司が当該女性労働者に対し，解雇その他不利益な取扱いを示唆すること。
　②　妊娠等したことにより嫌がらせ等をするもの
　　　客観的にみて，言動を受けた女性労働者の能力の発揮や継続就業に重大な悪影響が生じる等当該女性労働者が就業する上で看過できない程度の支障が生じるようなものが該当する。
　　　女性労働者が妊娠等したことにより，上司又は同僚が当該女性労働者に対し，繰り返し又は継続的に嫌がらせ等をすること（当該女性労働者がその意に反することを当該上司又は同僚に明示しているにもかかわらず，更に言うことを含む。）。

3　事業主等の責務
(1)　事業主の責務
　法第11条の4第2項の規定により，事業主は，職場における妊娠，出産等に関するハラスメントを行ってはならないことその他職場における妊娠，出産等に関するハラスメントに起因する問題（以下「妊娠，出産等に関するハラスメント問題」という。）に対するその雇用する労働者の関心と理解を深めるとともに，当該労働者が他の労働者（他の事業主が雇用する労働者及び求職者を含む。(2)において同じ。）に

対する言動に必要な注意を払うよう，研修の実施その他の必要な配慮をするほか，国の講ずる同条第1項の広報活動，啓発活動その他の措置に協力するように努めなければならない。なお，職場における妊娠，出産等に関するハラスメントに起因する問題としては，例えば，労働者の意欲の低下などによる職場環境の悪化や職場全体の生産性の低下，労働者の健康状態の悪化，休職や退職などにつながり得ること，これらに伴う経営的な損失等が考えられる。

　また，事業主（その者が法人である場合にあっては，その役員）は，自らも，妊娠，出産等に関するハラスメント問題に対する関心と理解を深め，労働者（他の事業主が雇用する労働者及び求職者を含む。）に対する言動に必要な注意を払うように努めなければならない。

(2)　労働者の責務

　法第11条の4第4項の規定により，労働者は，妊娠，出産等に関するハラスメント問題に対する関心と理解を深め，他の労働者に対する言動に必要な注意を払うとともに，事業主の講ずる4の措置に協力するように努めなければならない。

4　事業主が職場における妊娠，出産等に関する言動に起因する問題に関し雇用管理上講ずべき措置の内容

　事業主は，職場における妊娠，出産等に関するハラスメントを防止するため，雇用管理上次の措置を講じなければならない。なお，事業主が行う妊娠，出産等を理由とする不利益取扱い（就業環境を害する行為を含む。）については，既に法第9条第3項で禁止されており，こうした不利益取扱いを行わないため，当然に自らの行為の防止に努めることが求められる。

(1)　事業主の方針等の明確化及びその周知・啓発

　事業主は，職場における妊娠，出産等に関するハラスメントに対する方針の明確化，労働者に対するその方針の周知・啓発として，次の措置を講じなければならない。

　なお，周知・啓発をするに当たっては，職場における妊娠，出産等に関するハラスメントの防止の効果を高めるため，その発生の原因や背景について労働者の理解を深めることが重要である。その際，職場における妊娠，出産等に関するハラスメントの発生の原因や背景には，(i)妊娠，出産等に関する否定的な言動（不妊治療に対する否定的な言動を含め，他の女性労働者の妊娠，出産等の否定につながる言動（当該女性労働者に直接行わない言動も含む。）をいい，単なる自らの意思の表明を除く。以下同じ。）が頻繁に行われるなど制度等の利用又は制度等の

利用の請求等をしにくい職場風土や，(ii)制度等の利用ができることの職場における周知が不十分であることなどもあると考えられる。そのため，これらを解消していくことが職場における妊娠，出産等に関するハラスメントの防止の効果を高める上で重要であることに留意することが必要である。

イ　職場における妊娠，出産等に関するハラスメントの内容（以下「ハラスメントの内容」という。）及び妊娠，出産等に関する否定的な言動が職場における妊娠，出産等に関するハラスメントの発生の原因や背景となり得ること（以下「ハラスメントの背景等」という。），職場における妊娠，出産等に関するハラスメントを行ってはならない旨の方針（以下「事業主の方針」という。）並びに制度等の利用ができる旨を明確化し，管理監督者を含む労働者に周知・啓発すること。

（事業主の方針等を明確化し，労働者に周知・啓発していると認められる例）

① 就業規則その他の職場における服務規律等を定めた文書において，事業主の方針及び制度等の利用ができる旨について規定し，当該規定と併せて，ハラスメントの内容及びハラスメントの背景等を労働者に周知・啓発すること。

② 社内報，パンフレット，社内ホームページ等広報又は啓発のための資料等にハラスメントの内容及びハラスメントの背景等，事業主の方針並びに制度等の利用ができる旨について記載し，配布等すること。

③ ハラスメントの内容及びハラスメントの背景等，事業主の方針並びに制度等の利用ができる旨を労働者に対して周知・啓発するための研修，講習等を実施すること。

ロ　職場における妊娠，出産等に関するハラスメントに係る言動を行った者については，厳正に対処する旨の方針及び対処の内容を就業規則その他の職場における服務規律等を定めた文書に規定し，管理監督者を含む労働者に周知・啓発すること。

（対処方針を定め，労働者に周知・啓発していると認められる例）

① 就業規則その他の職場における服務規律等を定めた文書において，職場における妊娠，出産等に関するハラスメントに係る言動を行った者に対する懲戒規定を定め，その内容を労働者に周知・啓発すること。

② 職場における妊娠，出産等に関するハラスメントに係る言動を行った者は，現行の就業規則その他の職場における服務規律等を定めた文書において定められている懲戒規定の適用の対象となる旨を明確化し，これを労働者に周知・啓発すること。

(2)　相談（苦情を含む。以下同じ。）に応じ，適切に対応するために必要な体制の整備

　　事業主は，労働者からの相談に対し，その内容や状況に応じ適切かつ柔軟に対応するために必要な体制の整備として，次の措置を講じなければならない。

イ　相談への対応のための窓口（以下「相談窓口」という。）をあらかじめ定め，労働者に周知すること。

（相談窓口をあらかじめ定めていると認められる例）

① 相談に対応する担当者をあらかじめ定めること。

② 相談に対応するための制度を設けること。

③ 外部の機関に相談への対応を委託すること。

ロ　イの相談窓口の担当者が，相談に対し，その内容や状況に応じ適切に対応できるようにすること。また，相談窓口においては，被害を受けた労働者が萎縮するなどして相談を躊躇する例もあること等も踏まえ，相談者の心身の状況や当該言動が行われた際の受け止めなどその認識にも配慮しながら，職場における妊娠，出産等に関するハラスメントが現実に生じている場合だけでなく，その発生のおそれがある場合や，職場における妊娠，出産等に関するハラスメントに該当するか否か微妙な場合等であっても，広く相談に対応し，適切な対応を行うようにすること。例えば，放置すれば就業環境を害するおそれがある場合や，妊娠，出産等に関する否定的な言動が原因や背景となって職場における妊娠，出産等に関するハラスメントが生じるおそれがある場合等が考えられる。

（相談窓口の担当者が適切に対応することができるようにしていると認められる例）

① 相談窓口の担当者が相談を受けた場合，その内容や状況に応じて，相談窓口の担当者と人事部門とが連携を図ることができる仕組みとすること。

② 相談窓口の担当者が相談を受けた場合，あらかじめ作成した留意点などを記載したマニュアルに基づき対応すること。

③ 相談窓口の担当者に対し，相談を受けた場合の対応についての研修を行うこと。

(3)　職場における妊娠，出産等に関するハラスメントに係る事後の迅速かつ適切な対応

　　事業主は，職場における妊娠，出産等に関するハラスメントに係る相談の申出があった場合において，その事案に係る事実関係の迅速かつ正確な確認及び適正な対処として，次の措置を講じなければならない。

ロ　事案に係る事実関係を迅速かつ正確に確認すること。

（事案に係る事実関係を迅速かつ正確に確認していると認められる例）

①　相談窓口の担当者，人事部門又は専門の委員会等が，相談を行った労働者（以下「相談者」という。）及び職場における妊娠，出産等に関するハラスメントに係る言動の行為者とされる者（以下「行為者」という。）の双方から事実関係を確認すること。その際，相談者の心身の状況や当該言動が行われた際の受け止めなどその認識にも適切に配慮すること。

　また，相談者と行為者との間で事実関係に関する主張に不一致があり，事実の確認が十分にできないと認められる場合には，第三者からも事実関係を聴取する等の措置を講ずること。

②　事実関係を迅速かつ正確に確認しようとしたが，確認が困難な場合などにおいて，法第18条に基づく調停の申請を行うことその他中立な第三者機関に紛争処理を委ねること。

ロ　イにより，職場における妊娠，出産等に関するハラスメントが生じた事実が確認できた場合においては，速やかに被害を受けた労働者（以下「被害者」という。）に対する配慮のための措置を適正に行うこと。

（措置を適正に行っていると認められる例）

①　事案の内容や状況に応じ，被害者の職場環境の改善又は迅速な制度等の利用に向けての環境整備，被害者と行為者の間の関係改善に向けての援助，行為者の謝罪，管理監督者又は事業場内産業保健スタッフ等による被害者のメンタルヘルス不調への相談対応等の措置を講ずること。

②　法第18条に基づく調停その他中立な第三者機関の紛争解決案に従った措置を被害者に対して講ずること。

ハ　イにより，職場における妊娠，出産等に関するハラスメントが生じた事実が確認できた場合においては，行為者に対する措置を適正に行うこと。

（措置を適正に行っていると認められる例）

①　就業規則その他の職場における服務規律等を定めた文書における職場における妊娠，出産等に関するハラスメントに関する規定等に基づき，行為者に対して必要な懲戒その他の措置を講ずること。あわせて，事案の内容や状況に応じ，被害者と行為者の間の関係改善に向けての援助，行為者の謝罪等の措置を講ずること。

②　法第18条に基づく調停その他中立な第三者機関の紛争解決案に従った措置を行為者に対して講ずること。

ニ　改めて職場における妊娠，出産等に関するハラスメントに関する方針を周知・啓発する等の再発防止に向けた措置を講ずること。

　なお，職場における妊娠，出産等に関するハラスメントが生じた事実が確認できなかった場合においても，同様の措置を講ずること。

（再発防止に向けた措置を講じていると認められる例）

①　事業主の方針，制度等の利用ができる旨及び職場における妊娠，出産等に関するハラスメントに係る言動を行った者について厳正に対処する旨の方針を，社内報，パンフレット，社内ホームページ等広報又は啓発のための資料等に改めて掲載し，配布等すること。

②　労働者に対して職場における妊娠，出産等に関するハラスメントに関する意識を啓発するための研修，講習等を改めて実施すること。

(4)　職場における妊娠，出産等に関するハラスメントの原因や背景となる要因を解消するための措置

　事業主は，職場における妊娠，出産等に関するハラスメントの原因や背景となる要因を解消するため，業務体制の整備など，事業主や妊娠等した労働者その他の労働者の実情に応じ，必要な措置を講じなければならない（派遣労働者にあっては，派遣元事業主に限る。）。

　なお，措置を講ずるに当たっては，

(ｉ)　職場における妊娠，出産等に関するハラスメントの背景には妊娠，出産等に関する否定的な言動もあるが，当該言動の要因の一つには，妊娠した労働者がつわりなどの体調不良のため労務の提供ができないことや労働能率が低下すること等により，周囲の労働者の業務負担が増大することもあることから，周囲の労働者の業務負担等にも配慮すること

(ｉｉ)　妊娠等した労働者の側においても，制度等の利用ができるという知識を持つことや，周囲と円滑なコミュニケーションを図りながら自身の体調等に応じて適切に業務を遂行していくという意識を持つこと

のいずれも重要であることに留意することが必要である（５(2)において同じ）。

（業務体制の整備など，必要な措置を講じていると認められる例）

①　妊娠等した労働者の周囲の労働者への業務の偏りを軽減するよう，適切に業務分担の見直しを行うこと。

②　業務の点検を行い，業務の効率化等を行うこと。

(5)　(1)から(4)までの措置と併せて講ずべき措置

　(1)から(4)までの措置を講ずるに際しては，併せて次の措置を講じなければなら

ない。

イ　職場における妊娠，出産等に関するハラスメントに係る相談者・行為者等の情報は当該相談者・行為者等のプライバシーに属するものであることから，相談への対応又は当該妊娠，出産等に関するハラスメントに係る事後の対応に当たっては，相談者・行為者等のプライバシーを保護するために必要な措置を講ずるとともに，その旨を労働者に対して周知すること。

（相談者・行為者等のプライバシーを保護するために必要な措置を講じていると認められる例）

①　相談者・行為者等のプライバシーの保護のために必要な事項をあらかじめマニュアルに定め，相談窓口の担当者が相談を受けた際には，当該マニュアルに基づき対応するものとすること。

②　相談者・行為者等のプライバシーの保護のために，相談窓口の担当者に必要な研修を行うこと。

③　相談窓口においては相談者・行為者等のプライバシーを保護するために必要な措置を講じていることを，社内報，パンフレット，社内ホームページ等広報又は啓発のための資料等に掲載し，配布等すること。

ロ　法第11条の３第２項，第17条第２項及び第18条第２項の規定を踏まえ，労働者が職場における妊娠，出産等に関するハラスメントに関し相談をしたこと若しくは事実関係の確認等の事業主の雇用管理上講ずべき措置に協力したこと，都道府県労働局に対して相談，紛争解決の援助の求め若しくは調停の申請を行ったこと又は調停の出頭の求めに応じたこと（以下「妊娠・出産等に関するハラスメントの相談等」という。）を理由として，解雇その他不利益な取扱いをされない旨を定め，労働者に周知・啓発すること。

（不利益な取扱いをされない旨を定め，労働者にその周知・啓発することについて措置を講じていると認められる例）

①　就業規則その他の職場における服務規律等を定めた文書において，妊娠・出産等に関するハラスメントの相談等を理由として，当該労働者が解雇等の不利益な取扱いをされない旨を規定し，労働者に周知・啓発をすること。

②　社内報，パンフレット，社内ホームページ等広報又は啓発のための資料等に，妊娠・出産等に関するハラスメントの相談等を理由として，当該労働者が解雇等の不利益な取扱いをされない旨を記載し，労働者に配布等すること。

5　事業主が職場における妊娠，出産等に関する言動に起因する問題に関し行うこと

が望ましい取組の内容

　事業主は，職場における妊娠・出産等に関するハラスメントを防止するため，４の措置に加え，次の取組を行うことが望ましい。

(1)　職場における妊娠，出産等に関するハラスメントは，育児休業等に関するハラスメント（子の養育又は家族の介護を行い，又は行うこととなる労働者の職業生活と家庭生活との両立が図られるようにするために事業主が講ずべき措置等に関する指針（平成21年厚生労働省告示第509号）に規定する「職場における育児休業等に関するハラスメント」をいう。），セクシュアルハラスメント（事業主が職場における性的な言動に起因する問題に関して雇用管理上講ずべき措置等についての指針（平成18年厚生労働省告示第615号）に規定する「職場におけるセクシュアルハラスメント」をいう。以下同じ。），パワーハラスメント（事業主が職場における優越的な関係を背景とした言動に起因する問題に関して雇用管理上講ずべき措置等についての指針（令和２年厚生労働省告示第５号）に規定する「職場におけるパワーハラスメント」をいう。）その他のハラスメントと複合的に生じることも想定されることから，事業主は，例えば，セクシュアルハラスメント等の相談窓口と一体的に，職場における妊娠，出産等に関するハラスメントの相談窓口を設置し，一元的に相談に応じることのできる体制を整備することが望ましい。

（一元的に相談に応じることのできる体制の例）

①　相談窓口で受け付けることのできる相談として，職場における妊娠，出産等に関するハラスメントのみならず，セクシュアルハラスメント等も明示すること。

②　職場における妊娠，出産等に関するハラスメントの相談窓口がセクシュアルハラスメント等の相談窓口を兼ねること。

(2)　事業主は，職場における妊娠，出産等に関するハラスメントの原因や背景となる要因を解消するため，妊娠等した労働者の側においても，制度等の利用ができるという知識を持つことや，周囲と円滑なコミュニケーションを図りながら自身の体調等に応じて適切に業務を遂行していくという意識を持つこと等を，妊娠等した労働者に周知・啓発することが望ましい。

（妊娠等した労働者への周知・啓発の例）

①　社内報，パンフレット，社内ホームページ等広報又は啓発のための資料等に，妊娠等した労働者の側においても，制度等の利用ができるという知識を持つことや，周囲と円滑なコミュニケーションを図りながら自身の体調等に応じて適切に業務を遂行していくという意識を持つこと等について記載し，妊娠等した

労働者に配布等すること。

② 妊娠等した労働者の側においても，制度等の利用ができるという知識を持つ
ことや，周囲と円滑なコミュニケーションを図りながら自身の体調等に応じて
適切に業務を遂行していくという意識を持つこと等について，人事部門等から
妊娠等した労働者に周知・啓発すること。

(3) 事業主は，4の措置を講じる際に，必要に応じて，労働者や労働組合等の参画
を得つつ，アンケート調査や意見交換等を実施するなどにより，その運用状況の
的確な把握や必要な見直しの検討等に努めることが重要である。なお，労働者や
労働組合等の参画を得る方法として，例えば，労働安全衛生法（昭和47年法律第
57号）第18条第1項に規定する衛生委員会の活用なども考えられる。

6 事業主が自らの雇用する労働者以外の者に対する言動に関し行うことが望ましい
取組の内容

3の事業主及び労働者の責務の趣旨に鑑みれば，事業主は，当該事業主が雇用す
る労働者が，他の労働者（他の事業主が雇用する労働者及び求職者を含む。）のみな
らず，個人事業主，インターンシップを行っている者等の労働者以外の者に対する
言動についても必要な注意を払うよう配慮するとともに，事業主（その者が法人で
ある場合にあっては，その役員）自らと労働者も，労働者以外の者に対する言動に
ついて必要な注意を払うよう努めることが望ましい。

こうした責務の趣旨も踏まえ，事業主は，4(1)イの職場における妊娠，出産等に
関するハラスメントを行ってはならない旨の方針の明確化等を行う際に，当該事業
主が雇用する労働者以外の者（他の事業主が雇用する労働者，就職活動中の学生等
の求職者及び労働者以外の者）に対する言動についても，同様の方針を併せて示す
ことが望ましい。

また，これらの者から職場における妊娠，出産等に関するハラスメントに類する
と考えられる相談があった場合には，その内容を踏まえて，4の措置も参考にしつ
つ，必要に応じて適切な対応を行うように努めることが望ましい。

子の養育又は家族の介護を行い，又は行うこととなる労働者の職業生活と家庭生活との両立が図られるようにするために事業主が講ずべき措置等に関する指針
（平成21年厚生労働省告示第509号，最終改正：令和2年厚生労働省告示第6号）（抄）

第1　（略）

第2　事業主が講ずべき措置等の適切かつ有効な実施を図るための指針となるべき事項

　1〜13　（略）

　14　法第25条の規定により，事業主が職場における育児休業等に関する言動に起因する問題に関して雇用管理上必要な措置等を講ずるに当たっての事項

　　　法第25条に規定する事業主が職場において行われるその雇用する労働者に対する育児休業，介護休業その他の育児休業，介護休業等育児又は家族介護を行う労働者の福祉に関する法律施行規則（以下「則」という。）第76条で定める制度又は措置（以下「制度等」という。）の利用に関する言動により当該労働者の就業環境が害されること（以下「職場における育児休業等に関するハラスメント」という。）のないよう雇用管理上講ずべき措置等について，事業主が適切かつ有効な実施を図るために必要な事項については，次のとおりであること。

　㈠　職場における育児休業等に関するハラスメントの内容

　　イ　職場における育児休業等に関するハラスメントには，上司又は同僚から行われる，その雇用する労働者に対する制度等の利用に関する言動により就業環境が害されるものがあること。なお，業務分担や安全配慮等の観点から，客観的にみて，業務上の必要性に基づく言動によるものについては，職場における育児休業等に関するハラスメントには該当しないこと。

　　ロ　「職場」とは，事業主が雇用する労働者が業務を遂行する場所を指し，当該労働者が通常就業している場所以外の場所であっても，当該労働者が業務を遂行する場所については，「職場」に含まれること。

　　ハ　「労働者」とは，いわゆる正規雇用労働者のみならず，パートタイム労働者，契約社員等のいわゆる非正規雇用労働者を含む事業主が雇用する男女の労働者の全てをいうこと。

　また，派遣労働者については，派遣元事業主のみならず，労働者派遣の役務の提供を受ける者についても，労働者派遣事業の適正な運営の確保及び派遣労働者の保護等に関する法律（昭和60年法律第88号）第47条の3の規定により，その指揮命令の下に労働させる派遣労働者を雇用する事業主とみなされ，法第25条及び第25条の2第2項の規定が適用されることから，労働者派遣の役務の提供を受ける者は，派遣労働者についてもその雇用する労働者と同様に，㈡イの配慮及び㈢の措置を講ずることが必要であること。なお，法第25条第2項，第52条の4第2項及び第52条の5第2項の労働者に対する不利益な取扱いの禁止については，派遣労働者も対象に含まれるものであり，派遣元事業主のみならず，労働者派遣の役務の提供を受ける者もまた，当該者に派遣労働者が職場における育児休業等に関するハラスメントの相談を行ったこと等を理由として，当該派遣労働者に係る労働者派遣の役務の提供を拒む等，当該派遣労働者に対する不利益な取扱いを行ってはならないこと。

ニ　イに規定する「その雇用する労働者に対する制度等の利用に関する言動により就業環境が害されるもの」とは，具体的には㈴①から⑩までに掲げる制度等の利用に関する言動により就業環境が害されるものであること。典型的な例として，㈵に掲げるものがあるが，㈵に掲げるものは限定列挙ではないことに留意が必要であること。

　㈴　制度等
　　①　育児休業（則第76条第1号関係）
　　②　介護休業（則第76条第2号関係）
　　③　子の看護休暇（則第76条第3号関係）
　　④　介護休暇（則第76条第4号関係）
　　⑤　所定外労働の制限（則第76条第5号関係）
　　⑥　時間外労働の制限（則第76条第6号関係）
　　⑦　深夜業の制限（則第76条第7号関係）
　　⑧　育児のための所定労働時間の短縮措置（則第76条第8号関係）
　　⑨　始業時刻変更等の措置（則第76条第9号関係）
　　⑩　介護のための所定労働時間の短縮措置（則第76条第10号関係）
　㈵　典型的な例
　　①　解雇その他不利益な取扱い（法第10条（法第16条，第16条の4及び第16条の7において準用する場合を含む。），第16条の10，第18条の2，第20条の2及び第23条の2に規定する解雇その他不利益な取扱いをいう。以下同

じ。) を示唆するもの

　　労働者が，制度等の利用の申出等をしたい旨を上司に相談したこと，制度等の利用の申出等をしたこと又は制度等の利用をしたことにより，上司が当該労働者に対し，解雇その他不利益な取扱いを示唆すること。

②　制度等の利用の申出等又は制度等の利用を阻害するもの

　　客観的にみて，言動を受けた労働者の制度等の利用の申出等又は制度等の利用が阻害されるものが該当すること。

　　ただし，労働者の事情やキャリアを考慮して，早期の職場復帰を促すことは制度等の利用が阻害されるものに該当しないこと。

⑴　労働者が制度等の利用の申出等をしたい旨を上司に相談したところ，上司が当該労働者に対し，当該申出等をしないよう言うこと。

⑵　労働者が制度等の利用の申出等をしたところ，上司が当該労働者に対し，当該申出等を取り下げるよう言うこと。

⑶　労働者が制度等の利用の申出等をしたい旨を同僚に伝えたところ，同僚が当該労働者に対し，繰り返し又は継続的に当該申出等をしないよう言うこと（当該労働者がその意に反することを当該同僚に明示しているにもかかわらず，更に言うことを含む。)。

⑷　労働者が制度等の利用の申出等をしたところ，同僚が当該労働者に対し，繰り返し又は継続的に当該申出等を撤回又は取下げをするよう言うこと（当該労働者がその意に反することを当該同僚に明示しているにもかかわらず，更に言うことを含む。)。

③　制度等の利用をしたことにより嫌がらせ等をするもの

　　客観的にみて，言動を受けた労働者の能力の発揮や継続就業に重大な悪影響が生じる等当該労働者が就業する上で看過できない程度の支障が生じるようなものが該当すること。

　　労働者が制度等の利用をしたことにより，上司又は同僚が当該労働者に対し，繰り返し又は継続的に嫌がらせ等（嫌がらせ的な言動，業務に従事させないこと又は専ら雑務に従事させることをいう。以下同じ。）をすること（当該労働者がその意に反することを当該上司又は同僚に明示しているにもかかわらず，更に言うことを含む。)。

㈡　事業主の責務

　イ　事業主の責務

　　法第25条の2第2項の規定により，事業主は，職場における育児休業等に関

するハラスメントを行ってはならないことその他職場における育児休業等に関するハラスメントに起因する問題（以下「育児休業等に関するハラスメント問題」という。）に対するその雇用する労働者の関心と理解を深めるとともに，当該労働者が他の労働者（他の事業主が雇用する労働者及び求職者を含む。ロにおいて同じ。）に対する言動に必要な注意を払うよう，研修の実施その他の必要な配慮をするほか，国の講ずる同条第1項の広報活動，啓発活動その他の措置に協力するように努めなければならない。なお，職場における育児休業等に関するハラスメントに起因する問題としては，例えば，労働者の意欲の低下などによる職場環境の悪化や職場全体の生産性の低下，労働者の健康状態の悪化，休職や退職などにつながり得ること，これらに伴う経営的な損失等が考えられること。

　また，事業主（その者が法人である場合にあっては，その役員）は，自らも，育児休業等に関するハラスメント問題に対する関心と理解を深め，労働者（他の事業主が雇用する労働者及び求職者を含む。）に対する言動に必要な注意を払うように努めなければならないこと。

ロ　労働者の責務

　法第25条の2第4項の規定により，労働者は，育児休業等に関するハラスメント問題に対する関心と理解を深め，他の労働者に対する言動に必要な注意を払うとともに，事業主の講ずる㈢の措置に協力するように努めなければならないこと。

㈢　事業主が職場における育児休業等に関する言動に起因する問題に関し雇用管理上講ずべき措置の内容

　事業主は，職場における育児休業等に関するハラスメントを防止するため，雇用管理上次の措置を講じなければならないこと。なお，事業主が行う育児休業等を理由とする不利益取扱い（就業環境を害する行為を含む。）については，既に法第10条（法第16条，第16条の4及び第16条の7において準用する場合を含む。），第16条の10，第18条の2，第20条の2及び第23条の2で禁止されており，こうした不利益取扱いを行わないため，当然に自らの行為の防止に努めることが求められること。

イ　事業主の方針等の明確化及びその周知・啓発

　事業主は，職場における育児休業等に関するハラスメントに対する方針の明確化，労働者に対するその方針の周知・啓発として，次の措置を講じなければならないこと。

　なお，周知・啓発をするに当たっては，職場における育児休業等に関するハラスメントの防止の効果を高めるため，その発生の原因や背景について労働者の理解を深めることが重要であること。その際，職場における育児休業等に関するハラスメントの発生の原因や背景には，(i)育児休業等に関する否定的な言動（他の労働者の制度等の利用の否定につながる言動（当該労働者に直接行わない言動も含む。）をいい，単なる自らの意思の表明を除く。以下同じ。）が頻繁に行われるなど制度等の利用又は制度等の利用の申出等をしにくい職場風土や，(ii)制度等の利用ができることの職場における周知が不十分であることなどもあると考えられること。そのため，これらを解消していくことが職場における育児休業等に関するハラスメントの防止の効果を高める上で重要であることに留意することが必要であること。

(イ)　職場における育児休業等に関するハラスメントの内容（以下「ハラスメントの内容」という。）及び育児休業等に関する否定的な言動が職場における育児休業等に関するハラスメントの発生の原因や背景になり得ること（以下「ハラスメントの背景等」という。），職場における育児休業等に関するハラスメントを行ってはならない旨の方針（以下「事業主の方針」という。）並びに制度等の利用ができる旨を明確化し，管理監督者を含む労働者に周知・啓発すること。

（事業主の方針等を明確化し，労働者に周知・啓発していると認められる例）
　① 就業規則その他の職場における服務規律等を定めた文書において，事業主の方針及び制度等の利用ができる旨について規定し，当該規定とあわせて，ハラスメントの内容及びハラスメントの背景等を，労働者に周知・啓発すること。
　② 社内報，パンフレット，社内ホームページ等広報又は啓発のための資料等にハラスメントの内容及びハラスメントの背景等，事業主の方針並びに制度等の利用ができる旨について記載し，配布等すること。
　③ ハラスメントの内容及びハラスメントの背景等，事業主の方針並びに制度等の利用ができる旨を労働者に対して周知・啓発するための研修，講習等を実施すること。

(ロ)　職場における育児休業等に関するハラスメントに係る言動を行った者については，厳正に対処する旨の方針及び対処の内容を就業規則その他の職場における服務規律等を定めた文書に規定し，管理監督者を含む労働者に周知・啓発すること。

（対処方針を定め，労働者に周知・啓発していると認められる例）
①　就業規則その他の職場における服務規律等を定めた文書において，職場における育児休業等に関するハラスメントに係る言動を行った者に対する懲戒規定を定め，その内容を労働者に周知・啓発すること。
②　職場における育児休業等に関するハラスメントに係る言動を行った者は，現行の就業規則その他の職場における服務規律等を定めた文書において定められている懲戒規定の適用の対象となる旨を明確化し，これを労働者に周知・啓発すること。

ロ　相談（苦情を含む。以下同じ。）に応じ，適切に対応するために必要な体制の整備

事業主は，労働者からの相談に対し，その内容や状況に応じ適切かつ柔軟に対応するために必要な体制の整備として，次の措置を講じなければならないこと。

㋑　相談への対応のための窓口（以下「相談窓口」という。）をあらかじめ定め，労働者に周知すること。

（相談窓口をあらかじめ定めていると認められる例）
①　相談に対応する担当者をあらかじめ定めること。
②　相談に対応するための制度を設けること。
③　外部の機関に相談への対応を委託すること。

㋺　㋑の相談窓口の担当者が，相談に対し，その内容や状況に応じ適切に対応できるようにすること。また，相談窓口においては，被害を受けた労働者が萎縮するなどして相談を躊躇する例もあること等を踏まえ，相談者の心身の状況や当該言動が行われた際の受け止めなどその認識にも配慮しながら，職場における育児休業等に関するハラスメントが現実に生じている場合だけでなく，その発生のおそれがある場合や，職場における育児休業等に関するハラスメントに該当するか否か微妙な場合等であっても，広く相談に対応し，適切な対応を行うようにすること。例えば，放置すれば就業環境を害するおそれがある場合や，職場における育児休業等に関する否定的な言動が原因や背景となって職場における育児休業等に関するハラスメントが生じるおそれがある場合等が考えられること。

（相談窓口の担当者が適切に対応することができるようにしていると認められる例）
①　相談窓口の担当者が相談を受けた場合，その内容や状況に応じて，相談

　　窓口の担当者と人事部門とが連携を図ることができる仕組みとすること。
　②　相談窓口の担当者が相談を受けた場合，あらかじめ作成した留意点など
　　を記載したマニュアルに基づき対応すること。
　③　相談窓口の担当者に対し，相談を受けた場合の対応についての研修を行
　　うこと。
ハ　職場における育児休業等に関するハラスメントに係る事後の迅速かつ適切な
　対応
　　事業主は，職場における育児休業等に関するハラスメントに係る相談の申出
　があった場合において，その事案に係る事実関係の迅速かつ正確な確認及び適
　正な対処として，次の措置を講じなければならないこと。
㈠　事案に係る事実関係を迅速かつ正確に確認すること。
　（事案に係る事実関係を迅速かつ正確に確認していると認められる例）
　①　相談窓口の担当者，人事部門又は専門の委員会等が，相談を行った労働
　　者（以下「相談者」という。）及び職場における育児休業等に関するハラス
　　メントに係る言動の行為者とされる者（以下「行為者」という。）の双方か
　　ら事実関係を確認すること。その際，相談者の心身の状況や当該言動が行
　　われた際の受け止めなどその認識にも適切に配慮すること。
　　　また，相談者と行為者との間で事実関係に関する主張に不一致があり，
　　事実の確認が十分にできないと認められる場合には，第三者からも事実関
　　係を聴取する等の措置を講ずること。
　②　事実関係を迅速かつ正確に確認しようとしたが，確認が困難な場合など
　　において，法第52条の５に基づく調停の申請を行うことその他中立な第三
　　者機関に紛争処理を委ねること。
㈡　㈠により，職場における育児休業等に関するハラスメントが生じた事実が
　確認できた場合においては，速やかに被害を受けた労働者（以下「被害者」
　という。）に対する配慮のための措置を適正に行うこと。
　（措置を適正に行っていると認められる例）
　①　事案の内容や状況に応じ，被害者の職場環境の改善又は迅速な制度等の
　　利用に向けての環境整備，被害者と行為者の間の関係改善に向けての援助，
　　行為者の謝罪，管理・監督者又は事業場内産業保健スタッフ等による被害
　　者のメンタルヘルス不調への相談対応等の措置を講ずること。
　②　法第52条の５に基づく調停その他中立な第三者機関の紛争解決案に従っ
　　た措置を被害者に対して講ずること。

(ハ)　(イ)により，職場における育児休業等に関するハラスメントが生じた事実が確認できた場合においては，行為者に対する措置を適正に行うこと。
（措置を適正に行っていると認められる例）
①　就業規則その他の職場における服務規律等を定めた文書における職場における育児休業等に関するハラスメントに関する規定等に基づき，行為者に対して必要な懲戒その他の措置を講ずること。あわせて，事案の内容や状況に応じ，被害者と行為者の間の関係改善に向けての援助，行為者の謝罪等の措置を講ずること。
②　法第52条の5に基づく調停その他中立な第三者機関の紛争解決案に従った措置を行為者に対して講ずること。
(ニ)　改めて職場における育児休業等に関するハラスメントに関する方針を周知・啓発する等の再発防止に向けた措置を講ずること。
なお，職場における育児休業等に関するハラスメントが生じた事実が確認できなかった場合においても，同様の措置を講ずること。
（再発防止に向けた措置を講じていると認められる例）
①　事業主の方針，制度等の利用ができる旨及び職場における育児休業等に関するハラスメントに係る言動を行った者について厳正に対処する旨の方針を，社内報，パンフレット，社内ホームページ等広報又は啓発のための資料等に改めて掲載し，配布等すること。
②　労働者に対して職場における育児休業等に関するハラスメントに関する意識を啓発するための研修，講習等を改めて実施すること。
ニ　職場における育児休業等に関するハラスメントの原因や背景となる要因を解消するための措置
事業主は，職場における育児休業等に関するハラスメントの原因や背景となる要因を解消するため，業務体制の整備など，事業主や制度等の利用を行う労働者その他の労働者の実情に応じ，必要な措置を講じなければならないこと（派遣労働者にあっては，派遣元事業主に限る。）
なお，措置を講ずるに当たっては，
(i)　職場における育児休業等に関するハラスメントの背景には育児休業等に関する否定的な言動もあるが，当該言動の要因の一つには，労働者が所定労働時間の短縮措置を利用することで短縮分の労務提供ができなくなること等により，周囲の労働者の業務負担が増大することもあることから，周囲の労働者の業務負担等にも配慮すること

(ⅱ)　労働者の側においても，制度等の利用ができるという知識を持つことや周囲と円滑なコミュニケーションを図りながら自身の制度の利用状況等に応じて適切に業務を遂行していくという意識を持つこと

のいずれも重要であることに留意することが必要である（㈣ロにおいて同じ）。

（業務体制の整備など，必要な措置を講じていると認められる例）

①　制度等の利用を行う労働者の周囲の労働者への業務の偏りを軽減するよう，適切に業務分担の見直しを行うこと。

②　業務の点検を行い，業務の効率化等を行うこと。

ホ　イからニまでの措置と併せて講ずべき措置

イからニまでの措置を講ずるに際しては，併せて次の措置を講じなければならないこと。

(イ)　職場における育児休業等に関するハラスメントに係る相談者・行為者等の情報は当該相談者・行為者等のプライバシーに属するものであることから，相談への対応又は当該育児休業等に関するハラスメントに係る事後の対応に当たっては，相談者・行為者等のプライバシーを保護するために必要な措置を講ずるとともに，その旨を労働者に対して周知すること。

（相談者・行為者等のプライバシーを保護するために必要な措置を講じていると認められる例）

①　相談者・行為者等のプライバシーの保護のために必要な事項をあらかじめマニュアルに定め，相談窓口の担当者が相談を受けた際には，当該マニュアルに基づき対応するものとすること。

②　相談者・行為者等のプライバシーの保護のために，相談窓口の担当者に必要な研修を行うこと。

③　相談窓口においては相談者・行為者等のプライバシーを保護するために必要な措置を講じていることを，社内報，パンフレット，社内ホームページ等広報又は啓発のための資料等に掲載し，配布等すること。

(ロ)　法第25条第2項，第52条の4第2項及び第52条の5第2項の規定を踏まえ，労働者が職場における育児休業等に関するハラスメントに関し相談をしたこと若しくは事実関係の確認等の事業主の雇用管理上講ずべき措置に協力したこと，都道府県労働局に対して相談，紛争解決の援助の求め若しくは調停の申請を行ったこと又は調停の出頭の求めに応じたこと（以下「育児休業等に関するハラスメントの相談等」という。）を理由として，解雇その他不利益な取扱いをされない旨を定め，労働者に周知・啓発すること。

（不利益な取扱いを行ってはならない旨を定め，労働者にその周知・啓発することについて措置を講じていると認められる例）

① 就業規則その他の職場における職務規律等を定めた文書において，労働者が職場における育児休業等に関するハラスメントに関し相談をしたこと，又は事実関係の確認に協力したこと等を理由として，当該労働者が解雇等の不利益な取扱いをされない旨を規定し，労働者に周知・啓発をすること。

② 社内報，パンフレット，社内ホームページ等広報又は啓発のための資料等に，育児休業等に関するハラスメントの相談等を理由として，当該労働者が解雇等の不利益な取扱いをされない旨を記載し，労働者に配布等すること。

㈣ 事業主が職場における育児休業等に関する言動に起因する問題に関し行うことが望ましい取組の内容

事業主は，職場における育児休業等に関するハラスメントを防止するため，㈢の措置に加え，次の取組を行うことが望ましいこと。

イ 職場における育児休業等に関するハラスメントは，妊娠，出産等に関するハラスメント（事業主が職場における妊娠，出産等に関する言動に起因する問題に関して雇用管理上講ずべき措置等についての指針（平成28年厚生労働省告示第312号）に規定する「職場における妊娠，出産等に関するハラスメント」をいう。），セクシュアルハラスメント（事業主が職場における性的な言動に起因する問題に関して雇用管理上講ずべき措置等についての指針（平成18年厚生労働省告示第六615号）に規定する「職場におけるセクシュアルハラスメント」をいう。以下同じ。），パワーハラスメント（事業主が職場における優越的な関係を背景とした言動に起因する問題に関して雇用管理上講ずべき措置等についての指針（令和2年厚生労働省告示第5号）に規定する「職場におけるパワーハラスメント」をいう。）その他のハラスメントと複合的に生じることも想定されることから，事業主は，例えば，セクシュアルハラスメント等の相談窓口と一体的に，職場における育児休業等に関するハラスメントの相談窓口を設置し，一元的に相談に応じることのできる体制を整備することが望ましいこと。

（一元的に相談に応じることのできる体制の例）

① 相談窓口で受け付けることのできる相談として，職場における育児休業等に関するハラスメントのみならず，セクシュアルハラスメント等も明示すること。

② 職場における育児休業等に関するハラスメントの相談窓口がセクシュア

　　　ルハラスメント等の相談窓口を兼ねること。

ロ　事業主は，職場における育児休業等に関するハラスメントの原因や背景となる要因を解消するため，労働者の側においても，制度等の利用ができるという知識を持つことや，周囲と円滑なコミュニケーションを図りながら自身の制度の利用状況等に応じて適切に業務を遂行していくという意識を持つこと等を，制度等の利用の対象となる労働者に周知・啓発することが望ましいこと（派遣労働者にあっては，派遣元事業主に限る。）。

（制度等の利用の対象となる労働者への周知・啓発の例）

①　社内報，パンフレット，社内ホームページ等広報又は啓発のための資料等に，労働者の側においても，制度等の利用ができるという知識を持つことや，周囲と円滑なコミュニケーションを図りながら自身の制度の利用状況等に応じて適切に業務を遂行していくという意識を持つこと等について記載し，制度等の利用の対象となる労働者に配布等すること。

②　労働者の側においても，制度等の利用ができるという知識を持つことや，周囲と円滑なコミュニケーションを図りながら自身の制度の利用状況等に応じて適切に業務を遂行していくという意識を持つこと等について，人事部門等から制度等の利用の対象となる労働者に周知・啓発すること。

ハ　事業主は，㈢の措置を講じる際に，必要に応じて，労働者や労働組合等の参画を得つつ，アンケート調査や意見交換等を実施するなどにより，その運用状況の的確な把握や必要な見直しの検討等に努めることが重要であること。なお，労働者や労働組合等の参画を得る方法として，例えば，労働安全衛生法（昭和47年法律第57号）第18条第1項に規定する衛生委員会の活用なども考えられる。

15・16　（略）

巻末資料6　【休業補償給付支給請求書】

■ 様式第8号(表面)
業務災害用

労働者災害補償保険
休業補償給付支給請求書　第　回
休業特別支給金支給申請書(同一傷病分)

標準字体　0 1 2 3 4 5 6 7 8 9 ゛ ゜ ー
ア イ ウ エ オ カ キ ク ケ コ サ シ ス セ ソ タ チ ツ テ ト ナ ニ ヌ
ネ ノ ハ ヒ フ ヘ ホ マ ミ ム メ モ ヤ ユ ヨ ラ リ ル レ ロ ワ ン

※ 帳票種別 3 4 3 6 0

①管轄局署　②新継再別　受付年月日　⑤業通別　⑥三者コード　⑧旧署コード　⑪特別加入者

⑰ 平均賃金　十万　万　千　百　十　円　十　銭　⑱ 特別給与の額　千万　百万　十万　万　千　百　十　円

⑫労働保険番号　府県　所掌　管轄　基幹番号　枝番号　⑤労働者の性別　⑥労働者の生年月日

⑫労働者の氏名　シメイ (カタカナ)、姓と名の間は1文字あけて記入してください。濁点・半濁点は1文字として記入してください。

⑦ 負傷又は発病年月日

の 住所　⑪ 郵便番号

療養のため労働できなかった期間　療養を受けなかった日の日数(内訳別紙2のとおり)　から　まで　日間のうち　日

口座を新規に届け出る場合は、口座を届け出口座を変更する場合のみ記入してください。

新規・変更

振り込みを希望する金融機関の名称　銀行・金庫・農協・漁協・信組　本店・本所　出張所　支店・支所

メイギニン (カタカナ)、姓と名の間は1文字あけて記入してください。濁点・半濁点は1文字として記入してください。

⑤ 口座名義人

⑫の者については、③、⑭、⑮の①から⑳まで ⑰の(ハ)を除く)、及び別紙2に記載したとおりであることを証明します。

年 月 日　※ 別紙意見書のとおり　電話(　)　-

事業の名称
事業場の所在地　〒
事業主の氏名　印
(法人その他の団体であるときはその名称及び代表者の氏名)

労働者の直接所属
事業場名称所在地　電話(　)　-

(注意)
1. ⑮の(イ)及び(ロ)については、⑫の者が厚生年金保険の被保険者である場合に限り証明してください。
2. 労働者の直接所属事業場名称所在地については、労働者が直接所属する事業場が一括適用の取扱いを受けている場合は、労働者が直接所属する支店、工事現場等を記載してください。

1回目の請求額には、必ず記入してください。　死傷病報告提出年月日　年 月 日

⑳傷病の部位及び傷病名

㉘ 療養の期間　年 月 日から　年 月 日まで　日間　診療実日数　日

傷病の経過　㉚療養の現況　年 月 日　治癒(症状固定)・死亡・転医・中止・継続中

㉛療養のため労働することができなかったと認められる期間　年 月 日から　年 月 日まで　日間のうち　日

診療担当者の証明

⑫の者については、㉚から㉛までに記載したとおりであることを証明します。

年 月 日　〒　-　電話(　)　-

病院又は診療所の　所在地　名称

診療担当者氏名　印

上記により休業補償給付の支給を請求します。
休業特別支給金の支給を申請します。　〒　-　電話(　)　-

年 月 日　住所　(　方)

請求人の
申請人の　氏名　印

労働基準監督署長　殿

様式第8号（裏面）

〔注　意〕

㉜　労働者の職種	㉝　負傷又は発病の時刻		㉞平均賃金（算定内訳別紙1のとおり）
	午前 後　　　時　　　分頃		円　　　銭

㉟所定労働時間	午前 後　　時　　分から午前 後　　時　　分まで	㊱休業補償給付額、休業特 別支給金額の改定比率（平均給与額 （別紙1のとおり）

㊲災害の原因及び発生状況　（あ）どのような場所で（い）どのような作業をしているときに（う）どのような物又は環境に（え）どのような不安全な又は
有害な状態があって（お）どのような災害が発生したか（か）㋐と初診日が異なる場合はその理由を詳細に記入すること

㊳ 厚生年金保険 等の受給関係	（イ）基礎年金番号				（ロ）被保険者資格の取得年月日	年　　月　　日
	（ハ） 当該傷病に 関して支給 される年金 の種類等	年金の種類			厚生年金保険法の 国民年金法の 船員保険法の	イ 障害年金　ロ 障害厚生年金 ハ 障害年金　ニ 障害基礎年金 ホ 障害年金
		障害等級				級
		支給される年金の額				円
		支給されることとなった年月日			年　　月　　日	
		基礎年金番号及び厚生年金 等の年金証書の年金コード				
		所轄年金事務所等				

表面の記入枠 を訂正したと きの訂正印欄	削　　字	印
	加　　字	

社会保険 労務士 記載欄	作成年月日・提出代行者・事務代理者の表示	氏　　　名	電話番号
		印	（　　）　－

巻末資料7	【「休業補償給付支給請求書」に関する意見書（案）】

　次頁以降の「「休業補償給付支給請求書」（○○氏　第○回申請分）⑦，⑲，⑳，
㉜～㊳（㊳の(ハ)を除く。）に関する意見書」は，巻末資料6の「休業補償給付支
給請求書」の記載内容（同資料の太枠で囲んだ部分および取消線）について，
その詳細を記載したものです。

　したがって，実際の使用にあたっては，巻末資料6に，次頁以降の意見書を
付して提出することとなります。

　なお，次頁以降の意見書はサンプルですので，実際の使用の際にはコメント
部分（※と付されている部分）に沿って記入を行ってください。

2020年○月○日

○○労働基準監督署長　殿

〒○-○○○

人事部長　　○○

「休業補償給付支給請求書」（○○氏　第○回申請分）
⑦，⑲，⑳，㉜～㊳（㊳の㈥を除く。）に関する意見書

謹啓　平素より格別のご指導を賜り，厚く御礼申し上げます。

　さて，貴署に提出された「休業補償給付支給請求書」（○○氏　第○回および第○回申請分）に○○氏本人が記載した内容について，一部事業主証明をいたしかねる記載内容があるため，下記に理由等の意見を述べさせていただきます。

　なお，今後の貴署における聞き取り調査等につきまして，事業主としてご協力させていただきますことを申し添えます。当社では，事実関係と発生障害との因果関係の有無について判断できないため，貴署において判断していただきたく存じます。

謹白

ご不明な点等ございましたら，担当までお問い合わせください。

担当：人事部 人事課長 ○○

Tel：○-○-○

記

1．「⑦負傷又は発病年月日」について

＜本人記載内容＞	＜事業主意見＞
令和○年○月○日	事業主として証明できません。 補足：精神疾患のため，負傷又は発病年月日を特定することは困難です。また，本疾患が業務に起因しているかどうかにつきましても事業主として特定することは非常に困難であります。

2.「⑲療養のため労働できなかった期間」について

＜本人記載内容＞	＜事業主意見＞
令和○年○月○日 ～令和○年○月○日	本人記載内容に異論ありません。

　※　本人記載内容と会社側認識事実が一致しているなら「本人記載内容に異論ありません」と記入し，齟齬があるなら会社側認識事実を記載，不明である場合は「当社では確認できません」と記入してください。
　　　下記3，4，7，10に同じです。

3.「⑳賃金を受けなかった療養のため労働できなかった期間」について

＜本人記載内容＞	＜事業主意見＞
○日間のうち○日	○日間のうち○日（注

（注　年次有給休暇取得○日間（○／○）

4.「㉜労働者の職種」について

＜本人記載内容＞	＜事業主意見＞
○業務	本人記載内容に異論ありません。

5.「㉝負傷又は発病の時刻」について

＜本人記載内容＞	＜事業主意見＞
午前○時頃	事業主として証明できません。 補足：精神疾患のため，負傷又は発病の時刻を特定することは困難です。

6.「㉞平均賃金（算定内訳別紙1のとおり）」について

＜本人記載内容＞	＜事業主意見＞
－	当社が算出しているため証明いたします。

7.「㉟所定労働時間」について

＜本人記載内容＞	＜事業主意見＞
午前○時から午後○時まで	本人記載内容に異論ありません。

8.「㊱休業補償給付額，休業特別支給金額の改定比率（平均給与額証明書の
とおり）」について

＜本人記載内容＞	＜事業主意見＞
－	平均給与額証明書のとおり証明いたします。

9.「㊲災害の原因及び発生状況」について
◇職務内容等の説明（○年○月○日～○年○月○日）
・
・
　※　職務内容等を記入してください。

契約期間：○年○月○日～○年○月○日

　※　期間の定めがある場合に記入してください。

・当該従業員の担っていた業務（○年○月○日～○年○月○日）の概要は次の
とおりです。

【○業務】
①
↓
②
↓
③
↓
④

＜本人記載内容＞	＜事業主意見＞
	・ ・ ・ ・

　※　様式では，「（あ）どのような場所で（い）どのような作業をしていると
きに（う）どのような物又は環境に（え）どのような不安全又は有害な状

態があって（お）どのような災害が発生したか（か）(7)と初診日が異なる
場合はその理由」を詳細に記入するよう求められています。
　上記に関する本人記載内容につき，これが会社側の認識事実と一致して
いるのであれば「本人記載内容に異論ありません」と記入してください。
　一方，会社側の認識事実と齟齬があるのであれば，その内容を記載して
ください。
　また，事実関係が不明である場合は，「当社では確認できません」と記入
してください。
　そのうえで，最後に「事実関係が本人の申告どおり，または当社で確認
できなくとも，当該事実関係と障害発生という結果との因果関係の有無に
ついて当社は判断できないため，その有無については貴署で判断してくだ
さい」と記入してください。

10.「㊳厚生年金保険等の受給関係」について

＜本人記載内容＞	＜事業主意見＞
－	当社との雇用契約時においては，厚生年金に加入しておりません。

以上

巻末資料8　ハラスメント対応マニュアル（参考）

1　相談・苦情への対応のために
　当社のセクシュアルハラスメント防止規程，マタニティハラスメント等防止規程，パワーハラスメント防止規程に定義する各ハラスメントに関する相談・苦情を受けた場合，相談窓口担当者は，本マニュアルに基づき対応することとする。

2　相談窓口の利用
(1)　相談方法
　　原則面談によるものとするが，電話，手紙，電子メールも可とする。
　　なお，同相談は緊急の必要がない限り就業時間外に行わなければならない。

(2)　相談窓口担当者
　　相談窓口担当者は（　　　※　部署・担当者名を記入　　　　　　　）とする。

(3)　手続の流れ
　　相談への対応は，下記手順による。

　①　窓口への相談
　②　窓口担当者による相談者へのヒアリング
　③　窓口担当者による人事部長への報告
　④　人事部長による調査要否判断
　⑤　要調査とされた場合，人事部長が組織する調査チームによる加害者・第三者等のヒアリング等といった調査の実施
　⑥　調査結果に基づく対応

3　相談窓口担当者の心得
(1)　初めに相談を受けた者の対応によっては問題が大きくなりかねないことから初期対応は非常に重要である。窓口担当者はこのことに留意して，適切，迅速に相談に対応しなければならない。
(2)　窓口担当者は，相談者やその相談内容に関係する者のプライバシーや名誉などを尊重し，知り得た事実の秘密をできる限り厳守しなければならない。
(3)　窓口担当者は，相談に際して，公正真摯な態度で丁寧に事実関係を聞かなければならない。
　　また，窓口担当者は，相談者がハラスメント行為によって精神的ダメージを負っている可能性に十分配慮し，カウンセリングの受診を推奨したり，相談時間が長時

間になりすぎないよう注意する等しなければならない。
(4)　窓口担当者は，単に「ハラスメントがあったか」と聴取しても聞き手の定義に
　　よって回答が変わってしまうことに留意する。したがって，各ハラスメントガイド
　　ラインに記載した具体例に該当する事実又は類似する事実があったかという観点か
　　らヒアリングを行うべきことに留意する。
(5)　窓口担当者は，当社が定義するハラスメントが，それによって就業環境が悪化す
　　るおそれがある場合，すなわち就業環境が悪化したとまではいえるか否か微妙な場
　　合も含んでいることに留意しなければならない。

　4　相談・苦情の受け方
(1)　相談内容の聴取
　　相談の中で次の事項について確認する。
　①　相談者と行為者の関係（上司・部下・同僚・他部門等のほか，特にパワハラに
　　ついては日頃のコミュニケーション等）
　②　問題とされる言動がいつ，どこで，どのように行われたか（可能であれば時系
　　列で整理する）
　③　行為者の言動に対して，相談者はどのように感じ，どのような対応をとったか
　④　行為者の言動について，以前にこのような言動を行ったなど聞いたことがある
　　か，また，他の人に対しても同様な言動がなされているか
　⑤　上司等に対する相談は行ったか
　⑥　現在の相談者と行為者との状況はどうか
　⑦　特にマタハラ等については，相談者の制度利用による相談者及び行為者の業務
　　量の変動

(2)　相談にあたっての留意点
　①　相談者からの話は，本人の了解を得たうえで，相談者と担当者の認識のずれを
　　なくすためにきちんと記録しなければならない。
　②　相談者等に対しては，出来る限りプライバシーの保護につとめ，加害者がこれ
　　を悪用する場合には厳罰に処すが，調査・対応に必要な場合には当該情報を明ら
　　かにせざるを得ない場合もあると伝えなければならない。
　③　調査の要否を判断するのは人事部長であって窓口担当者ではないから，事案の
　　軽重や対応の要否について勝手に判断して相談を安易に済ませず，人事部長の判
　　断に資するよう，迅速に詳細かつ具体的な事情聴取を行わなければならない。

《編著者紹介》

石嵜　信憲（いしざき　のぶのり）

明治大学法学部卒業。1975年司法試験合格，1978年弁護士登録。
以後，労働事件を経営者側代理人として手がける。
2002〜2004年司法制度改革推進本部労働検討会委員。
2002〜2010年日弁連労働法制委員会副委員長。
現在，経営法曹会議常任幹事。
〈主な著書〉
『同一労働同一賃金の基本と実務』（中央経済社）
『懲戒処分の基本と実務』（中央経済社）
『改正労働基準法の基本と実務』（中央経済社）
『過重労働防止の基本と実務』（中央経済社）
『労働契約解消の法律実務〈第3版〉』（中央経済社）
『割増賃金の基本と実務』（中央経済社）
『就業規則の法律実務〈第4版〉』（中央経済社）
『労働者派遣法の基本と実務』（中央経済社）
『労働条件変更の基本と実務』（中央経済社）
『配転・出向・降格の法律実務〈第2版〉』（中央経済社）
『非正規社員の法律実務〈第3版〉』（中央経済社）
『労働行政対応の法律実務』（中央経済社）
『懲戒権行使の法律実務〈第2版〉』（中央経済社）
『健康管理の法律実務〈第3版〉』（中央経済社）
『賃金規制・決定の法律実務』（中央経済社）
『個別労働紛争解決の法律実務』（中央経済社）
『労働時間規制の法律実務』（中央経済社）
『管理職活用の法律実務』（中央経済社）
『実務の現場からみた労働行政』（中央経済社）
『メーカーのための業務委託活用の法務ガイド〈第2版〉』（中央経済社）
『（新訂版）人事労務の法律と実務』（厚有出版）
『労働法制からみた日本の雇用社会』（日本総研ビジコン）他

　連絡先　石嵜・山中総合法律事務所
　　　　　〒104-0028　東京都中央区八重洲2丁目8番7号　福岡ビル6階
　　　　　電話　03（3272）2821（代）　FAX　03（3272）2991

《著者紹介》

豊岡　啓人（とよおか　ひろと）

2014年東京大学法学部卒業。2016年東京大学法科大学院修了，司法試験合格。2017年司法修習終了（70期），弁護士登録（第一東京弁護士会所属）。2018年石嵜・山中総合法律事務所入所。

松井　健祐（まつい　けんすけ）

2015年京都大学法学部卒業。2017年京都大学法科大学院修了，司法試験合格。2018年司法修習終了（71期），弁護士登録（第一東京弁護士会所属）。2019年石嵜・山中総合法律事務所入所。

藤森　貴大（ふじもり　たかひろ）

2014年一橋大学法学部法律学科卒業。2016年首都大学東京法科大学院修了。2017年司法試験合格。2018年司法修習終了（71期），弁護士登録（第一東京弁護士会所属）。2019年石嵜・山中総合法律事務所入所。

山崎　佑輔（やまさき　ゆうすけ）

2016年中央大学法学部法律学科卒業。2017年一橋大学法科大学院退学（予備試験合格のため），司法試験合格。2018年司法修習修了（71期），弁護士登録（第一東京弁護士会所属）。2019年石嵜・山中総合法律事務所入所。

ハラスメント防止の基本と実務

2020年6月20日　第1版第1刷発行
2020年7月25日　第1版第2刷発行

編著者　石　嵜　信　憲
発行者　山　本　　継
発行所　㈱中央経済社
発売元　㈱中央経済グループ
　　　　パブリッシング

〒101-0051　東京都千代田区神田神保町1-31-2
電話　03(3293)3371(編集代表)
03(3293)3381(営業代表)
http://www.chuokeizai.co.jp/
印刷／文唱堂印刷㈱
製本／誠　製　本　㈱

©2020
Printed in Japan

改正労働基準法
の基本と実務

石嵜信憲［編著］

佐々木晴彦・豊岡啓人・橘 大樹・
渡辺 絢・高安美保［著］

A5 判／372 頁
ISBN：978-4-502-16361-6

時間外労働の上限規制，フレックスタイム
制の改正，高プロ制度，有給休暇の時季指
定義務など，全企業に影響を及ぼす実務を，
それぞれの制度の基本とともにわかりや
すく解説。

同一労働同一賃金
の基本と実務

石嵜信憲［編著］石嵜裕美子［著］

豊岡啓人・松井健祐・藤森貴大・
山崎佑輔［著］

A5 判／492 頁
ISBN：978-4-502-33031-5

法律の成立過程，構造などの基本を概観し
つつ，ガイドラインの問題点や企業の現実
的対応を微細に検討。裁判例の比較や法律
の新旧比較，説明義務チェックリスト等の
資料充実。

中央経済社